江南渔文化研究

李 勇○著

东方出版中心

图书在版编目（CIP）数据

江南渔文化研究 / 李勇著. －上海：东方出版中心, 2022.11

ISBN 978-7-5473-2087-7

Ⅰ.①江… Ⅱ.①李… Ⅲ.①渔业-文化研究-华东地区 Ⅳ.①F326.475

中国版本图书馆CIP数据核字（2022）第198401号

江南渔文化研究

著　者	李　勇
责任编辑	黄　驰　刘　叶
封面设计	钟　颖

出版发行	东方出版中心
地　址	上海市仙霞路345号
邮政编码	200336
电　话	021-62417400
印 刷 者	山东韵杰文化科技有限公司

开　本	710mm×1000mm 1/16
印　张	15.75
字　数	252千字
版　次	2022年11月第1版
印　次	2022年11月第1次印刷
定　价	85.00元

目　录

第一章
江南原生态文化与江南经济

一、文化、江南与江南文化

何谓文化？钱穆在《中国文化十二讲》中提到："一般讲文化的都认为文化就是人生，但此所谓人生，并不指我们个人的人生，而是指的群体的人生。人生是多方面的，一个社会，乃至一个民族，一个成群的大团体所包含的多方面的生活，综合起来称人生，也就是文化。"[1]"文化是我们大群体人生一总合体，亦可以说是此大群集体人生一精神的共业。此一大群体人生是多方面的。如政治、经济、军事，如文学、艺术，如宗教、教育与道德等皆是。综合此多方面始称作文化。故文化必有一体系，亦可说文化是个机体。等于人之一身，耳用来听，五官、四肢、内脏各部各有各的作用，而合成为个人之生命。"[2]文化是鲜活的生命，从洪荒之处盘古开天地，人类从猿猴变成直立行走时起，即开始用双手不间断地创制、蓄积物质和非物质财富，文化不断递进，文明随之提升。

余英时则在《中国文化的重建》中说："文化是一个民族的生活方式，主要是精神生活方面的事，如思想、学术、宗教、艺术之类，而关键尤其在'方式'两个字上。如果用结构功能派社会学名词，即相当于'文化系统'（culture system），大致以规范与价值为主。一切民族都有大致相同的精神生活——如宗教、学术、艺术之类，但'方式'各有不同。如果我们把文化和政治、经济等并

---

〔1〕 钱穆：《钱穆谈中国历史文化：中华文化十二讲》，贵州人民出版社，2019 年，第 3 页。
〔2〕 同上书，第 78 页。

列起来,我们要强调的一点是文化也有它相对独立的领域。这是韦伯(Max Weber)以来所逐渐建立起来的一种共识。在实际人生中,政治、经济、文化等当然是相互联系,浑然一片的。"〔1〕

　　钱穆、余英时先生的"文化",侧重于讲"一个群体的生活方式",这种生活方式与"经济""政治"呈并列互动关系,也可以理解为:经济、政治和文化是三个"变量",这三股力量构成"向量场",人类历史发展变迁就是在这样的时空中运行。群体的生活方式建立在他们的生产方式之上。

　　新文化运动以后,中国社会等级重新调整,旧式家庭解体,新的社会意识使女性地位上升,这些变革都促进了中国文化发展。

　　胡适在《中国的文艺复兴》中引用了一个西方的敏锐观察家观察中国文化的反应:"在其他地方逐步地分阶段地一小点一小点取得进展的经济、政治、知识运动,在今日中国却在同时躁动着。文艺复兴,民族主义,创立一个独立自主的统一国家的努力,以及为此而与地方分裂独立倾向的斗争;东部沿江沿海的工业革命的起步,以及随之而来的对它的批评与热望;对地方政府、教育、金融体制以及繁复的中国司法组织的改革;古老的中国家族制度的部分解体,整个国人社会责任与关系体制的核心;所有这些,以及许多其他问题,都发生在仅仅一代人的时间里。"〔2〕"……如此这般,我们所有的观念、信仰、制度、习惯等等,以一种自由的方式,缓慢地与西方文明接触,受其熏陶,受其影响,有时是渐进完善,有时是迅速而根本的改变。旧事物或保留,或摒弃,都是自发的,而且很可能是可行的,合理的。我们不曾隐匿什么,也不曾武断地阻止什么发生这种接触与变化。总而言之,这种文化变革通过'长期接触'和'缓慢渗透'而实现。这样,中国也能成功地带来文化转型,虽然痛苦、缓慢而零碎,且常缺乏协调性、连贯性,但终能解决生活与文化中紧迫而基本的问题,并创建一种崭新的文明,一种与新世界精神水乳交融的文明。"〔3〕作为新文化运动的领袖,在胡适的"文化"概念里,他更具体又详细地阐释了器物、制度和观念文化之间的关系。

　　在德国哲学家斯宾格勒看来,文化是人类醒觉意识的产物,具有醒觉意识的人类总是要表现自身,文化就是其生命表现的根据。文化危机是推动文化

---

〔1〕 〔美〕余英时:《中国文化的重建》,中信出版社,2011年,第1页。
〔2〕 胡适:《中国的文艺复兴》,外语教学与研究出版社,2001年,第153页。
〔3〕 同上书,第169页。

发展的动力,每一个不同的大文化单位,都有其对世界历史的特殊描绘。[1]
大的文化单位,如中华文化、基督教文化、佛教文化、伊斯兰教文化,分别占有
各自的地理空间,都拥有各具特色的精神世界,体现出不同的"生命表现",而
人类社会的生产方式和生活方式就是这些生命表现的主要内容。

美国历史学家 L. S. 斯塔夫里阿诺斯则在《全球通史——1500 年以前的世
界》中提及"人类—食物采集者"这一概念,认为建立在"石刀技术"上的食物采
集者的文化发展有一个难以突破的空间,要建立完备的政治制度,即文明社
会,没有足够的人力和物力是绝不可能的。[2] 即生产方式的文化力量或物质
质量,与生活方式的进步是平行互动的。他进一步在《全球通史——1500 年以
后的世界》的"新兴西方的世界"章节中分析了全球性的经济关系、政治关系和
文化关系,认为一些民族已经注意到其他民族和其他文化。[3] 全球大大小小
的"文化圈"之间存在着引力或斥力,这些力量加速或减缓着人类文明行进的
速度。16、17 世纪,文艺复兴、宗教改革和地理大发现等重大事件的发生和近
代科学的诞生,加速了全球化进程,"文化"、"经济"与"政治"在历史运行的四
维时空中,呈现出复杂的线性关系。

"文化",由词根"cult"和词缀"ure"共同组成,这一词语又衍生出农业
(agriculture)、渔业(pisciculture)、丝织业(silkculture)等词语。Cult 的原始含
义是"崇拜的对象",在拉丁文里,cultura 含有"耕种""居住"等义项。但英文将
其理解为"崇拜的对象"。

文化是一个民族的根,是一个民族的血脉,是一个民族的神经系统,是一
个民族精神的深层内涵。文化和文明是一个事物的两个方面。

比较普遍的观点认为,世界上各种民族的文化尽管千差万别,若"文化的
形貌"被视为金字塔形,则至少包含三个层次:分别是"器物文化"、"制度文化"
和"观念文化";这三种文化又时刻处于"实"与"虚"的万般变换状态之中,人们
创制和消费的物质财富具有文化的内涵;器物层是可见的真实的物质财富,如
衣食、住房、交通工具、实验仪器、生意工具等;制度层,若隐若现,介于实与虚
之间,但是人类能感应到制度在起作用,如法律、政党制度等;观念和精神,则

[1] 〔美〕L. S. 斯塔夫里阿诺斯:《全球通史——1500 年以前的世界》,吴象婴、梁赤民译,上海社会科学院出版社,1992 年,第 1 页。
[2] 同上书,第 63—69 页。
[3] 同上书,第 213—236 页。

是抽象层面,如宗教信仰、民俗习惯等,还有一些有"制度"的痕迹,但也依附于"物",比如"圣物"。

"文化"有广义和狭义之分,广义的"文化"是个"合成函数",是由人类有史以来创造和蓄积的一切"物质财富"和"非物质财富"合成的函数;创造并消费的"文化"处于"虚状态",蓄积的"财富"为"实状态";"创造"与"蓄积"呈动态发展之势。广义的"文化"又是个多元函数:至少包括"经济"、"政治"和"精神文化"三个变量,而这三个变量也是内含多元变量的合成函数。"自然资源"、"人力资源"、"资本"、"技术"和"企业家才能"是"经济"的合成函数。"个人的生命表现工具或意识觉醒"为文化的最小单位,也可以将这个文化最小单位理解成"文化量子"。

若用"数学模型"描述"文化",就可以看到人类文化发展长长的历程和厚厚的积淀物,其形貌与宇宙相似。这个"文化宇宙"可微分出 n 维空间,基督教世界、佛教世界、伊斯兰世界等等;还可以按地域或人群无限微分出不同的文化空间,如全球各地缤纷多彩的乡土文化。不同的世界观、人生观、价值观、审美观和生产生活方式合成各自的"文化曲面",自成相对独立的黎曼空间,各空间包含着文化共性,也独守着文化个性或风俗性,这些 n 维空间都是有界的。

关于文化之间的交流,钱钟书在《旧文四篇》"林纾的翻译"一文中所提到的"媒",就是不同文化彼此沟通的桥梁;而"诱",即吸引力。他认为,"媒"和"诱"说明了翻译在文化交流里所起的作用。他是个居间者或联络员,介绍大家去认识外国作品,引诱大家去爱好外国作品,仿佛做媒似的,使国与国之间缔结了"文学姻缘"。彻底和全部的"化"是不可实现的理想,某些方面、某种程度的"化"又是不能避免的,于是"媒"或"诱"产生了新的意义。翻译本来是要省人家的事,免得他们去学外文、读原作,却一变而为导诱一些人去学外文、读原作。它挑动了一些人的好奇心,惹得他们对原作无限向往,仿佛让他们尝到了一点儿味道,吊起了胃口,可是没有解馋过瘾。他们总觉得读翻译像隔雾赏花,不比读原作那么情景真切。[1]

"诱"的空间,可以理解为"场",如引力场,将之放置于今日的江南地区,"江南文化"能够吸引资金和高技能劳动力,因而"江南"也是一个引力场,这也加速了江南的经济发展和生活方式的进一步更新和延续。

---

[1] 钱钟书:《旧文四篇》,上海古籍出版社,1979年,第64页。

"江南文化"既是历史概念,也与今日密不可分。江南渔民、农夫、知识分子、手工业者、商人等360多种行业,都有独具个性的"行业文化"。各行各业的人群都有不同的生产方式和自己的生活方式。人们在各自的职业领域中投入劳动时间和劳动技能,创制出多彩多姿的行业文化,它们共同合成了"江南文化"。

当今,江南经济以"生态优先、绿色发展"为理念,以"江南文化"为引擎。从学术研究的角度理解,研究江南经济与社会的发展规律,以科学理论引领江南经济,将会使经济与文化转毂相巡的节奏更加和谐,使江南社会现代化的步伐加快。乡土江南是乡土中国的组成部分。建设"美丽江南"能为建设"美丽中国"提供一个示样板。"生态优先、绿色发展"又恰好与经济学的双重主题"稀缺"与"效率"对应。

西洋学者笔下的"中国江南"和"江南文化"也别有意趣。美国学者孔飞力在《叫魂——1768年中国妖术大恐慌》中谈道,18世纪的"长江下游社会,这个地区位于中国的东部与中部,通常被称为江南地区,是现在被我们称为长江下游的大地区的繁华核心。在分省地图上,这一核心区域包括江苏南部,安徽东部的一角,以及浙江北部"。人们常常以这个中国最发达的经济区域为背景,对18世纪中国的商业扩展进行论述。中国最为繁荣的地区经济已在这里存在了七八百年;商品化的农作物生产以及专门化的市场构成了中国帝制晚期经济的特点,在这里最清楚地表现了出来。事实上,由于这个地区内各地的经济都达到了高度的专门化,以至于粮食产量过低,难以满足当地人口的需要。于是,江南的许多城镇成为大规模地区间谷物交易的集散地。进入18世纪后,每年都有足够三四百万人食用的稻米从长江中上游各省运往苏州、松江和太仓周围的各个商镇。这些稻米最终将抵达遍布华东的各个缺粮地区。据18世纪初叶的一个观察者称:

> 福建之米,原不足以供福建之食,虽丰年多取资于江浙,亦犹江浙之米,原不足以供江浙之食,虽丰年必仰给于湖广。数十年来,大都湖广之米辏集于苏郡之枫桥,而枫桥之米,间由上海、乍浦以往福建。故岁虽频祲,而米价不腾。[1]

---

[1] 长沙、九江、芜湖等米市,借助长江水运的廉价成本,顺流而至富庶、人口密集的江南。

在制造业方面,江南财富的基础是纺织业。长江下游生产的纺织品在全国均有市场。丝绸是领衔的出口产品,为生活日益富硕的官僚及学界与商界上层人士所穿用。这一规模宏大的工业是以数以百万计的农民家庭的手工劳动为基础的。江南社会已经高度商业化,其市场网络则与农民的家庭紧紧地联系在一起。说那里存在着"与世隔绝的"或"单个的"地方经济(这里指的是过去人们对于中国乡村的一些错误看法)。极而言之,乡村与市镇的结合,也意味着它受了手工业的某种支配。在这个人口高度密集的地区,要使得依然不断增长的人口能够在一再缩小的耕地面积上生存下来,家庭的每个成员都不能闲着,而必须为社会生产有价值的产品,早在 15 世纪就有人对纺业的生活作过这样的记载:

> 纺织不止乡落,虽城中亦然。里媪晨抱纱入市,易大棉以归,明旦复抱纱以出,无顷刻间。织者率日成一匹,有通宵不寐者。田家收获,输官偿息外,不卒岁室庐已空,其衣食全赖此。

"中国江南"在孔飞力的眼里是农业和工商业发达、富势威威,为中国经济最繁荣之地,是大清帝国上层建筑的支柱。中国帝制晚期这种乡村与市镇之间存在紧密联系的社会特点,不仅反映在已经高度商业化的江南,也在其他一些并没有那么发达的地区表现出来。[1]

自唐之后,江南水稻种植技术的发展以及手工业技术的进步,提升了江南经济的发展速度。洞庭商人、徽商和浙商的商业活动,繁荣了江南市场经济,促使这里出现了中国最早的资本主义萌芽。这些商人还兴办教育,为江南文化的发展不断提供优质劳动力资源。

据孔飞力的观察,"中国江南文化"处于整个大清王朝的最高层,帝王和满洲贵族在江南文化的强势面前,只能满抱卑微感。孔飞力在《叫魂——1768 年中国妖术大恐慌》的"江南问题"里说道:

> 既恐惧又不信任,既赞叹不已又满怀妒忌,这便是满人对于江南的看

---

[1] 〔美〕孔飞力:《叫魂——1768 年中国妖术大恐慌》,陈兼、刘昶译,上海三联书店,2014 年,第 36—38 页。

法,而叫魂危机正是由江南而起的。在这个"鱼米之乡",繁荣兴旺的农业与勃勃发展的商业造就了优雅的气质和学术成就。北京大部分的粮食供应,是经由大运河从江南运来的。因此,几百年来,帝国的统治者们便发现,他们需要不断地同江南上层人士争夺那里多余的粮食。同样令北京统治者感到头痛的,是如何才能建立起对于江南倨傲不逊的上层学界的政治控制。江南的学界精英所期以求的并不仅仅是在科举考试中占有一席之地或获得高官厚禄。如果有什么人能让一个满族人感到自己像粗鲁的外乡人,那就是江南文人。面对这个久已存在的江南问题,在处理这种爱恨交织的关系时,弘历以自己的方法表达自己的看法。凡在满族人眼里最具汉人特征的东西均以江南文化为中心;这里的文化最奢侈,最学究气,也最讲究艺术品位。但从满人古板严谨的观点来看,这里的文化也最腐败。正因为江南文化有着种种非常吸引人的地方,它才对满人的价值观念——那种弘历喜欢想象的价值观念——构成了威胁。如果满人在中国文化面前失去自我的话,那么,正是江南文化对他们造成了最大的损害。

皇帝本人既为江南所吸引,又为江南所排斥。在访问江南后,弘历将江南精英文化的一部分移植到满人的夏都——承德,予以尊崇。但除了精巧与优雅外,江南也意味着堕落与汉化。江南颓废的文化正在葬送到那里就任的优秀官员们,不管他们本是旗人还是汉人。长江下游的社会既奢侈又腐化,如同糖果腐蚀牙齿一般腐蚀着人们的美德。大学士刘统勋的儿子刘墉(这当然是北方的一个好家族)在刚刚担任了一任江南学使后,于1762年就这个问题上呈了一份措辞严峻的奏折。他对江南已经商业化的富绅在力量与影响上超出了政府控制能力的情况作了描述。"生监中滋事妄为者,府县官多所瞻顾,不加创艾。"官吏们"既畏刁民,又畏生监,兼畏胥吏",结果使枉法的人得到开释,而官府则对极端的行为熟视无睹。由于地方上层人士势力强大,府县官吏为明哲保身,学会了对麻烦睁一眼闭一眼的精妙技巧。弘历批示道,刘墉"所奏实切中该省吏治恶习"。江南士民风尚本来便"浮靡喜事",再加官吏姑息放扒,"遂致渐染日深",达到了"牢不可破"的地步。[1]

---

〔1〕〔美〕孔飞力:《叫魂——1768年中国妖术大恐慌》,陈兼、刘昶译,上海三联书店,2014年,第90—91页。

在"康乾盛世"的历史时段内,江南文化的优雅和霸气,对比着满洲贵族文化的低拙。满人以武力入关,旋即被汉人的文明征服,史称"清承明制"。他们鄙视的"南蛮子"的文化,穿透他们奢侈骄傲的外表,侵入他们体内,带来的满是让他们撕心裂肺的自卑。

当今全球各地,处于海、河、湖边的现代化大都市是现代文明的中心,运作着现代化的生产生活方式,而这些高端文化都源于渔文化。上海、武汉、哈尔滨、香港、深圳、巴黎、伦敦、东京、悉尼等地,至今仍留存渔文化的痕迹。

现存"江南文化"精品很多,进行详实学术回顾几乎是不可能事件。大多数学者将江南文化微分,比如明代计成的《园冶》是建筑学领域的佳作,还有昆曲、缂丝、江南民俗、医学等物质或非物质文化的研究,学者们分门别类地描写江南,极尽自身专业优势着力研究江南文化的某一领域。在汗牛充栋、浩如烟海的文学著作中,《红楼梦》《江村经济》《李煜全集》《范石湖集》最为经典优雅。这四部江南文化著作的作者关注的重点是江南经济发展和社会各群体的物质生活状况、心理需求与精神风貌,字里行间都弥漫着江南乡土气息。

曹雪芹的一生从锦衣玉食、饫甘餍肥、恣意奢侈到饥餍糟糠,他目睹了家族命运从社会顶层跌落至底层,阅尽了繁华与凄凉。于是,他怀揣痴情,以盖世之文采,宵衣旰食,为贾氏家族写了一部"忏悔录",把贾府从钟鸣鼎食突变至"日为衣食所累"的过程,用一本"满纸荒唐言,一把辛酸泪"的"天下奇书"告之于众。

现代主流经济学家保罗·萨缪尔森在《经济学》中指出:"1776年,现代经济学之父亚当·斯密《国富论》问世,那一年,另一件引人注目的事是美国《独立宣言》的发表。这两大思想的同时出现也许并非巧合。在美国的革命家们争取自由、反对暴政的同时,亚当·斯密提出了将贸易和工业从封建贵族统治的桎梏中解放出来的革命学说。"〔1〕《红楼梦》比《国富论》和《独立宣言》问世稍微早一些,这三大思想共同来到人间似乎是受到了一种天意前因的力量驱使。18世纪末,在古老的东方,运旺时盛的康乾盛世逐渐没落,国力渐趋下行。一个王朝的历史变迁被中国江南织造府的怡红公子演绎成贾、王、史、薛四大家族的故事,"天下奇书"就此诞生。

《红楼梦》是集文学、历史学、管理学、哲学、社会学、民俗学和政治学于一

〔1〕〔美〕保罗·萨缪尔森、威廉·诺德豪斯:《经济学》,萧琛等译,华夏出版社,1999年,第1页。

身的多学科复合体,还具有一些朴素的女性意识;其中也包括自然科学知识,如医学、营养学、数学等。作为有自己独到信仰的学者,曹雪芹对"时间"的理解和写法似乎有物理学的影子。对于曹雪芹来说,过去、现在和未来之间的分别只不过是一种幻觉的意义而已,尽管这幻觉很顽强。假作真时真亦假,无为有处有还无,亦真亦幻,让人难以捉摸。

《红楼梦》为江南文化精品,是江南各阶层民众社会生活的百科全书。这本书主要内容是江南贵族的"生活方式",也包括社会各阶层的日常生活的内容,可以说是内容最丰富、文学艺术水平最高端的江南文化著作。小说中的每一个故事都像一面镜子,给不同年龄与不同文化水平的读者以无限启迪。在兴与衰、宠与侮、泪与笑、高贵与卑微的碰撞中,都能找到生命的醒觉意识,即德国哲学家斯宾格勒说的"文化是人类醒觉意识的产物,具有醒觉意识的人类总是要表现自身,文化就是其生命表现的根据"。[1] 曹雪芹还具有初步的女性意识,他笔下的女人不分出身贵贱都自有个性。

荣国府的怡红公子出身豪门,活在衣来伸手、饫甘餍肥之豪华空间里,他有来自法国的玩具陪伴,用西洋怀表,穿俄罗斯的雀金裘等美服华冠,这些都是胡适在《中国的文艺复兴》里提到的舶来"奢侈品"。经营江南织造府的曹家是皇商,他的衣、食、住、行和礼仪举止都体现了豪门文化,对比来自京郊村肆的刘姥姥,初来荣国府看见挂钟便随即想到乡镇集市上的打箩柜筛面粉、秤砣;她不会使用高级筷子,不知茄鲞为何菜;她空怀着穷人的思维,背负一大竹筐浸透野意的佳蔬回敬荣国府的赏钱。刘姥姥的生活空间里,饱含乡村的味道和生活习俗。

从大观园跌入北京西郊一个破庙口,"怡红公子"变身"王一贴",过着瓦灶绳床、饥餍糟糠、举家食粥酒常赊的生活。然而,他只是物质生活贫困,比晚年囚居大宋开封府的李煜是要自由几分的,所以他才有充足的时间于茅椽蓬牖中回顾自己家族的过往。关于繁华与凄凉的对比,曹雪芹笔下的三百多个人物分属不同的群体:权贵、皇商、佣人和大观园围墙外的农民;卖官鬻爵、明借暗索的宫廷太监们;经营"海上方"获利的"王一贴";还详述了大观园中丫鬟的日常生活和情感需求。

---

〔1〕〔美〕L. S. 斯塔夫里阿诺斯:《全球通史——1500 年以前的世界》,吴象婴、梁赤民译,上海社会科学院出版社,1992 年,第 1 页。

从富到贫,曹雪芹才明白"贫者日为衣食所累,富者又怀不足之心"。他用"好了歌"简单明了而又经典地阐释着"盛极而衰,物极必反"。豪门家族运势的膨胀与坍缩好似有周期性和规律性,似与朝代或宇宙的运行规律互动,或者可以说被一股文化的力量左右:荣国公、宁国公的开拓荆榛遍地,纵然衣衫褴褛也依旧锐意进取。当繁华传承至第三代,箕裘颓堕。于是,三部戏《斩白蛇》《满床笏》《南柯梦》依次诠释了这一由兴到衰的过程。《红楼梦》所写的三百多口人的生活区域是金陵、苏州、扬州一带的"江南"。而传统"江南"空间范围包括芜湖、南京、扬州、上海、杭州和宣州,这些地方围裹成全球最具特色的"鱼米之乡",拥有万年渔文化的蛛网水乡,形貌举世无双。

再说到李煜,他"生于深宫之中,长于妇人之手",天生有一颗赤子之心。当他跌入一个充满痛苦和屈辱的深渊之后,他的人生悲剧改变了他笔下词的命运。用血与泪凝聚的《李煜全集》,满纸都是梦幻江南,更是他的昔年江山。他的《虞美人》写道:"春花秋月何时了,往事知多少。小楼昨夜又东风,故国不堪回首月明中。雕栏玉砌应犹在,只是朱颜改。问君能有几多愁? 恰似一江春水向东流。"[1]

千年后,有作曲家重新谱曲国学经典,宝岛天才歌唱家邓丽君用地球村千年难遇的嗓音,再混血东南亚音乐文化,所唱就的《虞美人》将李煜心灵上的波涛起伏表现得淋漓尽致。这是中华文化的创新与衍生,也是江南文化精品之一。

中国文学史尊称李白为诗仙,杜甫为诗圣,而李煜则为诗魂、"词中帝王"和"南面王"。他失去江南故国,但写下最美的江南诗篇。"国家不幸诗家幸,话到沧桑句始工。"所以,王国维认为:"词至李后主而眼界始大,感慨遂深,遂变伶工之词而为士大夫之词。周介存置诸温韦之下,可为颠倒黑白矣。自是人生长恨水长东,流水落花春去也,天上人间。"[2]

李煜当皇上之前,曾抱着遁世的思想写出水乡的《渔父》诗两首,他艳羡江村渔夫的自由却不知道渔夫的自由受限于贫穷和窘迫,即使渔民终生不停地劳作,物质财富的蓄积也常常为零。渔夫只掌握简单的劳动技巧,所以终生为衣食所累,麻履蓑衣,为驱赶风寒,甚至连酒钱也拮据。江乡岸边的帘杏溪桃、

---

〔1〕 李煜:《李煜全集》,崇文书局,2015年,第80页。
〔2〕 王国维:《人间词话》,北京联合出版公司,2015年,第24页。

垂柳樛樛、鸟巢鬖鬖、莺歌燕舞，在渔夫的生活中仅是无关的景色，他们的目光只聚焦于渔获物。而李煜看见的却是用渔夫自由自在地悠然地"活着"。

李煜的词和南唐中主李璟的境界类似，李璟《摊破浣溪沙·菡萏香销翠叶残》：菡萏香销翠叶残，西风愁起绿波间。还与韶光共憔悴，不堪看。细雨梦回鸡塞远，小楼吹彻玉笙寒。多少泪珠何限恨，倚阑干。[1] 灵魂来自西天灵河岸边的绛珠草来人间还泪，江南至美就在字里行间，浸透着对故国刻骨铭心的爱。

南唐末代皇帝，生活奢侈任性、贪淫恋色、好货寻愁，改革不力致使王朝箕裘颓堕，被运旺时盛的大宋政权取代也是历史必然。

渡中江望石城泣下

李煜

江南江北旧家乡，三十年来梦一场。
吴苑宫闱今冷落，广陵台殿已荒凉。
云笼远岫愁千片，雨打归舟泪万行。
兄弟四人三百口，不堪闲坐细思量。[2]

费孝通在《江村经济》中提及："文化是物质设备和各种知识的结合体。人使用设备和知识以便生存。为了一定的目的，人要改变文化。一个人如果扔掉某一件工具，又去获取一件新的，他这样做，是因为他相信新的工具对他更加适用。所以，任何变迁过程必定是一种综合体，那就是：他过去的经验、他对目前形势的了解以及他对未来结果的期望。过去的经验并不总是过去实事的真实写照，因为过去的实事，经过记忆的选择已经起了变化。目前的形势也并不总是能得到准确的理解，因为它吸引注意力的程度常受到利害关系的影响。未来的结果不会总是像人们所期望的那样，因为它是希望和努力以外的其他许多力量的产物。所以，新工具最后也可能被证明是不适合于人们的目的。"[3]

《江村经济》是一本描述中国江南农民的消费、生产、分配和交易等体系的

〔1〕 王国维：《人间词话》，北京联合出版公司，2015年，第20页。
〔2〕 李煜：《李煜全集》，崇文书局，2015年，第18页。
〔3〕 费孝通：《江村经济》，华东师范大学出版社，2018年，第2页。

书,是根据对中国东部太湖东南岸开弦弓村的实地考察写成的。它旨在说明这一经济体系与特定地理环境的关系,以及与这个地区的社会结构的关系。同大多数中国农村一样,这个村庄正经历着一个巨大的变迁过程。因此,本书将说明这个正在变化着的乡村经济的动力和问题。

时任伦敦大学人文学系教授的布·马林诺夫斯基在《江村经济》的"序"中讲到,作者的任务并不是再来复述一番本书已经描述过的内容。随着本书的描述,读者本身将自然地被带入故事发生的地点:那可爱的河流,纵横的开弦弓村。他将看到村庄的河流、桥梁、庙宇、稻田和桑树的分布图,他将欣赏到具体资料、数据和明晰的描述三者之间协调的关系。对农村生活、农民生活资料、村民典型职业的描述以及完美的节气农历和土地占有的准确定义等都为读者提供了一种深入且确实的资料,这在任何有关的中国文献中都是十分罕见的。[1]

费孝通还认为,成功完成对一个社会的制度的变革是很困难的,首先必须对社会制度的功能进行细致分析,而且要同这个社会中的各群体意欲满足的需要结合起来分析。社会科学应该在指导文化变迁中起重要作用。"中国越来越迫切地需要这种知识,因为这个国家再也承担不起因失误而损耗任何财富和能量。我们的根本目的是明确的,这就是满足每个中国人共同基本需要。大家都应该承认这一点。一个站在饥饿边缘上的村庄对谁都没有好处。从这个意义上说,对这些基本措施,在中国人之间应该没有政治上的分歧。分歧的产生是由于对事实的误述或歪曲。对人民实际情况的系统反映将使这个国家相信,为了恢复广大群众的正常生活,现在迫切地需要一些对策。这不是一个哲学思考的问题,更不应该是各学派思想争论的问题。真正需要的是一种以可靠的情况为依据的常识性的判断。"

费孝通用西方经济学原理,研究中国江南水乡农民的生产方式和生活方式,虽然研究的是 20 世纪 30 年代以前的江南农业和农民问题,但是,其中的基本原理和研究方法至今依然生机勃勃。

《江村经济》第八章"职业分化"中提到了渔文化:"江村的西头,城角圩和凉角圩(当地的两处圩名称),仅以捕鱼为副业。他们的捕鱼方法是用网和鱼钩。冬季是捕鱼工作高峰期。那时,农活告一段落,他们便开始进行大规模的

〔1〕 费孝通:《江村经济》,华东师范大学出版社,2018 年,"序"。

‘围鱼’作业。几只船合作组成捕鱼队,在又粗又长的绳子上密挂起小鱼钩,然后再加上一些重量,捕鱼队队员围成一个圈,把鱼钩沉入湖底。到了寒冷时节,特别是下雪以后,湖面不结冰,但鱼都在泥里冬眠,鱼钩在泥里拉过,很容易把鱼钩住。这样的‘围鱼’作业有时持续数周,收获量颇大。平时,渔民撒大网捕鱼,一日数次。这种捕鱼方式只有那些住在湖边的居民才能采用。这也就是这群渔户局限在村西地区的原因。

“虾是用一种竹编的捕虾篓从湖里捕捉的,捕虾也是住在湖边的渔户的普遍职业。根据1935年夏我所收集的情况,共有43条船从事这项工作。捕虾篓用一条长长的绳索连接起来,放入水中。每四小时清一次篓子,因为时间过久,虾在篓里容易死去,死虾在市场上的价格低于活虾。两个渔民一条船,平均收每天1元。另一种渔户在凉角圩居住。这种渔民喂养会潜入水中捕鱼的鱼鹰。喂养和训练此种鸟需要专门知识,一般是由家庭传授的,因此这也是一种世袭的职业。这些家庭形成一个特殊群体,也与其他村里的同行渔民合作。有时他们需要到离本村较远的地方去,夜间鱼鹰需用心保护,因此,这些渔民在共同的专业利益基础上形成了一个超村庄的群体。从事同一专业的渔民,对他们的同行都有友善招待的义务。”[1]

《江村经济》详细记载当时的捕鱼技术、渔业生产过程和特点。渔业和其他农业门类有不同,因为在水面上进行生产作业,甚至以舟为家,渔民子弟生来所受到的教育不如陆地居民,所以渔民的喂养鱼鹰、捕捞技巧,为家庭传授,一般都是口头传承,或是以渔歌为传承劳动技巧的工具,重在实践环节,没有文字材料。

缊缊大江,将华夏大地隔断成江南、江北,又以灿烂的文化黏合南北。“赤壁沉埋水不流,徒留名姓载空舟。喧阗一炬悲风冷,无限英魂在内游。”[2]赤壁之战之后,中国历史进入短暂的分裂时段。虽然赤壁之战北军惨败,导致“三足鼎立”局面形成,但南北分裂不过60年。长江,以一带清流护卫鱼米乡的经济发展,大江之魂为江南文化的守护神。

“蛛网水乡、气候温和”是“江南文化”的载体。万里长江冲积出“蛛网水乡”,生出“鱼米之乡”独特的民俗文化;气候温和,才能适宜人居,这里蓄积了

---

[1]　费孝通:《江村经济》,华东师范大学出版社,2018年,第84—86页。
[2]　〔清〕曹雪芹:《红楼梦》,无名氏续,脂砚斋等批,三秦出版社,2017年,第482页。

一万年的文明史。江南,是全世界人口最密集的地区,是中国经济最发达的地方。被誉为"鱼米之乡"的中国江南,农业渔业的兴旺与商业的蓬勃发展,是江南文化优雅经典的物质基础。研究江南文化,须从江南渔文化开始。

江南原生态文化、吴文化、徽州文化、海派文化、金陵文化、佛教文化、天主教文化复合成现代江南文化,是富势巍巍的江南社会发展的文化引擎。

二、江南渔文化

江南文化滥觞于三山岛的渔文化。沈坚主编《世界文明史年表》中记载道,长江下游首次发现的旧石器时代晚期遗址是"三山文化",即渔猎文化,位于江苏吴县太湖三山岛。[1] 这里即"太湖蓬莱"。

太湖蓬莱渔乡情

渔火熠熠,游鱼汹汹。

渔火悻悻,游鱼颗颗。

渔火焯焯,游鱼殢殢。

渔火朏朏,游鱼籹籹。

渔火娷娷,游鱼趔趔。

渔火烁烁,游鱼诔诔。

渔火皦皦,游鱼媛媛。

渔火颎颎,游鱼凨凨。

渔火旷旷,游鱼嬥嬥。

渔火焞焞,游鱼沩沩。

渔火炜炜,游鱼貤貤。

渔火爠爠,游鱼詍詍。

根据史料,我国渔业在旧石器时代已经出现,大海边、长江流域、黄河流域、乌苏里江流域、香江两岸等地都有渔业生产的痕迹和先民食鱼的记载。

---

〔1〕 沈坚主编:《世界文明史年表》,上海古籍出版社,2000年,第18页。

全球各地有水的地方都有先民施展捕捞技术猎鱼食用,这是渔文化之开端。渔业是人类的原始生业之一,也是最早的经济形态之一。江南渔文化是"原生态江南文化","中国江南文化符号"之一,从江南经济发展角度看,它是"江南文化"的基石。渔业是当地最古老的生业,后又出现稻米产业,渔业和稻作不断衍生出新的文化,比如江南副食品美食产业、酿酒业等。

> 江乡渔艇瓜皮小,谁信罛船万斛宽。
> 太湖三万六千顷,每日渔获出斗金。
> 到得昂山风四面,罛船击鼓发中流。
> 黄梅白雨太湖棱,银刀锦鬣牵满罾。
> 盼取湖东贩船至,卖鱼论斗不论秤。
> 几日湖心起踔风,朝霞初敛雨蒙蒙。
> 莫厘山下凤舟归,远望高帆六道开。
> 羽林传语郎莫射,渔翁遣为进鲜来。

这是笔者于太湖渔业调研时遇见的情景,遂写下一首罛船诗词,试图描绘出江南渔乡风情。

> 吴侬踏车茧盈足,高低起伏若跳舞。
> 江乡水车不假人,智者创物至精巧。
> 下田戽水出清流,高垅翻江逆上沟。
> 一轮十筒挹且注,往复循环无时了。
> 江南稻花生沃壤,万顷秧齐绿云飘。
> 绿云看即变黄云,一季丰稔千家饱。

渔文化在贵族、诗人、艺术家、政治家、经济学家、环境科学家、平民、职业渔民和鱼贩子等社会各阶层人群中,有不同的文化内涵与经济价值。

《诗经》中的渔文化,大多写的是王公贵族的富贵和娱乐生活,类似于《红楼梦》中提到的大观园里一帮小姐红妆以垂钓消磨富贵闲愁的事迹。

杜甫观渔民打鱼,以此获取乐趣,但他并不完全知晓渔民的日为衣食所累。皮日休、陆龟蒙写的渔具诗,虽是写的捕鱼器具,但同时也饱含浓浓的故乡情。柳宗元的《渔翁》,则是在他远离喧嚣的朝堂之后,于旅途中发现的人生清欢与感悟。

李后主的《渔父》,表明的是一种政治态度。从某个角度看,后主和渔夫有着莫名的相似性:渔夫被吊杆系住劳动时间,终日的打鱼工作限制了他的自由;而后主则被权力争斗牵绊,无论他想不想当皇上,都身不由己。

范仲淹《岳阳楼记》中的潇湘渔火正像他忠君的赤心冉冉,他以"锦鳞游泳,渔歌互答"和大江的阴晴变换,抒发了"先天下之忧而忧,后天下之乐而乐"的爱国情怀。潇湘渔乡文化品味也因此被他提升到至高境界。

苏东坡游赤壁,前后《赤壁赋》也蕴涵了渔文化,既表明他的人生态度,也包含着一种信仰。林语堂的《苏东坡传》,指出苏东坡的烹鱼方法和渔民的渔俗文化高度合拍。比如,铁铛烈火烹油煎鲤鱼一直不将鱼翻身,因忌讳"翻"的寓意。或许苏东坡思及自己的旅途经常孤舟长篙,不能翻船;又或许虑及自己身居宦海泱泱、苇舟孤驭,更忌讳"翻"。

虾,在齐白石笔下,每一只都是鲜活的,似乎在宣纸上游弋,体态健美,逍遥自在。

余光中舟子之歌,写的是舟子的漂泊与凄凉,勾起了诗人的无限乡愁。

江南渔民的渔歌、渔俗,则是他们的"生产方式"和"生活方式"。[1]

社会各阶层眼里的渔文化的内容,一些侧重于渔文化的物质层面,另一些侧重于渔文化的非物质性,即观赏并获取心灵的享受。

源于太湖三山岛的渔文化(pisciculture)是江南文化之源头,距今已有一万多年历史,是"江南文化"中的"长者"。三山文化诞生后数千年,水乡稻作业兴,与渔文化完美融合。"鱼米之乡"的乡土文化由此正式产生,独具特色。

中国江南水系状貌若网,水资源、渔业资源丰富,气候条件适宜人居,江南渔民蓄发文身、深通水族之性,他们世代以渔歌传承独特的劳动技巧。

"江南渔文化研究"的区域范围包括万里长江干流及大江冲击而成的蛛网渔乡。由芜湖、南京、扬州、上海、嵊泗列岛、杭州、富春山与宣州这些文化中心围成的区域,是江南渔文化研究主要的地理空间。

曾有一个大江北岸的艺术家遥望江南,吟出"春江潮水连海平,海上明月

---

[1] 渔俗,集渔民的信仰、法律、劳动技巧和生产生活习惯于一体,又内含天文学、地理学和鱼类生态学等自然科学知识。

共潮生。滟滟随波千万里，何处春江无月明"。当滚滚长江东逝水被月亮的引潮力引回大海故乡，从长江入海口回望潇湘江水滔滔，这段江流哺育的渔文化，也是"江南文化"的组成部分。一条水流串联起苏东坡《赤壁赋》、三国鏖战等经典文艺作品和历史事件，和渔民、渔业也关联甚密。

长江鱼类的洄流习性，包括索饵洄流、产卵洄流和越冬洄流都给予了江南渔文化研究特殊的时空条件。大江流经之地，近水而居的先民，多以捕鱼为食，创制了最古老的原生态文化——渔文化。渔文化研究的特殊性源于渔业生产的自然特性，比如中华鲟、鲥鱼等鱼类的生命历程像乌苏里江的大马哈鱼那样，终生长途跋涉在索饵、产卵的过程中，它的"家"在江之源，然后顺流而下入海口附近，再洄游起点产卵，如此往复，代代无穷已。

万里长江若一条脐带，将天宇之水源源不断地输送到中国江南，给鱼米之乡注入营养。自远古至近代，这片区域长期保有这样的文化：锦鳞满框手作秤，珠珠粒粒着斗量。烟波水心渔歌唱，江南千里稻谷香。中国江南风俗性极强的乡土文化，举世无双。

神采飘逸、秀色多人的唐古拉雪莲花魂，顺沱沱河一路婉转奔向江南水乡，随即变身芙蓉，"江南可采莲，鱼在莲叶间"的文化就此诞生。苏杭的"蘇"字内含"鱼""禾"二字，以及包含莲藕在内的"水八鲜"。鱼稻文化浸润了这片土地的方方面面。

长江的干流像一条网绳，牵引蛛网水乡的"网衣"，张口撒向东海，网住"吴水越山"的江乡泽国，创制出万年渔文化。沿大江两岸，网罟之所布，皆为先民捕鱼为食，繁衍自身而创制和消费锦鳞腥香浓烈的文化。

江南渔民以"观察法"发明的"滬""滶"等渔业生产工具和方法，既促进了当地渔业经济发展，也是文化的创新。[1]

滬

唐·皮日休

波中植甚固，砾砾如虾须。

涛头倏尔过，数顷跳鲟鲜。

---

[1] "创新精神"（Innonvaitive spirits）也叫"企业家精神"，是自然资源、人力资源、资本和技术"经济发展的四个车轮"之外的第五种动力。

不是细罗密,自为朝夕驱。

空怜指鱼命,遣出海边租。[1]

现有可查的史料中有很多"滬"的简图,图中能看出"波中植其固,磔磔如虾须"的状态与动感。这种捕捞技巧科学性很强,又省力,也无需专人看守。上海海岸边的先民因为掌握海潮潮汐规律,率先发明了这种捕鱼方法。

滬

唐·陆龟蒙

万植御洪波,森然倒林薄。

千颅咽云上,过半随潮落。

其间风信背,更值雷声恶。

天道亦衰多,吾将移海若。[2]

滬,也称断、鱼帘子,将竹栅栏插于河流隩处,潮起鱼入,退潮,鱼被滬拦住,无处可退,成为渔民囊中之物。

自然科学对江流入海的解释是"虹吸现象",即大气压盖住河床,大海将释放出去的蒸汽水再吸回。这一现象若从美学角度看,江流摇摆,似纤纤女子舞蹁跹,又若缟仙薄醉趋瑶池,西子闲坐雪域高原浣纱太平洋。

长江又像一条龙,滔滔金黄,龙游万里曲沼,又若盘蛇一径摇。而龙,是原始民族的图腾,又积淀为华夏民族的象征。它可以说是我国历史悠久的民族魂。董羽于《画龙辑议》中说:"其状乃分三停九似而已。自首至项,自项至腹,自腹至尾,三停也。九似者,头似牛,嘴似驴,眼似虾,角似鹿,耳似象,鳞似鱼,须似人,腹似蛇,足似凤,是名为九似也。"其中,"九似"至少有"两似"是鱼虾。

关于龙文化,汤因比认为:"中国文明有时被称作黄河的子嗣,它恰好出现在黄河流域。"[3]黄河、长江文明都储藏有渔猎印痕,长江流域的文明平行于黄河流域,[4]长江、黄河流经之地都留下了大量的旧石器、新石器时代的鱼

〔1〕〔清〕彭定求主编:《全唐诗》,中华书局,1960 年,第 7045 页。

〔2〕 同上书,第 7136 页。

〔3〕〔英〕阿诺德·汤因比著、〔英〕D. C. 萨默维尔编:《历史研究》,上海人民出版社,2010 年,第 65 页。

〔4〕 裴士京:《探寻长江流域的文明之花》,《中国社会科学报》,2019 年 9 月 6 日第 1773 期。

图、鱼物等文化遗存,所以"渔文化"是中国龙文化的有机组成部分。

全球十大湖区的渔业经济和渔文化,中国江南鱼米之乡的气候、地貌、地形、语言、传统的生产方式、生活方式,风俗性最强。

蛛网水乡的两股水源分别是荆溪与苕溪,荆溪自南京处入溧阳,汇聚茅山一带的地表径流入与荡湖,再东合武进之水在宜兴注入太湖。苕溪,分东西二溪,汇集天目山泉水和雨水在吴兴流入太湖。下游之水自娄江、吴淞江和黄浦江流入东海。[1] 太湖承受苕溪、荆溪来水,主要由黄浦江排出,所以,长江—太湖水系覆盖的区域包括上海至南京的江南。

又据《太湖备考》记载,荆溪又称南溪,其入湖水量连同北侧洮、涌湖水系的来水约占总入湖水量的58%。东出经黄浦、吴淞、浏河诸川,最终汇入大海。太湖湖区属北亚热带季风气候区,年降水量为1150毫米。"太湖跨苏、常、湖三郡,广三万六千顷,周回五百里"。[2] 太湖东西宽度约56公里,南北长约68公里。"(太湖)广三万六千顷,周回五百里。东西二百里,南北一百二十余里。"[3]《越绝书》称太湖"周三万六千顷"。[4]《尔雅》称:"吴越之间巨区,其湖周回五百里。"[5] 古人有"有浪仰视山高,无风还练静。秋宵谁与月,月华三万顷","垂虹五百步,太湖三万顷"和戴复古《松江舟中》等诗为证。[6]

诗人张继从北国逃避战乱来到江南水乡,于船上写下《枫桥夜泊》:

> 月落乌啼霜满天,江枫渔火对愁眠。
> 姑苏城外寒山寺,夜半钟声到客船。[7]

姑苏城外的夜景暮气霭霭,月落乌啼,一枕轻寒观窗外霜,让世人感觉到寒冷清秋、孤舟客子的寂寞;看江枫渔火点点,似乎江乡的渔民正点燃渔火热情欢迎舟中游子光临。全诗四句话,"江枫渔火对愁眠"是一个外地来客对江

---

〔1〕 王培棠编:《江苏省乡土志》,商务印书馆,1938年,第36—37页。
〔2〕 金友理:《太湖备考》,江苏古籍出版社,1998年,第33页。
〔3〕 金玉相纂述:《太湖备考》卷1,《中国方志丛书·华中地方志·第40号》,台湾成文出版社,1970年,第95—96页。
〔4〕《越绝书》卷2(附清钱培名、俞樾札记二种),张宗祥校注,商务印书馆,1956年,第10页。
〔5〕〔宋〕范成大撰:《吴郡志》,江苏古籍出版社,1999年,第250页。
〔6〕 苏州市文联选注:《苏州诗词》,上海古籍出版社,1985年,第241页。
〔7〕 李长路编:《全唐绝句选释》,北京出版社,1987年,第308页。

南印象最深的景象，这是江南渔文化独有的梦幻美景。

对比范石湖眼里的江南渔乡，《范石湖集·卷一·放鱼行》则描写了渔家乐场景：

水落塘枯鱼卧陆，小儿抱取不濡足。
昂藏赤鲤亦垂头，背负玄鳞三十六。
家人涤砧不辞劳，云有素书金错刀。
嗟予赎放岂徼福，忍把汝命供吾饕。
如今已脱张胡子，好上龙门饮湖水。
不然崛起载飞仙，切莫颠狂称长史。〔1〕

范成大祖籍苏州，擅长写水乡田园诗，其江南渔稻文化写得最为经典，他的水乡田园诗词，全是赞美锦绣江南，没有张继的半两愁情。

渔猎是人类社会的原始生业，鱼在水中难以捕捞，猎物游走山林蔼蔼多猛兽，人类不得不冒着生命危险胼手胝足艰辛地创制原始文明。然而，随着经济发展和社会进步，渔猎产业逐渐变成人们的休闲娱乐业。江南民众无需远去濠梁之上寻知鱼之乐，蛛网水乡渔歌起伏处处，眼前锦鬣银刀跳窜乱舞中，富含田园之乐。

江南自古便有与休闲娱乐并举的渔文化。春秋时期，吴王的“鱼城”规模庞大，夫差在人生的运旺时盛期，经常带领群臣和爱妃，华盖舞随风，奏乐开道；至阖闾时期，大城周边水乡众多，网捞船捕，烈火烹鱼，翠斝分琼浆，享君王之悠闲娱乐。

《诗经》中的《鱼藻》《鱼丽》等看似写鱼的篇章，其实是在赞美国王，祈求运隆祚永、太平无为之世，“箫韶九成，有凤来仪”描写了周王治理能力之出色；或者写贵族生活优雅闲适，天天醽醁鱼汤、美酒羊羔。后代诗人笔下，杜甫《观打鱼歌》、柳宗元《渔父》诗、李煜《渔夫》诗二首皮日休观人捕鱼以及陆龟蒙等人笔下的渔文化，都堪称经典。

在民间，垂钓或零散捕捞渔获物也是水乡民众享受的一项闲趣，同时又能带来物质财富或美食享受。

---

〔1〕〔宋〕范成大：《范石湖集》，富寿荪标校，上海古籍出版社，2006年，第2页。

而在哲学家、艺术家的眼中,鱼群唼喋窸窣、色彩斑斓,时而群聚,时而排起雁翅形的队伍戏水,澄塘中呈现着云蒸霞蔚之势,令人体会到贝多芬《田园》交响曲的意境。

《埤雅·释鱼》中记载:"俗说鱼跃龙门,过而为龙,唯鲤或然。"[1]鲤鱼形貌昳丽、体态夭矫、奕奕赫赫、威武一跃而过龙门,颇有"奋发向上、逆流前进"的文化内涵。

古人以渔为乐,国学经典中多有记载。《左传》记载:"五年春,公矢鱼于棠。"[2]今山东鱼台县西北有武唐亭,距离国都很远,作者没有睁目国王"矢鱼"之事,但言外或有暗讽之意。国君应该忙于国事,而非花时"矢鱼",玩物耗时耗力,在民众看来,这样的国君不务正业、荒疏公务。

钱穆认为,研究历史,所应注意者,乃为在此历史背后所蕴藏而完成之文化。历史乃其外表,文化则是其内容。[3]江南渔文化是引领"鱼米之乡"社会发展的初始力量或原动力,[4]距今约七千年前,江南各地先后都有了水稻的种植,渔稻文化是"鱼米之乡"独特的文化生态。[5]外地文人墨客初到江南,深感此处清山气朗、鱼汤鲜美、米饭飘香,留下无数赞美诗篇。据说,乾隆六次下江南,有达官富豪真心挽留他常驻,他却推脱说自己尘眼凡躯,不配待在这人间天堂的神仙栖息地。[6]

《庄子·渔父》中记载:"同类相从,同声相应,固天之理也。……天子、诸侯、大夫、庶人,此四者自正,治之美也,此四者离位而乱莫大焉。官治其职,人忧其事,乃无所陵。……非其事而事之,谓之捻。"通过子路、子贡的对话,把渔父与孔子的矛盾纠结到一起,当情节达到高潮以后,又通过子路引出孔子对渔父的无限向往之感情。

庄子以《渔父》对儒家仁义忠孝观念和礼乐制度进行批判,表达作者"法天贵真"的思想,与儒家思想形成对比。在百家争鸣时代,诸子百家的学说都蕴含着中华文化的精华。

江南渔文化发展为江南文化宝库不断填充新的内容,是一股鲜活的力量。

---

〔1〕〔宋〕陆佃:《埤雅·释鱼》,李涛译注,人民出版社,2019年,第5页。
〔2〕〔战国〕左丘明:《左传》,上海古籍出版社,2016年,第18—19页。
〔3〕钱穆:《中国历史研究法》,生活·读书·新知三联书店,2001年,"序"。
〔4〕张祖方、陈淳:《三山文化》,南京博物院集刊,第9集,1987年。
〔5〕李勇:《太湖渔稻文化述论》,《安徽史学》,2013年第5期,第126页。
〔6〕乾隆下江南,主要目的是搜刮江南的钱、粮、特产和钱财,顺带监督是否有谋反者。

　　江南近海有海洋鱼类数百种,江南水乡有一百多种淡水鱼类,丰富的食材,是江南美食文化发展的物质基础。

　　江南先民养鱼称"种鱼",如种庄稼一般。昔年,范蠡帮助越王完成霸业,自觉历史使命担当责任已尽,遂携西施隐居太湖泛舟养鱼,[1]后总结经验,写成《养鱼经》,认为"种竹养鱼千倍利"。至今吴地民间还流传"养鱼种竹千倍利,要谢范蠡和西施"的赞语,这些都是江南地区灿烂的渔文化。

　　江南水乡处处"鲜华碧水禽鱼乐,微雨春风垂钓情"。这里发生过专诸刺王僚之史事。吴王僚嗜好吃鱼,曾为吃到美味而麻痹大意,忘记自己的人身安全。为靠近王僚,专诸苦练烹鱼技巧。他利用鱼来完成行刺大业,因鱼体如刀,故"鱼腹"最适合"藏剑"。专诸练就惊人的烹鱼厨艺,成功刺杀吴王僚,改变了历史之矢。

　　渔民从降临人间就受限于世袭职业,所以渔民群体中文盲的比例比陆地居民高得多。渔民在漫长的岁月中于"泛宅浮家、风口浪尖"上创制出精美的渔文化,可以说是一种奇迹。江南渔文化是珍贵的历史文化资源,内含的文化精神弥足珍贵。江南渔文化精神突出表现在三个方面:

　　第一,江南渔民精益求精地追求劳动技艺的提升,制造渔船、渔具的技艺精湛,彰显了江南文化极致的工匠精神。比如手工制作七桅大渔船,也叫"七扇子",中国淡水渔业最大的捕捞船。船长约 26 米,宽 5 米,载重超过 60 吨,没有机器动力,仅靠风力行驶。这种渔船的制作开始于一千多年前,如今方法已经失传,是水乡的建筑精品。

　　如果说计成德《园冶》是研究江南园林的经典之作的话,那么,七桅大渔船是江南渔民精湛技艺制作的艺术品。在水面脚踏浪花、头顶离恨天制作的"建筑物"比在陆地造园林难度大得多,这样的水上建筑师精通"梓人之道"。

　　江南渔民的结网技艺也堪称一绝。以几十个人联合制作大渔网为最佳,渔民们配合默契,他们的指尖都留下了编织渔网的记忆。渔民可以在月光下或黑夜里熟练地织网,手法如艺术家弹奏八十八个琴键一般娴熟。壮年渔夫将渔网撒向浪花中的一刹那,对于观察者而言,这是一种艺术,能激发人们的想象力,皮日休、陆龟蒙、范成大等诗人都曾为此写诗赞美。

　　渔民悬身船头,手握网纲抛向长空,一团圆圆的乌云像飞碟在高空旋转,

---

〔1〕 有传说,范蠡为了避免"兔死狗烹"的结局,潜逃鲁国,化名陶朱公,写《养鱼经》,得以善终。

然后张开大口,精准地罩住水下的鱼群,收网上船,银刀锦鲤跳满舱。笔者作诗曰:

> 七桅船泛太湖边,风色常占不测天。
> 量斗卖鱼聊换酒,渔翁烂醉趁闲眠。

贫乏的物质生活练就了渔民顽强的生命力,渔民的生命力在文人骚客的笔墨里被创制成锦绣诗篇,渔民特殊的劳动技能就是艺术。

贫困的渔民驾驭瓜皮小渔船和传统的渔具,因生产工具落后,作业能力有限,他们无力干扰水乡的渔业生态系统。当下水乡的环境问题主要源于现代市场的异常需求和机器渔轮的使用。另外,江南渔民养殖技术的近代创新独具特色,本书第二部分将展开详细论述。

第二,江南渔民抗贫困的能力超强,这也是一种品德或说一种毅力,他们苦中亦有乐。捕获物的"市场完全竞争性",决定了渔民在市场经济中价格博弈的力量。江南渔民大部分都是小船渔民,他们往往夜里捕捞,早晨去集市出售换取当日的米粮,若在天热的季节,渔获物更容易腐烂,如若不及时卖出去,则分文无收。笔者作诗曰:

> 水暖桃花可问津,鲳鲅落网白如银。
> 累她玉臂捋双袖,收捧论斗卖于人。

诗中所提鲳鲅鱼渔汛在春季,这种小鱼浮游水面,易于捕获,但卖价极低,最适合在岸边出售,既能节省时间,还可以节省鱼市场里的佣金。

渔民的劳动成果在贸易的过程中,"生产者剩余"往往被层层压缩,但是他们能顽强地活着,将自己一生奉献给这个原始生业,创造并守候着江南原生态文化。欸乃声声和着渔歌、水中月,自有他们的快乐时光,为此,笔者作诗曰:

> 听水听风自度腔,生憎鸬鹚不飞双。
> 渔娃痴小今犹昨,碧箬编篷黄篾窗。

渔家由于钱粮稀缺,繁衍茂盛的白鹭、苍鹭、野鸭以及芦苇丛中野生水鸟的蛋都可以变成他们的食物。如果在水中插一根木棍,用鱼钩勾住小鱼置于其上,飞鹭上钩扑食小鱼,则自动成为渔家的美味,这也是"猎"的一种方法。

第三,江南渔民好神巫,又信仰佛教、道教、天主教。信仰是一种精神力量,甚至可以超脱物质财富的捆绑。比如在祭祀活动中,将"头鱼"献给所信仰的水神。比如大禹、天妃、岳王、黑老虎大王、刘猛将、王二相公等,还有"祭昂"等祭祀活动。这些简单的宗教性的活动是渔民寻找安全感、依靠感的需要。渔民献出头鱼,然后从容出海,相信有一种神力庇护他们,并让他们满载而归。

或许在渔民的观念里,献头鱼、进香火之后,自己的人身安全就会被所祭祀的神灵时刻护佑着,即使不慎溺水,也必有天妃随时飞过来救助。信仰是一种力量,如同一根绳索牢牢地维系风口浪尖上渔民的人身安全。

江南渔民中不少人信仰天主教,这也形成江南渔文化的一个特色,值得从社会学、管理学的角度给予思考。渔业经济发展讲究"效率",改善渔民物质生活水平;渔民生活追求"公平",是他们的心理需求即"文化需求"。

渔民终生飘摇在水面上,在农、林、牧、副、渔各原始生业中,对渔业和渔民的管理除了"休渔""捕捞许可证"制度,还有制度创新的空间。留住原味的江南原生态文化,需要更加科学的管理。

渔民群体和其他社会群体所处的环境不一样,这对他们的经济活动有重大影响。渔民参与劳动的人口占劳动总人口的比例非常之高。因为无法上学堂读书,男女渔民自幼便在渔船上参与各种力所能及的劳动。

蓄积一万余年的江南渔文化,渔业生产、渔民生活和渔文化三者构成水乡社会文化的"聚集态"。其中最具区域特色的是"江南渔歌",它是渔民的语言、互相沟通的工具,也是渔民子弟的"教科书",歌曲简单,说唱结合,多蕴含渔业生产技术、气象、划船技巧、渔具选择等科技知识。此外还有情歌,是渔民对美好生活的追求和向往。因为生产简陋破旧和贫困生活的羁绊,渔民子弟无法像陆地居民那样入学读书,成年后"十有八九不识字",而渔歌代代传承,是渔业生产技术传承的唯一方法和途径。

经验老到的渔民对鱼类繁衍生息的习性、水性、气象、渔具使用技巧等知识信手拈来,这些既能从渔歌中获取,也依靠自己观察累积,他们是"渔业科学家"、制船专家,这些实践性的科学知识难以从教科书中获取。

渔民熟知捕捞知识,又懂得如何按照鱼类习性保护水体生态环境,但受到利益之驱使,时有过度捕捞的倾向。渔业生产组织和管理的近代创新、统一的上海鱼市场建立和运作的历史经验给当代江南渔文化发展和水乡生态环境保护提供了一定的启发。

近代江南渔业生产技术进步、渔业经济增长和市场力量扩张,都让渔民没有足够的力量过度捕捞。近代江南渔业生态破坏一定程度由海防能力不足造成,日、俄、法的侵渔都曾给中国海洋渔业生态造成破坏。[1]

渔业和稻米产业都是大江两岸和江南民众的原始的生业,渔业先于稻作,在一个很长的历史时期里,渔业在当地社会经济中一直占有非常重要的地位。《史记·货殖列传》:"楚、越之人,饭稻羹鱼,或火耕而水耨,果隋蠃蛤。"[2]长江中下游的稻米产业比黄河流域发达,后有无锡、芜湖、九江和长沙"四大米市"。"饭稻羹鱼","羹鱼"即《楚辞》中多次提到的"吴羹",吴地有多种美味的鱼羹,是渔乡的风俗文化,可以登大雅之堂,供贵族享用,还有著名的"鲥贡"等江鲜、湖鲜供奉皇宫。"满汉全席"一百多道菜,来自江南的鱼类就有二三十种。

渔、稻产业是个原生态系统,"稀缺性"的经济资源与江南渔稻经济运作"效率"良性互动,也是鱼米乡富贵之重要原因之一。渔、稻经济具有天生的互补性:鱼食稻花,稻田可以养鱼,鱼类爱食蚯蚓,而稻田养鱼相当于引鱼儿上岸,鱼儿可以在田埂边愉快地自由吞食蚯蚓,这样可以节省养鱼投入、增加产出。稻田养鱼毫不影响稻米产量,这样,既节约农夫的资金和体力的投入,单位面积的水田总收获量也能增加。相比其他土地资源的开发利用,比如山林、草原或黑土地等"稀缺性"的资源,江南渔、稻产业这种组合明显更有经济"效率"。

"效率是指最有效地使用社会资源以满足人类的愿望和需要。更准确地说,在不损害他人经济利益的条件下,一项经济活动如果不再有可能增进任何人的经济福利,那么,该经济活动就是有效率的。"[3]水乡的鱼与鸡、鸭、鹅,也能构成一条独特的"食物链",水乡野鸭的排泄物是一些鱼类的天然食物。池塘养鱼,塘边种菜,菜也可以喂鱼;塘边养猪、鸡,猪以鸡粪为食,食物链形成,

[1] 日、俄、法等国以机器渔轮在中国近海"侵渔","侵"即滥捕、过度捕捞,然后再销售到上海鱼市场,给中国海洋渔业环境造成巨大的破坏。后续的《江南渔文化》里相关章节列具体史料给予分析。
[2] 〔汉〕司马迁:《史记·货殖列传第六十九》,上海书店出版社,1988年,第2045页。
[3] 〔美〕保罗·萨缪尔森、威廉·诺德豪斯:《经济学》,萧琛等译,华夏出版社,1999年,第2页。

经济资源利用率提高,"效率"也随之提升。近代江南的池塘养殖业有很多创新,也体现了江南渔文化研究的价值。

《汉书·地理志》:"······江南地广,或耕火耨。民食鱼稻,以渔猎山伐为业,果蓏蠃蛤,食物常足。"[1]江南地广,食物来源充足:水里的游鱼,水面漂浮的鹍鹣、鹭鸶、野鸭等飞禽类,水生可食生物比如"水八鲜"。因此,渔业经济是中华文化发展的物质基础之一,渔业生产、渔物的贸易、水产品的消费、渔民生活习俗等都属于"渔文化"。

《江南渔文化研究》内容主要涉及两个方面:渔业生产方式和渔民生活方式。本书侧重研究江南渔业经济发展历程和特点,主要内容是渔业生产方式。后续的《江南渔文化》则重点关注渔民生活方式,包括渔业生产组织管理、渔民生活习俗、宗教信仰等内容。

《江南渔文化研究》的内容又分成三大部分,紧扣"稀缺"与"效率"的双重主题,分别为"江南原生态文化与江南经济"、"江南渔文化发展的资源优势"和"渔业科技进步和贸易方式的创新"。

"江南原生态文化与江南经济"分六个部分:江南文化;江南渔文化;渔文化的多元内涵;渔文化的时空变幻;风俗文化的多维价值;江南渔稻文化述论。

"江南渔文化发展的资源优势"含七部分内容:泽国水乡,富势江南;锦鳞汕汕,文化斑斓;渔业资源的不可分拨性;丰饶的渔文化资源;渔歌传承的生产技术;人力资源优势;江南渔乡风情。

"渔业科技进步和贸易方式的创新"包括九个方面:渔具和渔法之演进;渔文化的近代创新;养殖业中的渔文化经典;鱼类保鲜和加工技术进步;渔业科技进步和渔民培训;"看不见的手"与渔文化发展;渔业经营的"规模不经济";"市场失灵"的原因分析;"政策失灵"及其原因。

万里长江若一条修缭,牵引长江下游的蛛网水乡。江南状若巨型渔网,撒向太湖汤汤、东海泱泱。这里的另一种原始生业是稻作。水乡渔歌万年唱,江南稻花千里香,自"三山文化"以来,江南民众创制"鱼食饭稻"的民俗文化,风俗性极强。渔业和稻作是农业区的两大初级产业,是原生的农业生态系统,也是一个文化系统。

当代中国江南,市场经济高度发达,但"不完全竞争"常常会导致市场配置

---

[1]〔汉〕班固撰:《汉书》,三秦出版社,2008 年,第 613 页。

资源没有效率。江南大地上的自然资源比如耕地或水域,有被过度开发的倾向,"外部性"问题由此产生。如果一个区域内居住人口增量的边际产出收益递减,而投入环保的边际成本递增,也是"外部性"问题之一,即"环境污染"。在世人看来,"清洁的空气、碧水蓝天"似乎是"鱼米之乡"的另一个名字。

在"生态优先、绿色发展"为理念的时代,江南文化发展进入了新的历史阶段。对于"鱼米之乡"而言,社会如何利用"稀缺"的农业资源以生产更多有区域文化特色的商品,更有"效率"供给不同的消费者是必须思考的问题。

经济学家普遍认为,"稀缺"与"效率"是经济学的双重主题。[1] 鉴于此,《江南渔文化研究》的价值大略集中在经济、学术和社会等领域,在相关章节凭具体案例有具体分析研究的价值。

宏观而言,江南渔文化研究价值动态包括"物质"和"非物质"两个层面,若从与江南经济发展之互动关系、社会价值和学术价值的三个角度加以观察,则更清晰、全面。

设江南渔民创制的物质和文化财富的总量 $W=F(L、T、R、K)$,这个函数关系式中的四个变量分别是:L,代表劳动力;T,是渔民的劳动技巧;R,是渔业劳动力资源;K,渔业资本。在"保持其他条件不变"的原则下,上述四个变量如同渔文化发展的"四个车轮"。

江南渔文化发展的物质基础是稀缺的水资源、水生动植物资源和亚热带季风气候资源。如何提升这些渔业资源的经济效益,是走可持续发展道路的前提。在现代化市场经济发展大潮中,只有政府与社会给江南渔业发展以"制度供给",矫正"市场失灵",才能保有江乡泽国传统渔业生产方式,这也是历史文化的传承。

一般而言,在发达的社会,农业是相对脆弱的产业,农产品从进入市场开始,它的"完全竞争性"便充分展示了:小农、渔民、养蜂者手里的粮食、鲜鱼、蜂蜜等"商品"必须及时卖掉,否则只有烂掉的结局。人类一切的经济活动始终追求的目标是稀缺资源的产出最大化和成本最小化。

人类可以直接从自然界获取食物的资源具有稀缺性,在江南人口数量不断膨胀的时代,提升渔业经济活动的效率,将渔业资源配置到"帕累托最优"状

---

〔1〕〔美〕保罗·萨缪尔森、威廉·诺德豪斯:《经济学》第十七版,萧琛主译,人民邮电出版社,2004年,第2页。

态，即"稀缺性"与"效率"之间的最佳状态，是江南渔文化研究的主题。

三、渔文化的多元内涵

江南水乡，鱼食饭稻，鱼是江南人日常生活的主要食材，但江南人可以直接从蛛网水乡获取的鱼类资源具有稀缺性。随着江南人口数量不断增多，海鲜、湖鲜、江鲜作为当地的传统美食，其开发既要提升渔业经济效率，将渔业资源配置到"帕累托最优"状态，也要保护江南水域环境，传承并不断创制灿烂的江南渔文化。

江南渔文化是运行在江乡泽国时空中的，有着一万年的历程，万里长江是它的载体之一。随着历史和时空变幻，江南渔文化在不同时期有不同的内涵。

初入太湖
皮日休

闻有太湖名，十年未曾识。今朝得游泛，大笑称平昔。
一舍行胥塘，尽日到震泽。三万六千顷，千顷颇黎色。
连空淡无颣，照野平绝隙。好放青翰舟，堪弄白玉笛。
疏岑七十二，山双露矛戟。悠然啸傲去，天上摇画艗。
西风乍猎猎，惊波甍涵碧。倏忽雷阵吼，须臾玉崖坼。
树动为蜃尾，山浮似鳌脊。落照射鸿溶，清辉荡抛掷。
云轻似可染，霞烂如堪摘。渐暝无处泊，挽帆从所适。
枕下闻澎湃，肌上生瘰□。讨异足遭回，寻幽多阻隔。
愿风与良便，吹入神仙宅。甘将一蕴书，永事嵩山伯。[1]

螃蟹，在太湖流域各处河流湖泊中均有出产，秋季上市。无锡青城和玉祁龙潭的玉爪蟹味道比湖蟹、荡蟹更佳。阳澄湖大闸蟹更非一般蟹所能及。溪蟹若产于清溪之中，因能食得岸边漏入的稻米谷物，味道最鲜。风起时捕蟹，最为易得。渔捞螃蟹的方法与长江中捕蟹方法相同；第二种方法是在夏秋蟹

---

[1] 〔清〕彭定求编：《全唐诗》，中华书局，1960年，第7034页。

的繁殖季节,在夜间用绳索挂上荧光灯,投置在河边,将绳索两头拉直,蟹见到灯光,则自动顺绳索而上岸,信手拈来。[1]

大　闸　蟹

突目弹珠贝壳身,胎床远在滨海城。

无聊总爱吐白沫,多足落荒只横爬。[2]

咏　蟹

皮日休

未游沧海早知名,有骨还从肉上生。

莫道无心畏雷电,海龙王处也横行。[3]

　　螃蟹,素被视为横行无忌、为非作歹的反面典型形象,皮日休在《咏蟹》中却赋以蟹不畏强暴的叛逆性格。诗人热情地赞扬了蟹的铮铮之骨、无畏之心和不惧强权、敢于“犯上”的壮举,寄托了他对无私无畏、敢于“横行”、冲撞人间“龙庭”的反抗精神的热烈赞美和大声呼唤。

　　诗的首句带出蟹在海洋中的名声,下句指它的肉上生骨,长相奇特(因蟹属甲壳动物,其胸、背、脚均为硬壳,如骨头般)。余二句咏蟹本无心肠,故无所顾忌,浑身是胆,在海龙王处横行。既突出它横行无忌的性格,又与首句互相呼应。蟹的横行本为人所鄙,但此诗的蟹敢于海龙王处横行,则属敢作敢当。

　　河豚也是江南独特的生物。河豚,古称“鯸鲐”,又名嗔鱼、吹肚鱼、气包鱼,此鱼“易发怒”。河豚个体形呈椭圆形,头圆口小,肚腹白色有肉刺,背部有红印,身无鳞,肚无胆,腹中有气囊,能吸气膨胀。河豚触及物体时就会发怒,腹部膨胀如气球浮出水面,所以人们用器物撩拨它让它发怒,然后漂浮水面,便于捕捉。李时珍提到,河豚这种鱼,江浙最多,形状像蝌蚪,大的有一尺多长,背部呈青白色,有黄色条纹。无鳞、无腮、无胆,能发音,眼睛有睫毛的鱼,都有毒。河豚鱼肉可以补虚、去湿气,利腰脚,去痔疮、杀虫。[4]河豚产于咸

---

〔1〕 金健康主编:《太湖渔歌》,上海文艺出版社,2014年,第24页。

〔2〕 元丰:《天堂歌谣》,百花文艺出版社,2010年,第64页。

〔3〕 〔清〕彭定求编:《全唐诗》,中华书局,1960年,第7099页。

〔4〕 〔明〕李时珍:《本草纲目》,倪泰一、李智谋编译,重庆出版社,1994年,第459页。

水和淡水相交的水域里,每年春季沿江上溯产卵。长江张家港段捕捉河豚早,产量也较高。

河豚营养丰富,腴肥鲜美兼带野味,与众不同。宋《明道杂志》曾称颂它为"水族中之奇味也"。但因其血液、肝脏、卵巢都有剧毒,调煮不慎,食后会中毒致死。河豚经处理后,可制成冻鱼片或罐头食品,还可从肝脏、卵巢中提炼出河豚素、河豚酸等名贵药品,是出口创汇的鱼中骄子。[1]

范成大有《河豚叹》一诗,他这样解析河豚鱼的文化内涵:

> 鳆生藜苋肠,食事一饱足。
> 腥腐色所难,况乃衷酖毒。
> 彭亨强名鱼,杀气孕惨黩。
> 既非养生具,宜谢砧几酷。
> 吴侬真差事,网索不遗育。
> 捐生决下箸,缩手汗童仆。
> 朝来里中子,才吻不待熟。
> 浓睡唤不应,已落新鬼录。
> 百年三寸咽,水陆富肴蔌。
> 一物不登俎,未负将军腹。
> 为口忘计身,饕死何足哭。
> 作俑者谁欤? 至今走末俗。
> 或云先王意,除恶如艺菽。
> 逆衰与毒獶,岁岁参币玉。
> 艾夷入荐羞,盖欲歼种族。
> 生死有定数,断命乌可续。
> 适丁是时者,未易一理局。
> 鼋鼎子公怒,羊羹华元衄。
> 异味古所珍,无事苦畏缩。
> 骈头讧此语,戒谕只取渎。

---

〔1〕 顾棟华:《长江三鲜——鲥鱼、刀鱼、河豚鱼》,苏州市地方志编纂委员会办公室、苏州市档案局编:《苏州史志资料选辑》总第 8 辑(1988 年第 1 辑),第 94 页。

聋盲死不悟,明知谅已烛。[1]

此外还有刀鱼,又名"鲚鱼",学名"刀鲚",体长为体高 5.5—5.9 倍。其"狭薄而长头",背如刀,故得此名。在太湖流域,刀鱼的产区比鲥鱼的产区小,大约从长江下游的浏河上溯至江阴附近的水域都产刀鱼。每到早春二月,刀鱼溯江而上形成渔汛。农谚说"春潮迷雾出刀鱼",渔汛期在每年正月至三月之间,但以二月为最盛。刀鱼体色银白色,肉质细嫩,但多细毛状若骨刺。

煮食刀鱼,不需要剖开肚皮,体内肠道等物可以直接从腮口处抽出,清蒸或红烧,味道都很鲜美,腴而不腻,兼有微香。宋代刘宰曾有诗称赞说:"肩耸乍惊雷,鳞红新出水,笔以姜桂椒,未熟香浮鼻。"刀鱼还可水蒸后去骨,拌和面粉,煮成具有独特风味的刀鱼面,或以刀鱼为馅包成馄饨,都脍炙人口。

苏帮菜中有一菜名"清蒸刀鱼",将苏南的蜜酒酿、清酱放在大盘中,不加水蒸着吃,鲜嫩无比。刀鱼汤的做法是刮去刀鱼鳞片,去掉骨刺,以鸡汤加火腿、笋一起煨,开锅即可食用,鲜妙绝伦。

在张家港沿岸长江江面,在汛期的三月份以前,刀鱼雄鱼多,个体大,脂肪含量多;后期鱼群雌鱼居多,个体小。清明以后,刀鱼肉质变老,俗称"毛刀",此时汛期就即将过去。刀鱼除供应本地城乡人民食用外,还大量外销,有重要的经济价值。

长江下游的上海沿江各县,刀鱼产量丰富。《宝山县志》记载:"本县滨江临海,历来鱼类资源富饶,盛产鲥鱼、青鱼、鲢鱼、子鲚、刀鱼、银鱼、白虾等水产。"[2]明唐寅《渔乐图》中出现渔船四条,近处有两条小船在水上捕鱼,每船有两人,船头的渔夫操持渔具进行捕捞,船尾的渔夫用长篙撑船。远处水面停靠着两条大船,可以看到渔家的日常生活图景,船头有三个渔夫饮酒,船中还有女人在哺乳婴孩,船上还有晾晒的衣物。这是一群以船为家的渔夫。

江南渔文化在中华文化宝库中闪烁着灿烂的光芒,是龙文化之组成部分。中华大地留存密如织网的渔文化遗产:乌苏里江流域的渔文化、半坡渔文化、葫芦岛的渔文化、江南太湖渔文化、鄱阳湖渔文化。还有数百万平方海面上樯帆摇曳成林、渔火照耀的渔文化。

---

〔1〕〔宋〕范成大:《范石湖集》,富寿荪标校,上海古籍出版社,2006 年,第 2 页。
〔2〕上海市宝山区地方志编纂委员会编:《宝山县志》,上海人民出版社,1992 年,第 233 页。

1955 年于陕西省西安市半坡出土的新石器时代人面鱼纹彩陶盆,是新石器时代的陶器。这是一种特制的葬具,多作为儿童瓮棺的棺盖使用,现今收藏于中国国家博物馆。人面鱼纹彩陶盆,高 16.5 厘米,口径 39.8 厘米,由细泥红陶制成。人面呈圆形,头顶有似发髻的尖状物和鱼鳍形装饰。前额右半部涂黑,左半部为黑色半弧形。眼睛细而平直,似乎闭目状。鼻梁挺直,成倒立的"T"字形。在嘴巴左右两侧分置一条变形鱼纹,鱼头与人嘴外廓处重合,好像是口内同时衔着两条大鱼。除此之外,在人面双耳部位也有相对的两条小鱼分置左右两侧,从而构成形象奇特的人鱼合体。在两个人面之间,还有两条大鱼作相互追逐的动感之态。此物造型独特,敞口卷唇,在口沿处绘有间断黑彩带,在它的内壁,以黑彩绘出两组对称人面鱼纹,精美异常。该陶盆于 1995 年 5 月 25 日被定为国家一级文物,2002 年 1 月列入《首批禁止出国(境)展览文物目录》。古人多借"鱼"与"余"同音,盼望美好、富裕有余的生活。

《山海经》里有这样的记载:"又东三百里柢山,多水,无草木。有鱼焉,其状如牛,陵居,蛇尾有翼,其羽在鱢下,其音如留牛,其名曰鲮,冬死而夏生,食之无肿疾。"[1]这种鱼有医用效果,人吃了它的肉可以不得臃肿病。"英水出焉,南流注于即翼之泽。其中多赤鱬,其状如鱼而人面,其音如鸳鸯,食之不疥。"[2]鱬鱼食用,人体可以不长疥疮。"苕水出其阴,北流注于巨区。其中多鮆鱼。"[3]"苕水"也名"苕溪",源于浙江天目山,有东西二溪,汇集天目山一带各县之水于吴兴注入太湖。[4]"巨区"即太湖,鮆鱼,即刀鱼,太湖中的刀鱼丰饶,也叫"鲚鱼",鳀科群类。

仰韶文化遗址还出土了渔捞工具,网形文陶壶,壶身上有斜织的网纹,纲目纵横。当时各氏族营地附近,都有大小河流和宽阔水域,渔业资源丰富,利于捕捞活动。遗址中发现了很多石、陶制的网坠和骨制鱼钩、鱼叉等工具,说明当时氏族先民既有渔网等捕捞工具,也有垂钓和投叉击刺的捕鱼方法。网形文陶壶的彩绘陶器上有鱼网的描画和印痕。像半坡类型的彩陶盆内及其他一些彩陶器皿上也都常有渔网纹和鱼纹,显然是这里的先民长期捕捞活动的真实写照。

江豚壶,现存的鱼形器物"江豚壶",1960 年吴江梅堰出土,整器呈江豚状,

〔1〕《山海经》,陈成译注,上海古籍出版社,2014 年,第 5 页。
〔2〕 同上书,第 7 页。
〔3〕 同上书,第 13 页。
〔4〕 王培棠编:《江苏省乡土志》,商务印书馆,1938 年版,第 36 页。

为盛水用具,全器线条优美,为5 000多年前吴江水乡文化的典型器物,极其精美珍贵,是太湖渔文化的精品。在太湖流域的良渚文化遗存中,陶器形制以圈足器、三足器居多,代表性的器形有鱼鳍形的壶,蕴含鲤鱼跃龙门、年年有余等追求美好幸福生活的理想精神。总之,太湖"渔文化"独具特色,是风俗性极强的一种文化系统。

中国历史文献中的"渔文化"内容广泛,涉及捕捞或垂钓技巧、渔村观光、渔村书怀等。《四书五经》《诸子百家》《史记》《汉书》《全唐诗》等国学典籍中都有关于渔文化的内容。渔业是古代社会下层民众赖以生存的原始生业,也是王室、贵族的休闲文化。

诗经·小雅·南有嘉鱼之什

南有嘉鱼,烝然罩罩。君子有酒,嘉宾式燕以乐。

南有嘉鱼,烝然汕汕。君子有酒,嘉宾式燕以衎。

南有樛木,甘瓠累之。君子有酒,嘉宾式燕绥之。

翩翩者鵻,烝然来思。君子有酒,嘉宾式燕又思。[1]

贵族宴请宾客的诗,先是款斟慢饮,然后飞觥献罩,吟唱嘉鱼美味。嘉,美也;罩罩,鱼儿摆尾的样子,有旋律感;汕汕,群鱼游水的样子,也指鱼游的声音。诗的意境里,满是蚀骨酥魂的鱼香气息,和着莺歌燕舞之音乐,这是贵族生活中的渔文化,他们享受着奢侈的悠闲。

《诗经·卫风·竹竿》中也有相关记载:"籊籊竹竿,以钓于淇""鱼在在藻,依于其蒲"。[2]虽然是比兴手法,但文字中内含有关鱼类生活习性和捕捞技术,即"渔文化"。鱼儿喜欢在"藻"或"蒲"里嬉戏觅食,藻、蒲等水草是鱼类的食物和"衣服",每逢秋风吹起或突然降温,鱼儿即躲藏藻、蒲之中,游兴蔫蔫、意态懒懒,懂得鱼儿生活习性的渔民会在此时于"藻""蒲"中捕捞,收获最丰。"河水洋洋,北流活活。施罛濊濊,鳣鲔发发,葭菼揭揭。"[3]这些诗篇记载了渔网、鱼的种类,文字中折射出鲜活的渔文化。

渔文化也吸引着人神归田园。《庄子·秋水》里记载:"鲦鱼出游从容,是

---

〔1〕 高亨:《诗经今注》,清华大学出版社,2010年,第152页。

〔2〕 同上书,第217页。

〔3〕 同上书,第53页。

鱼之乐也。"[1]庄周"知鱼之乐也"之境界即梁启超所说的"魂影",这是庄子笔下的"渔文化":鲦鱼优雅从容、魁梧奇伟、气宇轩昂、遨游自在,悠闲至乐也。[2]

《庄子·秋水》篇中道:庄子与惠子游于濠梁之上。庄子曰:"鲦鱼出游从容,是鱼之乐也。"惠子曰:"子非鱼,安知鱼之乐也?"庄子曰:"子非我,安知我不知鱼之乐也?"惠子曰:"我非子,固不知子矣;子固非鱼也,子之不知鱼之乐,全矣。"庄子曰:"请循其本。子曰'汝安知鱼乐'云者,既已知吾知之而问我,我知之濠上也。"[3]倘若一条大鲨鱼不经意地从身边路过,鲦鱼要么局局索索地躲藏于避难处觑窥这庞然大物,要么仓皇地逃之夭夭。"出游从容",展现的是优雅古典,华服美冠,体量匀称,威武潇洒的模样,仿佛嬴政巡视他的帝国或乾隆下江南那般的气势,心里充满足够的"乐"。庄子借鱼和万物宣传他的宇宙观、认知观和人生观。

自然界万物,如山川河流、太阳、月亮、零露、梅兰竹菊……都不是"文化",但观察者通过"移情",赋予自然界万物以"精神"和"思想","文化"因此诞生。比如君子兰,生于杂草丛中,身体不知道被数千万数亿棵杂草包围,能做到"人不知而不愠",此乃"君子"。人类各群体对图腾、神灵、偶像、自然物等"崇拜",而后这些图腾、神灵、自然物都变成"文化"。汉乐府诗《江南》写道:江南可采莲,莲叶荷田田。鱼戏莲叶间。鱼戏莲叶东,鱼戏莲叶西。鱼戏莲叶南,鱼戏莲叶北。这是一幅鱼米之乡的鲜活画面:鱼儿游荡荷塘、荷叶田田舞随风……

《苏东坡全集》中有苏东坡称赞长江鲥鱼的诗篇:"芽姜紫醋炙鲥鱼,雪碗擎来二尺余,尚有桃花春气在,此中风味胜莼鲈。"[4]诗人把鲥鱼的美味和桃花的春气混合一起,创制美味之"和声"。

张爱玲在她的《红楼梦魇》一开头就说:"有人说过'三大恨事'是'一恨鲥鱼多刺,二恨海棠无香',第三件不记得了,也许因为我下意识地觉得应该是

〔1〕《庄子》,方勇译注,中华书局,2010年,第279页。
〔2〕古人云:"读书取正读易取变读骚取幽读庄取达读汉文取坚最有味卷中岁月。"庄子的"道"主张凡事顺应自然,不伤害天然本性,他说的"通达""至乐"需万事顺其自然、无为而存,不破坏大自然运作之道。
〔3〕《庄子》,方勇译注,中华书局,2015年,第279—280页。
〔4〕周彭、钟益、吴越:《江苏特产》,江苏科学技术出版社,1982年,第3页。

'三恨《红楼梦》未完'。"〔1〕《红楼梦》是中国古典文学的四大名著之一,不仅有深刻的思想内容,而且在美学、文艺学、社会学等研究领域都有极高的学术价值,是我国古典小说的顶峰之作。张爱玲对鲥鱼有刺之"恨"超过了对《红楼梦》未完之恨,"恨"往往是"爱无限趋近于极限时的瞬时情感",可想而知,鲥鱼真是美味中之极品,富有太多的魅力了。

借"鱼"嘲讽或者抒发自己的政治主张,也是渔文化的组成部分。唐宋八大家之首的韩愈,写就《祭鳄鱼文》一文,〔2〕言明鳄鱼危害民生、无惧丑恶的造反分子形象,有特别的文化内涵。

> 维年月日,潮州刺史韩愈使军事衙推秦济,以羊一、猪一,投恶溪之潭水,以与鳄鱼食,而告之曰:
>
> "昔先王既有天下,列山泽,罔绳擉刃,以除虫蛇恶物为民害者,驱而出之四海之外。及后王德薄,不能远有,则江汉之间,尚皆弃之以与蛮、夷、楚、越;况潮岭海之间,去京师万里哉!鳄鱼之涵淹卵育于此,亦固其所。今天子嗣唐位,神圣慈武,四海之外,六合之内,皆抚而有之;况禹迹所揜,扬州之近地,刺史、县令之所治,出贡赋以供天地宗庙百神之祀之壤者哉?鳄鱼其不可与刺史杂处此土也。
>
> 刺史受天子命,守此土,治此民,而鳄鱼睅然不安溪潭,据处食民畜、熊、豕、鹿、獐,以肥其身,以种其子孙;与刺史亢拒,争为长雄;刺史虽驽弱,亦安肯为鳄鱼低首下心,伈伈睍睍,为民吏羞,以偷活于此邪!且承天子命以来为吏,固其势不得不与鳄鱼辨。
>
> 鳄鱼有知,其听刺史言:潮之州,大海在其南,鲸、鹏之大,虾、蟹之细,无不归容,以生以食,鳄鱼朝发而夕至也。今与鳄鱼约:尽三日,其率丑类南徙于海,以避天子之命吏;三日不能,至五日;五日不能,至七日;七日不能,是终不肯徙也。是不有刺史、听从其言也;不然,则是鳄鱼冥顽不灵,刺史虽有言,不闻不知也。夫傲天子之命吏,不听其言,不徙以避之,与冥顽不灵而为民物害者,皆可杀。刺史则选材技吏民,操强弓毒矢,以与鳄鱼从事,必尽杀乃止。其无悔!"

---

〔1〕 张爱玲:《红楼梦魇》,哈尔滨出版社,2003年,第1页。
〔2〕 《古文观止》,长春出版社,2008年,第504—506页。

《红楼梦》里有"嘲讽螃蟹咏",也有类似于韩愈的想法。第三十八回"林潇湘魁夺菊花诗　薛蘅芜讽和螃蟹咏"〔1〕将菊花与螃蟹对比,或许菊花、螃蟹在作者的心里有着不同的寓意。

　　宝玉笑道:"今日持螯赏桂,亦不可无诗。我已吟成,谁还敢作呢?"说完,便忙洗了手,提笔写出。众人看到:

　　　　"持螯更喜桂阴凉,泼醋擂姜兴欲狂。

　　　　饕餮王孙应有酒,横行公子却无肠。

　　　　脐间积冷馋忘忌,指上沾腥洗尚香。

　　　　原为世人美口腹,坡仙曾笑一生忙。"〔2〕

　　黛玉笑道:"这样的诗,要一百首也有。"宝玉笑道:"你这会子才力已尽,不说不能作了,还贬人家。"黛玉听了,并不答言,也不思索,提起笔来,一挥也有一首。众人看到:

　　　　"铁甲长戈死未忘,堆盘色相喜无尝。

　　　　螯封嫩玉双双满,壳凸红脂块块香。

　　　　多肉更怜卿八足,助情谁劝我千觞。

　　　　对兹佳品酬佳节,桂拂清风菊带霜。"

　　宝玉看了正喝彩,黛玉便一把撕了,命人烧去,因笑道:"我的不及你的,我烧了他。你那个很好,比方才的菊花诗还好,你留着他给人看。"宝钗接着笑道:"我也勉强了一首,未必好,写出来取笑儿罢。"说着,也写了出来。大家看时,写道是:

　　　　"桂霭桐阴坐举觞,长安涎口盼重阳。

　　　　眼前道路无经纬,皮里春秋空黑黄。"

　　看到这里,众人不禁叫绝。宝玉道:"写得痛快,我的诗也该烧了。"又看底下道:

　　　　"酒未涤腥还用菊,性防积冷定须姜。

　　　　于今落釜成何益,月浦空馀禾黍香。"

　　众人看毕,都说:"这是食螃蟹绝唱。这些小题目原要寓大意,才算是

<hr>

〔1〕〔清〕曹雪芹、高鹗:《红楼梦》,人民文学出版社,2000年,第411—412页。

〔2〕螃蟹被称为"无肠公子",它"脐间积冷",但"螯封嫩玉双双满,壳凸红脂块块香",是美食文化的经典诗句。

大才。只是讽刺世人太毒了些。"〔1〕

宝钗的螃蟹咏,贵在蕴意深刻,讽刺了贪求功名利禄、趋炎附势的贪官污吏之流,赢得众人一致好评。

张士杰搜集整理的民间传说《渔童》,20 世纪 50 年代被制作成经典老动画片,讲的是清朝末年一个中国老渔翁反抗外来侵渔的故事。故事结局是复活的渔童拯救了老渔翁,惩罚了洋牧师和吃里扒外的县官,表达了人们惩恶扬善的美好愿望。这是一个民间传说,也是渔文化的象征,故事弘扬的是爱国主义精神。

张曼娟的《黄鱼听雷》中记录了对故乡"黄鱼"的怀念和儿时听父亲讲述的黄鱼的故事,所以"想回到童蒙,回到少女,回到初成年,回到岁月任何一个发光点。那些食物永远在等着我,它们一直在等待着,从来没有改变"〔2〕。她特别提到的"黄鱼",无论其身处黄河,或是大海之中,她的意向所指,唯有乡情。

品味张曼娟,阅读好滋味。人生总有些追求,张曼娟追求的是好滋味,这种滋味并不是甜美,而是酸甜苦辣的调和,让人留恋不舍。这回,她细细将这些好滋味记录下来——那些食材,那些人情,那些故事,都值得细细品味。阅读着她,也像阅读着自己,我们都甘心把生命交给岁月,荟萃成一道道因懂得而慈悲、因谅解而深刻的灵魂料理。这是一回生命的欢宴,品味张曼娟,领略人生好滋味。张曼娟的文字里,深藏着浓浓的故乡情。

在电影艺术中也时常能看到渔文化的身影。中国首部获得国际荣誉的《渔光曲》便是最好的例子。渔民徐福和妻子有一对孪生子女小猴、小猫,一场暴风雨夺去了徐福的生命,徐妻只得撇下刚生下的儿女,只身到了船王何家做了奶妈。十年后,何家少爷子英和徐福家的小猫、小猴都长大了,相互非常要好。又过了八年,小猫、小猴继承父业,租了何家的渔船,以捕鱼为生。何家少爷子英出国留学,主攻渔业,临行时三人聚在一起,子英表示将来回国后要出力改善中国的渔业。

在此之后,渔民的生活很不平静,盗匪横行,徐家生活依旧十分贫困,而且家里遭劫,徐妈双目失明。何家又同外国人一起办了一个渔业公司,小猫、小

〔1〕〔清〕曹雪芹、高鹗:《红楼梦》,中华书局,2000 年,第 282—283 页。
〔2〕张曼娟:《黄鱼听雷》,皇冠文化出版有限公司,2015 年,第 90 页。

猴捕鱼更加困难,他们只得带着母亲到上海去找舅舅。但舅舅也只能在街头以卖唱为生,小猫、小猴只好和舅舅一起卖唱。巧的是,在上海他们遇到了回国的子英,如今子英进了父亲的公司。

好心的子英给了小猫、小猴一百块钱,没想到这些钱反倒让他们被诬陷是抢劫而得的,他们被捕入狱。出狱后,家里发生了火灾,徐妈和舅舅葬身火海。小猫、小猴无家可归。何子英希望小猫、小猴到何家去,但父亲也因渔业公司的破产自杀了。

目睹这一切的子英放弃了他那改善渔业的计划,跟着小猫、小猴一起到海上捕鱼。不幸的是,小猴因捕鱼受重伤致死。

《渔光曲》是旧中国东南海渔民的生活写照,也是江南渔民的生活记忆。

除去文学与电影,石雕艺术中也蕴藏着渔文化。大水法石鱼,长126厘米,宽93厘米,高50厘米,原位于圆明园西洋楼大水法前。法国人莫里斯·亚当曾经在20世纪20年代拍摄过石鱼尚在大水法喷泉前的照片,此照片后被收录到1936年底版的《十八世纪耶稣会士所作圆明园工程考》一书中。20世纪30年代中期此对石鱼被国民党陆军中将杨杰(1889—1949)从西洋楼大水法搬到西单横二条其私宅院中,2005年被圆明园管理处工作人员在西单二条宅院内发现,2006年11月此对石鱼回归圆明园。[1]

此外,艺术家笔下的渔文化也别有一番意趣。"有风园柳能生态,无浪池鱼可数鳞。此是人生行乐事,夕阳闲眺到黄昏。"这是老舍先生收藏的齐白石《钓丝小鱼图》的提句。画的上部占有很大的篇幅,只画一根被微风吹动的钓丝,下面画有几条被钓饵所吸引的小鱼。画面看上去似乎没有什么内容,但是,我们很难用语言表达那绝妙的意境——晚凉风中,一天的暑热刚刚过去,还留着一丝余霞,人在池边观看池鱼,满纸是诗的意境。我站在画前,不禁嗅到了童年时代的气息。画上那一根线,看来是一根真实的线,但又并非仅是一根"真实的线",哪有一根真实的线能给人那样美妙的感觉呢。[2]齐白石善于画虾,寥寥几笔,活活的虾便跃然纸上,画家的灵魂能与鱼儿沟通,他作画时深知鱼之乐也。

---

〔1〕 北京圆明园遗址内。

〔2〕 刘未鸣、韩淑芳主编:《不教一日闲过,回忆齐白石》,中国文史出版社,2019年,第4页。

四、渔文化的时空变幻

"渔文化"和"江南渔文化"都是"文化变量",在四维时空中不断变幻。全球各地的渔文化依托的地理位置、气候、资源、历史文化传统略有差异,便体现出各自的风俗性和区域特色。

严复对《庄子》《逍遥游》中所提的北国之"鲲"进行了解读。"鲲"厌倦了凄凉,化而为鸟,怒而飞至江南,获取逍遥。即摆脱自己肤浅知识的羁绊,发挥想象力,严复理解的"逍遥"不完全等于"自由",而是心灵上的自我完善。严复翻译赫胥黎所著《进化与伦理》,宣扬"物竞天择,适者生存"理论,他的社会改造理论对当时社会产生巨大的影响。严复对鲲鱼化飞鸟的诠释,或许暗示大清国像一条坠身水中的鲲鱼,会有一天"怒而飞"。[1]

《庄子》一书中,曾多次提到鱼,如《逍遥游》《齐物论》《秋水》《渔父》等篇,他将鱼作为参照物,以寓言、重言、卮言写出他的宇宙观、世界观和人生观。

"渔文化"是"渔业资源"、"捕捞和养殖技术"、"渔业资本"、"渔民"和"时间"的复合函数。

渔业资源,包括水资源和水生动植物资源,是创制渔文化的原始载体或原动力。

捕捞和养殖技术同样随时代变幻,远古到唐代,传统渔具、渔法占主体;唐代的江南渔具有了明显的技术进步,也是江南经济逐渐超过北方的亮点之一。至近代,机器渔轮首先在江南使用,促进了渔文化的发展。

渔业资本的蓄积,单靠个体渔民,基本只能维持简单的生产和再生产。民国时期,渔业合作社和渔业公司相继建立,渔业资本融资渠道逐渐开阔,渔业经济和渔文化发展到现代化阶段。

渔民是渔业劳动力资源,"劳动是国防财富之父",这里的"财富"既包括渔获物,也内含渔文化财富。

渔民同时又是国防资源,据《筹海图编》记载:明南直隶防患倭寇,将南直隶分为松江府海塘设备、松江府海港设备、松江府内设备、松江府海洋设备、松江府海防设备、松江府海防之策。松江府东海抗击倭寇斗争,都有太湖及东海

---

〔1〕 怒,奋力。

渔民参与。〔1〕《筹海图编·卷六·松江府海洋设备》记载:"……又,沿海士兵不足,可变渔民为水手;沿海战舰不足,可变渔船为战舰。即荀子所言,君子善假于物。"〔2〕

江南水乡养殖业有万年之久,养殖技术一代一代口头传承,经验累积的路径源远流长。在记载养殖鱼类的文献中,范蠡的《养鱼经》是最为经典的渔文化。

养 鱼 经
范蠡

《陶朱公养鱼经》曰:威王聘朱公,问之曰:"闻公在湖为'渔父',在齐为'鸱夷子皮',在西戎为'赤精子',在越为'范蠡'。有之乎?"

曰:"有之。"

曰:"公任足千万家,累亿金,何术乎?"

朱公曰:"夫治生之法有五,水蓄第一,水蓄所谓'鱼池'也。以六亩地为池,池中有九洲,求怀子鲤鱼长三尺者二十头,牡鲤鱼长三尺者四头,以二月上庚日内池中令水无声,鱼必生。至四月内一'神守';六月内二'神守';八月内三'神守'。'神守'者,鳖也。所以内鳖者,鱼满三百六十,则蛟龙为之长,而将鱼飞去。内鳖则鱼不复去;在池中,周绕九洲无穷,自谓江湖也。至来年二月,得鲤鱼长一尺者一万五千枚;三尺者四万五千枚;二尺者万枚。枚直五十,得钱一百二十五万。至明年得长一尺者,十万枚;长二尺者五万枚;长三尺者五万枚;长四尺者四万枚。留长二尺者二千枚作种,所余皆货,得钱五百一十五万。候至明年,不可胜计也。"

王乃于后院治池,一年得钱三十余万。池中九洲八谷,谷上立水二尺;又谷中立水六尺。所以养鲤者,鲤不相食,易长,又贵也。

"谷"即坑,八个深坑,坑外水深二尺,坑中水深六尺,便于饲养大小鲤鱼。

又作鱼池法:三尺大鲤,非近江湖,仓卒难求。若养小鱼,积年不大。

---

〔1〕 自大唐帝国与倭国于公元 663 年的"白江口之战",至"二战"日军发动全面侵华战争,日本侵华频仍。明清倭寇侵华,入侵富庶的长江—太湖流域,倭寇自嵊泗列岛绕道进入长江和太湖,倭寇熟悉当地海况,又多有海岛提供补给或避风,嵊泗列岛北部区域一直属于"近代苏南"。
〔2〕 〔明〕郑若曾:《筹海图编》,李新贵译注,中华书局,2017 年,第 218 页。

欲令生大鱼法,要需载取薪、泽、陂、湖,饶大鱼之处,近水际土十数载,以布池底。二年之内,即生大鱼。盖由土中先有大鱼子,得水即生也。[1]

另一个做鱼池的方法:三尺长的大鲤鱼,不是靠近江湖的地方,难以捕捞。如果养小鱼,好几年还长不大。想要生大鱼,需要从大小沼泽、蓄水池、湖等平常大鱼多的地方,将大量靠近水边的泥土运来铺在池底,两年之内,就有大鱼出生,这是因为土里面先有大鱼子,得到水就生出来了。

据相关社会调查,太湖流域的民众因为信仰和生活习惯原因,因鲤鱼像龙而不喜欢吃鲤鱼。在中国北方大部分地区,民众都喜欢鲤鱼,特别是逢年过节或家里办喜事,大鲤鱼(年年有余,福大鱼多)是必备的食材。而且鲤鱼嘴为红色,也含有喜庆之意。

《养鱼经》里讲到鲤鱼随雨雾飞走,此事是真,笔者童年在水乡长大,曾亲身经历此事。如果将稍大一点的鲤鱼、黑鱼、大头鲢鱼、鳝鱼等存在水缸中,雷雨之后,它们便不翼而飞,无处找寻,只有将水缸用网衣或菖蒲盖子盖住,则雷雨之后,鱼儿还在水缸中。

鲤鱼,身体扁而肥,鳍红、鳞片大,口前端有触须两对,颜色呈苍黑色,腹部呈淡黄色,大的身长五尺,体重达三四十斤,鲤鱼喜好合群,因为鱼肉较老,所以南方人一般很少食用鲤鱼,而多于年终用来做祭祀用品。

鲤　鱼

金红鳞片耀水中,春水乱翻桃花红。

鱼乐图中好精神,逆水而进跃龙门。[2]

《本草纲目》里记载:鲤鱼(在中国)处处都有出产,有一道胁鳞,从头一直延伸到尾。无论鱼大还是小都有三十六片鳞,每片鳞上有一个小黑点。[3] 这是鲤鱼的体貌特征。

李元在《蠕范·物体》中记载:"鲤鱼,黄者每岁季春逆流登龙门山,天火自

---

〔1〕 〔北魏〕贾思勰:《齐民要术》,石声汉译注,中华书局,2015年,第762—765页。

〔2〕 元丰:《天堂歌谣》,百花文艺出版社,2010年,第63页。

〔3〕 〔明〕李时珍:《本草纲目》,倪泰一、李智谋编译,重庆出版社,1994年,第450页。

后烧其尾,则化为龙。"[1]鲤鱼善于逆流而上,即便顺流也是尾巴摇摆,试探路途有无渔网或障碍物,然后决定逆流以躲避捕获,鲤鱼大脑聪明,鱼鳍健硕,体量匀称,运动能力强,能跃出水面飞行数米,势若缩仙跨彩虹。

鲤鱼还有喜庆的文化内涵,北方人婚庆或春节、中秋、端午等传统节日,鲤鱼是必备的,尾巴包裹红纸,送礼或自家食用,预示着更美好的未来。

由于"鲤"与唐朝国姓同一读音,唐时全国禁止养殖鲤鱼或食用鲤鱼:"国朝律,取得鲤鱼即宜放,更不得吃,违者重罚。"大唐时代的"渔文化"是珍贵的历史文化,因一种鱼类与政治之间产生力的作用。

明清江南渔文化发展中有政府的制度供给,碑刻史料中也记载了渔文化。清朝乾隆年间,苏州的腌腊鱼行,大多设于山塘街,据《长洲县革除腌腊商货浮费碑》称,外地客商的"腌腊鱼货,汇集苏州山塘贩卖"。[2]苏州、常州的"鱼业同业公会"也产生较早,"从万历到清朝末年,苏州府属的会馆和公所共有90多所……江鲁公所——鱼商集资创办于乾隆年间……永和公堂——咸丰八年(1858年)海货业建立"。[3]常州原织机坊(现西大街)"老义和"茶店(现已不存在)就是明清时期的"鱼行业同业公会",全年仅办一次"换帖"(纳税)。[4]

苏州府严禁南濠牙户截抢商船客货碑

天启七年(1627年)

苏州府禁约:

直隶苏州府为垦恩碑禁截抢客货,疏商请行事。据江宁府等处商人林××、梅鼎臣等联名呈前事,词称:明等揭本贩卖海蜇、鱼鳖等货,奉例报关输税,航海××××货××运苏镇。南濠牙户,先遣健仆使船,纠集××党棍,预计屯扎中途湖口。一遇海味缆船□□□□□□哨党蜂拥,丛打乱抢,屡至鳖船×命有××日,情极可怜。泛至到×,鳖货半匿入□□□□□□□□□,致使异乡孤客,素手空回。伏乞大明律例,××××,安容齐凶截抢。中国知夷王法□□□□□□□□□□,民皆赤子,恩准给示刊石永禁,□□□□恩流万世。等情呈府。据此,业经示谕

[1]　〔清〕李元:《蠕范·物体》,北京出版社,2000年,第一卷,第2页。
[2]　转引自苏州市水产公司编:《苏州水产供销史》(内部),1990年,第4页。
[3]　同上书,第4页。
[4]　常州市水产公司编:《常州市水产供销史》,常州市水产公司编史办公室,1984年,第2页。

外,□□□□□□□□前来,合×刊石永禁。为此××本州知府王,看得金阊系吴会×××方□□□□□□□□□□□□□□□别省商民,运贩土产货物,或顿于南濠,或停于枫桥。□□□□□□□□□□□□□□□□□,货运浮,则客自来投止。乃令奸民罔兴垄断之举,遂行招揽,□□□□□□□□□□□□□一遇客航杨帆而来,蜂拥其船,指称某行领□□□□□□□□□□□□□□□嗟嗟! 万里孤商,餐风宿月,×挟资本,欲□□□□□□□□□□□□□□□□□□□纷纷泣诉,欲图堂法严禁。□□□□□□□□□□□□□□□□□永为定例。自今以后,凡客货商船任其自投,仍然□□□□□□□□□□□□□□本客并地方报实定以抢夺之条重惩,决不轻贷尔×。

天启七年九月　日

×××　×××　×××　×××　徐春×　××林　××宇

××斋　×××　××贤　陈××　×志×　蒋×元　×××[1]

《苏州府严禁南濠牙户截抢商船客货碑》是雕刻在石刻上的渔文化,是明朝政府维持江南鱼市场的秩序,有反垄断的作用,促进市场公平和提升效率,这是珍贵历史文献。

此碑刻,文字脱略严重,但靠猜测看不见的文字,也可以推断出明末江南资本主义萌芽、市场经济发展为江南渔文化注入正能量,是历史的进步。

再如《奉旨遵宪蠲免渔课永禁泥草私税碑》。该牒文碑是清地方政府给长洲县(张家港)贫苦渔民陆江、葛华等43人呈告当地豪强、地主、渔霸横征暴敛武断于乡曲而制的。1984年文物普查时发现此碑,该碑青石质,通高206厘米,宽100厘米,厚27厘米,分碑体和碑座两部分,据村民口述传说此碑断裂于1979年。

碑体上端阴刻楷书"奉旨遵宪蠲免渔课永禁泥草私税",碑文楷书29行,满行79字,共1080字。碑做下侧刻有陆江、葛华等43名立碑人的姓名,刻于清顺治十七年,字迹模糊。

《奉旨遵宪蠲免渔课永禁泥草私税》碑告示的内容属于渔政。是清初地方

---

[1] 此碑立于苏州石路南濠街(南浩街)。

政府为缓和阶级矛盾,对极端贫苦渔民实施类似行政救济的举措,一般渔民"每户完纳一人丁之税"即可,最贫困的渔民可以蠲免渔课,政府受理渔民的诉求,禁止豪强、地主、渔霸横征暴敛,保护贫苦渔民的基本生存权。

碑文记录的内容也是江南太湖流域内塘养殖的较早记录,说明顺治以前,江南各地内塘养殖业已经规模很大,养殖业利润大,豪强、地主、渔霸羡慕嫉妒所以力图染指,于是渔村社会矛盾激化,政府出示告示,维护渔民的基本权利。

近代,欧、美、日等国"渔文化"的舶来,给中国渔文化研究提供了一些启发。一些艺术家的想象力,不仅能加深人们对渔文化的美的认识,而且在与外来文化的对比中,中国江南渔文化发展的历程、特色和价值也更加个性鲜明。渔文化在地球村不同的时空变幻中,各自展示着自己的至美面容。

江南还流传着"范仲淹火烧鲞鱼王庙"的故事。范仲淹乘船路过苏州,见河水里有一条大鱼,不禁脱口称赞"好鱼",艄公随即捉上了一条鱼为他烹饪了一顿美食,饱餐之后,范仲淹赞美艄公的捕鱼技巧。艄公实话实说,告知范仲淹说这条鱼被麦钩钩住了。当时江南许多农民喜欢用麦钩捉鱼,以竹爿制作钩子,麦团为饵料系其上,置入水中,鱼吃麦团,竹爿进入鱼肚皮即弹开,下鱼钩的主人可以随时来收获鱼儿。范仲淹才明白,这是艄公顺手牵羊得到的,羞愧难当,随即将自己携带的一条大大的咸鲞让艄公重新系于麦钩上,以待主人来取。

可巧,麦钩主人是一位老渔翁,一见大惊,这件事很快不胫而走,成为当地人的饭后谈资。当地有一个像《红楼梦》里所说的"马道婆"一样贪财好利的老巫婆,她设计演绎了一场神神叨叨的戏——她在闹市里装神弄鬼、口吐白沫,向众人念叨,自称是鲞鱼王附体,若不修庙宇焚香火,则地方必有天灾人祸。江南人多迷信鬼神,于是乎众人集资兴修庙宇,供奉鲞鱼王,老百姓上了老巫婆的当,慷慨捐钱,老巫婆收获铜钿满腰包。这事终于传到范仲淹耳朵里,他根本没想到一条鲞鱼会给当地百姓带来如此祸患,经详细了解事件来龙去脉,派人烧掉鲞鱼王庙,赶走骗子老巫婆,此事才消停。

在诺贝尔文学奖获奖作品中也能找到渔文化的身影,伟大的、寓言般的现实主义杰作《老人与海》便是一个例子:[1]"他是一个老人,独自驾一条小船在

---

〔1〕〔美〕海明威:《老人与海》,宋兆霖主编:《诺贝尔文学奖全集》(上下卷),北京燕山出版社,2014年,第587—604页。

湾流中捕鱼……"作者描述了大海、老渔夫、小渔船、飞鱼、海马、马尾藻、鲯鳅、巨大而美丽的大马林鱼,还有路途中对大马林鱼发起进攻的群鲨……将捕鱼的故事提炼到人类情感的至高境界。[1]

《老人与海》小说的主人公是一个名叫圣地亚哥的古巴老渔夫,他独自一人出海打鱼,经过八十四天仍然一无所获。就在第八十五天,他终于捉到一条大马林鱼,然而这条鱼的力量过于强大,老人历尽艰辛在茫茫大海上经过三天较量,才制服了这条大马林鱼。因为鱼庞大无比,根本无法拖上船,他把大鱼拴在渔船的一侧,在归程中一再遇到鲨鱼的袭击,老人奋力对抗鲨鱼,但最后留给他的只剩下鱼头、鱼尾和一条脊骨。老人在竭尽全力和大鱼较量的过程中,有这样的独白:"兄弟啊,我还从来没有见过比你更大、更漂亮、更沉静、或者更高贵的东西。来吧,把我杀死吧,我不在乎谁死在谁手里。"这里所折射出的是对一切生命的敬畏。海明威通过对老人与大马林鱼、鲨鱼和大海的搏斗以及大量的内心表白,表达了他对人与自然关系的思考:自然法则是人类力量不可抗拒的,我们崇尚人对自然不屈不挠的斗争,也崇尚人与自然的和谐相处。[2]

《艺术的故事》中曾提到克里特岛发现的与鱼有关的精美艺术品——《渔夫》,这是一块约公元前1500年的壁画,出自希腊桑托林岛(古名提拉岛)。壁画上的渔夫双手各提着一串细长优雅的鱼儿,渔夫全裸,能看得出他体态夭矫、体量匀称、生机勃勃。[3] 克里特岛是古爱琴文化的发源地,岛上住着一个天才的民族,他们的艺术家喜欢表现快速的运动之态。十九世纪末,他们在克诺索斯(Knossos)建造的王宫被发掘出来时,人们简直不能相信早在公元前2000年到公元前1000年之间,竟然已产生出那样自在优雅的建筑。[4]

日本作家平松洋子在《奢侈的滋味》中,以热爱每一天的生活为主题描写渔文化,认为美食让生活更温暖:

> 我小时候很讨厌鱼糕。用筷子夹起一片,半月形的鱼糕便立刻软塌塌地没了形状。送进嘴里都是人造的弹力,嘴唇和舌尖冰冰凉凉。水木

---

[1]〔美〕海明威:《老人与海》,人民文学出版社,2018年,第2页。

[2] 同上书。

[3]〔英〕E. H. 贡布里希:《艺术的故事》,范景中、杨成凯译,广西美术出版社,2008年,第629页。

[4] 同上书,第68页。

茂漫画里的妖怪不就是这种感觉吗？[1]

　　成年后会喜欢鱼糕，多亏了荞麦面店。一边啜着热酒，一边将筷子伸向沾着小块芥末的鱼糕切片。说碧青的味道和口感让荞麦面店里白天的品酒时光都无比惬意。

　　而且我也发现，鱼糕不是只有切成半月形这一种吃法。

　　一旦离开木板，鱼糕便再用不着刀了。左手牢牢握住，用右手的三根手指用力一扯，顽强的鱼糕抵抗不住，扑哧一声被撕开。

　　把随意撕下的一片放在齿间，不禁疑惑：这真的是鱼糕吗？爽利的口感让人激动。侵入、飞溅、跃起、舞蹈，扎实的存在感与单薄的半月形切片截然不同。

　　就这样，整整一条长鱼糕眨眼间消失在我的腹中，只剩一块木板孤零零地留在厨房。

　　我死盯着木板，又拿在手中翻来覆去地看。

　　随机灵光一现。

　　"鱼糕板有新的出路了！"

　　圣女果、酸橘、柠檬、茗荷、秋菊……小刀切小果蔬时，用鱼糕板正好。为切一个柠檬、三个茗荷或一片芝士特意拿出巨大的砧板实在麻烦，一块好用的迷你砧板正好……

　　从那以来，鱼糕板就成了"好用的砧板"，重获新生。毕竟它又小又轻，容易晾干，没有异味，吸水性也十分出色。用起来从不吝啬。

　　这样一来，再有鱼糕板就不用想着扔掉了。在厨房里备上两三块不但不碍事，反而会在意想不到的地方发挥作用。它们可以摇身一变成为捣碎的工具：将剥好的两瓣蒜放在两块鱼糕板中间使劲一压，分秒间就解决了。

　　每件物品都平等地拥有第二次生命，任谁都希望自己能充分地发挥价值吧。[2]

澳大利亚绘画艺术中也含有"渔文化"。

---

〔1〕 水木茂，日本著名漫画家，代表作《鬼太郎》，被称为"日本妖怪漫画第一人"。
〔2〕 〔日〕平松洋子：《奢侈的滋味》，史诗译，新星出版社，2016年，第124—125页。

　　画家纳瑞金·梅么如(约 1914—1982 年)所画《鳄鱼人与魟鱼人只之战》,为澳大利亚的独特树皮画,成于 1963 年。由卡雷尔·库普卡收集于阿纳姆地东部的伊尔卡拉澳大利亚国家博物馆。澳大利亚树皮画中承载的历史故事是澳大利亚原住民与后期移民之间的文化桥梁,本作品画的是鱼,讲述的是发生在澳大利亚土地上的历史文化,是澳大利亚的"渔文化"。

　　画家巴鲁卡·梅么如,生于 1947 年,曼格嘎利力氏族,作品《鳄鱼》约完成于 1985 年,画面上的鳄鱼威猛雄壮,画家好像非常崇拜鳄鱼伟大的雄性的力量。他的画作《布克—朗盖伊艺术 1 号收藏》,收集于阿纳姆地东部的伊尔卡拉澳大利亚国家博物馆。

　　树皮画家穆特提奇卜伊·芒南古拉(1932—1993 年),加普氏族。其作品《神祖姜考务与鲨鱼马纳在加普氏族》,完成于 1967 年,画面中一个大鲨鱼奕奕赫赫,器宇轩昂,潇洒傲慢地"行走"在茫茫大海中,鲨鱼的周围,是一群一群其他鱼类水禽类。

　　汤姆·焦佤(1905—1980 年),岱谷尔谷尔氏族。其作品《螃蟹》完成于 1965 年,J. A. 戴维森收集于阿纳姆地中部的密连亘比岛澳大利亚国家博物馆。画面上六只大螃蟹排成两排,两两相背,大螃蟹的大钳子朝外,螃蟹屁股后面有一堆一堆的鱼儿,好像大螃蟹保护鱼群或族群的安全,鱼群又或许是螃蟹家族的食物和领土。

　　巴戴耀·纳加麦瑞克(约 1926—2009 年),莫克氏族。其作品《瓦尔克卡拉·甲·卡勒尔(大海鲢与鹤鳠鱼)》完成于 1974 年,由原住民艺术委员会 2 号收藏,存放于阿纳姆地西部的甘巴兰亚(昂佩里)澳大利亚国家图书馆。鳠鱼身体呈圆柱形,下颚特别长,呈针状,尾鳍分叉,体形线条优美,是鱼类中的美男子或美少女;大海鲢则丑陋短粗,长相是鱼类中的武大郎或大观园里的焦大。

　　渔文化与国民经济发展之关系也值得深入探究,世界上有若干国家和地区以渔业为当地社会经济支柱。举世皆知的"四大渔场",拥有机械化的渔业生产技术和高科技保鲜、加工和贸易链条,四大渔场各自创制了具有区域特色的"渔文化"。

　　在冰岛、马耳他、马尔代夫、日本北海道、俄罗斯千岛群岛以及太平洋许多岛国,渔业是当地的国民经济支柱产业,并拉动其他相关产业,形成产业链。

　　马尔代夫共和国,全境由 1 200 多个珊瑚岛礁组成,其中有 200 个人居岛屿,地势低平,平均海拔 1.2 米,属热带雨林气候。这里渔业资源丰富,盛产鲣鱼、旗鱼、马鲛鱼等，渔业、海运业尤为重要，因为是岛国，渔获物出口也繁荣了海运业。

渔业是人类原始生业，随着社会发展，逐渐转变为休闲娱乐产业，即高端的文化产业。马尔代夫的渔文化旅游业兴盛，渔业是该国的国民经济支柱，独具特色的渔文化魅力吸引了全球各地游客慕名而去，进行美食的消费、文化的消费。

冰岛与之类似，渔业是国民经济的支柱，相关的产业有渔产加工、食品产业。

现如今江南渔业发展不再是民生支柱，但发展渔业休闲产业却是一个创新。因为，随着经济和社会发展，渔、猎产业区域逐渐转变成人们的娱乐休闲、享受闲暇的去处，消费需求潜力巨大。江南经济繁荣、人口密度大，社会发达程度高，这是江南渔文化发展的时代优势。

渔文化是依托鱼与水而产生的文化，水质的高低对渔文化发展影响最大。江南水乡渔文化区，凭借水的优势，能建设成"中国的花园"，成为渔文化发展衍生出的一项休闲产业。

朱自清在《旅欧游记》中提到瑞士是"欧洲的公园"："瑞士的湖水一例是淡蓝色的，真正平得像镜子一样。太阳照着的时候，那水在微风里摇晃着，宛然是西方小姑娘的眼。若遇着阴天或下小雨，湖上迷迷蒙蒙的，水天混在一块儿，人如睡在梦里。也有风大的时候，那时水上便皱起粼粼的细纹，有点像颦眉的西子。"[1]

朱自清笔下的瑞士美景，在江南的春夏秋冬里都有，只是江南风景缺少精致地开发和创制。瑞士的河流湖泊的密集度不如中国江南，江南的开发可借鉴大禹、李冰等治水之法，[2]以高科技的"天鲲"号为治水工具进行设计和疏导。当地下径流不被经年淤积的固状物堵塞，则水乡江南，无论城市、乡村，皆会形成泉水叮咚、鱼翔浅底、清溪泻雪、溶溶荡荡、奔流大海的美妙景色。鱼米乡的美，在渔歌互答、稻花飘香、白鹭盘旋、碧水青山、山环水旋的"境界"中，与瑞士的美，各自显示辐射着独特的魅力。

中国江南，是"红尘中一二等富贵风流之地"，这里经济发达、人文荟萃。

---

〔1〕　朱自清：《朱自清散文》，中国华侨出版社，2015 年，第 67 页。
〔2〕　大禹采用"治水顺水性，水性就下，导之入海""高处就凿通，低处就疏导"的治水理论。李冰治水六字诀："深淘滩，低作堰。"传承并发展了大禹治水之法。李冰父子治水成功对中国历史产生巨大的影响，正是因为都江堰灌溉了千万亩良田，"天府之国"经济实力雄厚，使军队粮草充足，嬴政才能一统江山。

"文化江南"的形貌昳丽，比高原山国的瑞士，因着渔文化的蒸腾，而更具有诗情画意。

五、风俗文化的多维价值

江南渔文化的风俗性极强，灿烂的乡土文化与现代科技联姻，不仅能促进江南经济发展模式的创新，扩容城乡一体化的空间，这一现象也有一定的学术研究价值。

笔者认为，江南经济发展模式转型应尝试以"尤努斯金融"润滑和保障渔业经济个体的发展，提升渔民的生产和再生产能力。再配合渔业合作社制度、公司制度，将个体渔户用现代企业制度组织起来。将传统渔文化发展与现代经济模式的结合，使江南原生态文化资源的"稀缺性"得以充分利用，当渔业经济活动不再可能增进任何人的经济福利，即达到"效率"最佳状态，同时，也能促进公平。

江南鱼米乡的鱼米丰产，对以鱼、米为食材的传统老字号产业，"转向历史"是实现"转型升级"的最好路径。[1]

同时将蓄积万年的江南渔文化资源，转化成休闲娱乐产业，也可以彰显江南文化的时代魅力。[2] 渔文化资源是"沉没成本"，如若将渔民世代传承的生产技术与一些独门绝技进行再创新，会使得鱼类产品的机会成本降低。[3]

> 舻枝帆叶随波起，泛宅浮家倚水栖。

---

[1] 将历史文化资源转变成现实生产力，需要借助于现代制造业的生产技术，比如中国许多"老字号"，因为产品的制作有独门绝技，所以被市场认可。但是，追逐利润又会让生产者以成本最小化为宗旨，不将传统的低产稻米粉和野生鱼类作为食材，所以旧年江南味淡，市场萎缩。再如日本的"龟甲万""松屋""三洋食品"等产业，能被全球的消费者认可的理由是：这类产业既是传统的，有数百年的经验累积，至今依然经营得生机勃勃。欧洲的很多传统手工业品，像皮包、手表等奢侈品，对于消费者而言，购买和使用"古驰""爱马仕""劳力士""老佛爷"等产品更是文化与经验的消费，对于生产者来说，是暴利产业。

[2] 农、林、牧、副、渔各业，能转换成休闲娱乐产业的只有渔业了。在富庶的江南地区，随着社会发展和收入的增加，人们对休闲娱乐产品的需求提升，水乡的渔文化产业是环保产业，也是休闲产业，市场潜能巨大。

[3] 〔美〕Paul R. Krugman, Maurice Obstfeld：《国际经济学——理论与政策》第五版（*International Economics: Theory and Policy*, Fifth Edition），清华大学出版社，2001年，第12页。

锦鳞银刀跃满舱,烈火烹油渔家乐。

鱼类美食既能满足人们的胃口享受,又能让人感到身心愉悦。"建设渔业、渔村、文化旅游、休闲、饮食"于一体的产业群,创制传统和现代有机融合的水乡规模经济,将会提升"鱼米之乡"文化品位,提高历史与现代并存的风俗文化价值。

世界上有很多地区有这样的特色产业,是国民经济的组成部分甚至是国民经济的支柱产业。在冰岛、马尔代夫、马耳他、日本北海道、太平洋许多岛国,渔业是旅游业,旅游收入投入小,产出大,因为渔业是直接从水域获取自然资源,渔民使用传统的技术加机器渔轮作业,按照鱼群的活动周期进行捕捞,获利甚丰。这些渔文化区的发展模式,给江南渔文化发展提供了有益的参考。将水利科学、环境科学、生命科学、鱼类学等相关研究成果应用于江南水乡创新建设,这些科技投入必然会提升鱼米乡初级产业的生产力,扩大江南城乡一体化发展的空间。

国内的舟山、嵊泗列岛等旅游业,也是渔文化产业。经济学、旅游学、民俗学和心理学研究表明,在农、林、牧、副、渔几种初级产业中发展旅游产业,渔乡的休闲旅游对城市居民的吸引力最大。杜甫"观打鱼歌"、唐宋八大家和一些顶尖文人笔下的渔乡风情录,都是经典渔文化的重要组成部分。

对江南渔村进行现代化改造,投入的扩大势必增加产出,就业机会也会相应增多,江南经济和社会发展之势也能与日递增。开发现代化的经典渔村、小镇,让居民"枕湖而居",水乡的旅游房地经济或许悄然步入一个新的发展空间。倘若在四季分明、诗情画意的江南乡村投入的"边际收益"大于在城市许多非高端产业中投入的收益,那么,相对落后的乡村即可以获取转型升级的机会。扬子江—太湖水域水体生态环境改善、生态优化和社会的发展,自然会"吸引"城市居民和全球游客前来消费,这也是个新兴市场,会带来巨大利润。

工业化和过度捕捞也会导致水乡生态失衡,给渔文化发展带来负面影响。珍贵的渔业资源如松江四鳃鲈、长江鲥鱼、刀鱼、中华鲟等,随着社会发展和人们收入增加,在人力不可能增加供应的条件下,顶级美味的市场价格可能会短期内疯涨,利益驱使将造成过度捕捞,水体生态系统失衡,这将与"生态优先、绿色发展"的理念背道而驰。

亚当·斯密认为,社会进步会对三种"初级产物"造成不同的影响,珍贵的鱼类和大多数稀奇的鸟类、各种野生猎物、几乎所有的野生禽类,尤其是所有的候鸟,以及其他许多物品。当社会进步,生活条件改善,人们对这些物品的需求也很可能会跟着增加。然而,资源的供应量很难满足市场的需求量。但是另一方面,买方热烈竞争的程度却不断提高以至这些珍贵的物品的实质价格远远超出其原本的价格。这也许可以说明,在罗马帝国最辉煌的时代,罗马人为稀奇的鱼类和鸟类所付出的高价。[1]

世界四大渔场之一的纽芬兰渔场,经几个世纪的肆意捕捞,特别是二十世纪五六十年代大型机械化拖网渔船的过度使用,渔场渐渐消亡,到 90 年代已几不可见。

纽芬兰渔场盛产鳕鱼,当地海域传统的捕鱼方式是用较大的渔船运载数只小渔船,拖拽至离岸较远的海域卸下小船,两三个渔民一只小船,分头在附近海域撒网捕捞。满载后便驶向大船卸下渔获物,再继续撒网。纽芬兰渔民每年都要定期放假,而渔民休息的日子是鱼类繁殖的季节,所以这种传统的捕鱼方式效率不高,但避开了鳕鱼群的产卵繁殖的季节,渔业生产和鱼群繁衍保持了生态的平衡。所以,当地渔民传统的渔业生产方式不仅不会破坏水体生态,而且是生态和谐的一部分。因为鱼有“鱼龄”,鱼类的生命周期和传统的捕捞方式二者是自然和谐的,这是渔文化的特殊性。

二十世纪五六十年代,大型机械化拖网渔船驶入纽芬兰湾,机械化的拖网渔船全天候作业,每小时即可捕捞二百吨鳕鱼,给渔场带来了灭顶之灾。马力充足的拖网船携带庞大的捕鱼网兜掠过海底,所到之处鱼鳖虾蟹被一网打尽。捕捞鳕鱼给渔业公司带来的财富实在太诱人,加拿大政府支持的工业集团采用现代化的破冰船和高科技电子、声呐技术,如此大规模的捕捞让渔场残存的鳕鱼无处可逃,将这片海域的生态环境破坏殆尽。结果,渔场传统捕鱼业顷刻破产,近四万渔民从此失业,原住民纽芬兰人也被迫远走他乡,岛上劳动力人口大量流失。

江南渔文化同样受到了现代化大潮冲击,许多珍贵的文化遗产已经失传或行将失传,造成江南文化的不断没落。比如,太湖七桅大渔船的制作工艺失传,新时代的渔民子弟也没几个有意传承江南渔歌了。江南渔俗也因为年轻的渔民不断上岸而传承不力,旧有的渔村风光也因渔民子弟登陆谋生计而败落。这些历史文化遗产单靠个体渔民无力加以保护,他们每日为衣食所累,既

---

[1]　〔英〕亚当·斯密:《国富论》,谢宗林、李华夏译,中央编译出版社,2013 年,第 173—174 页。

没有资金也没有时间来顾及文化传承。只有加以"制度供给",让行政和民间的双重力量进行合作,将珍贵的渔文化资源转化成江南民俗文化产业,"沉没成本"[1]才能得以转化成现实生产力,并复活丢失的文化,促进传统旅游业向更高层面发展。

中国地域辽阔,各地区农业发展的资源、资本和技术条件千差万别,研究农业经济发展若抛开地域的差别而进行笼统的概括则很难得出科学的结论。所以农史学家翟虎渠认为,"特色农业"是我国农业发展的道路和方向。[2]

发展特色农业,既是当代中国农业发展的前途,也是从近代中国农业发展史中得出的科学结论。"特色农业"实际就是传统的大农业进一步细分出若干个比较小的农业产业,例如江苏科学技术出版社出版的《中国特色农业丛书》将我国的农业细分为旱地农业、水体农业、园区农业、都市农业、沿线农业、野味农业和太空农业等等。这种细分,从不同的视角,探索了如何从各个农业区的实际情况出发,合理地利用当地的自然资源、劳动力资源、技术、资本以及各种社会和历史文化资源优势;主张着眼于一个地区的实际情况,因地制宜地发展本地区的特色农业。

江南发展"水体农业"在自然资源、人力资源、技术、市场以及历史文化传统等方面都具有"比较优势"[3],如在自然资源方面,这里是中国最典型的水

---

[1] 沉没成本,是指在过去发生的,但与当前决策无关的费用,并且在任何条件下都无法避免或改变的成本支出。沉没成本通常是指已经花费在机器、厂房上的固定成本。吴文化累积、太湖渔文化的经典依存也是沉没成本,这些历史文化的"沉没成本"已经发生不可收回。历史文化遗产中包含已经花费渔民的时间、金钱、精力等,这些历史文化资源可以开发利用于发展特色文化产业,如建设太湖渔村文化产业区、渔村旅游产业链等,能有效节省资金投入,形成现实的经济效益。

[2] 黄邦汉、祖国掌:《水体农业》,江苏科学技术出版社,2001年,"序言"。

[3] 比较优势(comparative advantage)理论,英国古典经济学家大卫·李嘉图(David Ricardo,1772—1823)在其《政治经济学及其赋税原理》一书中提出。李嘉图认为,一个地区在所有产品上都具有绝对优势,但相对而言总有一种产品是优势最大的;另一地区在所有产品上都是绝对劣势,但比较起来总有一种产品是劣势最小的。这样"两利相权取其重,两弊相权取其轻",两地在相对成本差异的基础上一样能发生贸易,获得贸易利益。例如,E地每生产一单位葡萄酒需用120个劳动日,而P地只需80个劳动日。E每生产一单位呢绒需用100个劳动日,P只需90个劳动日。P虽在两种产品上都拥有绝对优势,但比较起来在葡萄酒的生产上优势更大,故它应专业化生产并出口葡萄酒;E地虽在两种产品上都处于绝对劣势,但相对而言在呢绒的生产上劣势更小,即其反而在呢绒的生产上找到了比较优势,所以它应专业化生产并售出呢绒。比较优势说拓展了贸易的可能性,其基本思想奠定了此后国际贸易理论的基础。本文移用"比较优势"一词,意在强调苏南地区发展渔业经济在自然资源、劳动力资源、技术条件以及社会历史、文化等方面在江苏省乃至全国都具有明显的优势。

乡,还有东海近海群岛渔文化资源,地处亚热带季风气候区,渔文化发展有"绝对优势"[1]。

江南渔文化研究具有一定的学术价值。"江南文化"若为"全集",其下则可以分出很多"子集":古典园林,吴门画派,昆曲,阖闾大城墙,护城河,缂丝,吴歈等,每个子集还可以无限再微分,以便于精细地研究江南文化。"江南渔文化"在"江南文化"的大家庭里,最年长又风俗性最强的即为"鱼食饭稻",民以食为天,获取食物是人类定居生活的重要基础。鱼,不仅是"满汉全宴"的重要食材,在江南人的灶台里、餐桌上,有着诸如清水河虾、松鼠鲑鱼、银鱼莼菜羹、碧螺虾仁、清蒸鲫鱼、响油鳝糊等菜肴,人们吃的是美食,享受的是风俗文化。然而,江南渔文化研究,至今鲜有学者给予激情关注。

江南文化经过一万年的发展,至今门类繁多,生机勃勃,是江南经济和社会发展的文化力量。从"渔文化"到"吴文化"、从"蘇文化"发展到"江南文化",是一条不断上升的曲线。

江南研究有利于深入认识江南文化形成和发展的独特性。渔猎经济给江南文化烙上了深深的印痕,江南文化是深受渔业经济影响的一个典型。

从渔文化转变到吴文化,单从字义上看,吴文化的"吴"即"虞",即"鱼",三者的字义相同。《国语·鲁语上》记载:"水虞于是乎……取名鱼。"韦昭注:"水虞,渔师也。"而"虞"即"渔","虞"为"鱼"。

根据太湖三山岛的旧石器时代的古文化遗址的考古发现,当地原始居民以渔猎经济为主。在以后的年代中,岛上的先民维持着异常发达的渔业生产,以捕鱼作为重要的生活手段之一。这可以从出土的大量渔业用具处得到有力的证明。

进入有文献记载的历史时期以后,江南渔业的发达更是有案可稽了。据载,吴王阖闾曾经建造"鱼城"来养鱼,帝王组织大规模养鱼,促进渔文化的发

---

[1] 绝对优势(absolute advantage)是近代西方经济学中一个重要理论,这一理论主张以各国或各地区生产成本的绝对差异为基础进行专业化分工,并通过自由贸易获得利益的一种贸易理论。最早由英国古典经济学家亚当·斯密(Adam Smith,1723—1790)为反对当时的重商主义和保护贸易政策在其1776年的巨著《国富论》中提出。如果一国某种产品的绝对生产成本或价格比其他国家低,就称该国具有这种产品上的绝对优势,因而该国就应完全专业化生产并出口这种产品,同时进口那种它具有绝对劣势的产品。这种基于绝对优势的国际分工和自由贸易的结果将使贸易各方都可获得贸易得益。本文借用这一范畴主要是强调苏南地区发展渔业经济的自然资源条件、劳动力资源条件和"渔文化"条件等在全省乃至全国都具有"绝对"的优势,所以也可以称为"绝对优势","绝对优势"代表了发展某一产业的可能性。

展。"鱼"在江南各地先民的日常生活中占有非常重要的地位。[1]

渔文化、吴文化与现代的"江南文化",是一脉相承的关系,江南文化的内涵也不断得到丰富。

扬子江—太湖水系是江南文化依托的特殊的自然环境,然而工业或生活排污,导致了城乡的水循环出现问题。如果用"天鲲号"之先进科技的疏导工具疏导苏州、上海、杭州、扬州、南京等各大中城市古城区水系,还原到70年代以前杏帘溪桃、清流粼粼的景象,那么江南会摇身一变回到文征明、唐伯虎、沈周、黄宾虹、黄公望等人的绘画中的样子。江南乡村各地河道,需以机械化手段疏导,保证河流畅通,发挥水乡天然的运输航道的经济功能。"碧水"与"蓝天"共生共存,河湖水汽时刻向空中蒸腾,清流、碧草释放至高空上的空气最优质。若耶之溪与翁蔚泅润的茂林空间,散发出人人神往之仙气。江南的雨水、地表径流、森林涵养之地下水、河湖之水,复合酿制了鱼米之乡空气的味道。

江南渔民不仅于长期的渔业经济活动中蓄积了丰富的经验和生产技术,还创制了渔歌和渔谚,是吴歈的组成部分,也是江南风俗文化的经典,天生具有浓郁的江南气息,是乡土中国传统文化的精品之一。

更有学者认为,江南渔业经济的发展创造了独具特色的渔文化。渔业生产方式和渔民生活方式表现出来的与其他区域的差异性,实际上就是文化上的差异性。张岱年先生认为,太湖流域孕育的渔猎文化与东北的红山文化、东方的大汶口文化、中原的仰韶文化、西南的大溪文化、南方的石峡文化等,如同条条奔腾澎湃的干流共同融汇成中华文化的汪洋大海。[2] 20世纪90年代的"太湖文脉研究"中的学者们说的"太湖流域"与今天的"江南"基本一致,他们所有的研究成果,都囊括在"江南文化"的"全集"中。

江南渔文化研究,分析和梳理了市场、政府、渔民和渔村、渔业合作社、渔业公司之间的关系,能给江南文化发展带来些许启发。

近代,市场机制被引入江南渔业,资源配置逐步近代化,渔文化发展进入了新的历史阶段,市场运作力求提升"效率"、促进"公平"。近代渔政制度和市场机制的运作,给江南渔业带来新的繁荣,但同时也有一些不科学的制度供给,导致"政策失灵"。

---

[1] 蔡利民:《苏州民俗》,苏州大学出版社,2000年,第15—16页。
[2] 苏州大学中国近代文哲研究所编:《太湖文脉》,古吴轩出版社,2004年,"序一"。

20 世纪初期,以蒸汽机和柴油机为动力的新式渔业机械开始从西方引入中国,江南渔业在全国率先开始机械化。新式渔业机械的使用使产量激增,渔获物贸易量不断扩大,供给量也相应扩大,而传统的村镇小市场却无法适应近代化。江南渔获物市场化程度日趋加深,最终促成了 30 年代上海统一的鱼市场的建立。

上海鱼市场是当时中国最大型的专业市场,是鱼类批发和贸易的周转中心。在这里,海洋、淡水渔获物被分区、分类,交易"效率"大大提升,成为江南渔文化的亮点。随着渔业经济日趋近代化,以上海为龙头的江南渔业经济进入了一个全新的发展时期。

江南渔业的现代化还表现在许多方面,如公司制度引入渔业,近代水产教育机构的设立,培养新式渔民,渔业开始依法行政等。这些"制度供给"对于优化渔业资源组合有积极意义,也体现了政府和社会组织对"稀缺"与"效率"这两个双重主题的重视。

市场化和近代化既是生产方式进步的体现,又是社会经济发展的动力,但在市场化的初期,存在很多问题:政府干预的力量不足,致使江南各地城乡鱼市场被垄断势力控制,导致严重的"市场失灵"。[1] 近代江南各地的鱼市场,有着各种操纵市场的力量,如鱼行、渔霸的垄断经营和强买、强卖,形成强力的

---

〔1〕 "市场失灵"是指市场机制转移资源的能力不足而导致资源配置缺乏效率。亚当·斯密的"看不见的手"原理的假设前提是"完全的自由竞争",但现实的鱼市场的情况往往是:不完全竞争的市场结构的存在,如垄断,无论是买方或卖方垄断都会妨碍自由竞争。在鱼市场中,鱼行、渔霸既是买方垄断又是卖方垄断,他们既压制水产品的供货价格,又欺骗消费者,尽力提高水产品的零售价格,最大限度地扩大了自己的利润空间,使水产品的市场价格买得低、卖得高,远远背离其价值,从而使渔业资源配置不合理,减少了"生产者剩余"和"消费者剩余"。不完全信息的存在,即买卖双方掌握的信息不对称,特别是中小渔农和一般的水产品消费者对市场的供给和需求真实信息难以准确把握,对市场的影响力几乎为零,小渔农往往因急于用钱不得不"贱卖",消费者因种种急需不得不"贵买"。外部性的存在,因为渔业资源具有不可分拨性,不可分拨的资源是一种对生产者个体免费而具有社会成本的资源,即具有外部性的资源,如鱼群、空气质量、山麓美景、气候和放射性废物等都具有不可分拨性。从全社会来看,一个公共水域被几个不同的利益个体捕捞渔获物,不管谁捕捞多少,不管捕捞者如何破坏了水域的再生产能力,生产者个体都无需为此付出成本。但是,过度捕捞势必使得渔业资源环境受到严重破坏,水域的再生产能力降低,社会为此付出了代价。如一群黄鱼不仅能成为晚宴上美味可口的食物,而且是繁殖小黄鱼的源泉。鱼群的繁殖潜力可以让(渔获物)生产者不必为捕鱼而付出社会代价,许多稀有鱼种绝迹或濒临绝迹就说明这一点,这是渔业资源的不可分拨性。上述几种情况都能导致市场失灵,后果是渔业资源被扭曲配置,从而无法实现"帕累托最优"。也就是说,市场失灵势必造成经济发展的"非效率"和收入分配的"不公平"。因此,近现代市场经济中,市场失灵的存在,使政府干预、调控经济成为不可缺少的条件。

买方垄断和卖方垄断。[1]

　　市场价格常常被扭曲，造成渔业资源配置的"非效率"。市场失灵会给初级产业者带来经济问题，即初级产业者劳动时间的损失。或者说，初级产品的市场价格上升，理论上讲，"生产者剩余"增加，[2]但实际上，从上海鱼市场的价格起伏来看，若鱼市场价格猛升，传递到渔民手里几乎没有多大额外收益，利润在市场中间环节全部被截留；若鱼市场价格暴跌，则渔民最遭殃，主要由于市场垄断和政府不作为。即使渔民丰年"多收了三五斗"，鱼类产品的市场竞争性还是存在。渔民在零散的村肆叫卖最易于腐烂变质的劳动成果，孱弱之躯根本无任何"博弈"的力量，这便是"市场失灵"的弊端。

　　"江南渔文化研究，重在总结历史经验、吸取教训，对加强太湖流域渔业经济资源和文化的保护、开发和利用，保持人与自然的和谐，促进太湖渔业经济的可持续发展等都具有一定意义。"[3]

　　现代化背景下，江南库存的经济文化资源逐渐转换成文化产业群，"江南渔文化"是建设"文化江南"的资源和资本。"江南文化"是个巨大的"引力场"，招来一拨又一拨的外地精壮劳力，又有诸多科技人才被江南文化吸引，共同创造了江南的财富。江南文化的美丽，被艺术家创作成了《姑苏繁华图》《富春山居图》等精美画卷，"吴水越山"的文化被国画大师绘成多幅经典。

　　清代苏州籍宫廷画家徐扬绘制了《姑苏繁华图》，又名《盛世滋生图》，以长卷形式和散点透视技法，描绘了乾隆时期最为繁盛的苏州城乡以及江南风物人情，"商贾辐辏，百货骈阗"的市井风情呈现在画面中。画里有山川、城郭、桥梁、街巷、河道、码头、衙署、民居、寺院、庙坛、店面、酒肆、戏台、演艺、招牌、舟楫、学塾，还有田作、买卖、渔罟、造屋、婚娶、宴饮、雅集、授业、科考、出巡，以及命相、测字、化缘等场面。《姑苏繁华图》以苏州繁华为题材，描绘江南人文繁盛，现为国家一级文物。也有学者认为，《盛世滋生图》是乾隆皇帝授意让画家记录他治理下的大清帝国的强盛富足，他自己作为一代明君和顶尖的政治家，江南繁荣是他的丰功伟业之一。

〔1〕〔美〕Robert S. Pindyck Daniel, L. Rubinfeld：《微观经济学第五版》(*Microeconomics*, Fifth Edition)，清华大学出版社，2001年，第327—328页。
〔2〕〔美〕曼昆：《经济学原理》，梁小民等译，北京大学出版社，2012年，第148—153页。
〔3〕王铭农、李士斌：《张謇与近代江苏渔业》，《中国农史》，1990年第2期，第77页。

　　"江南文化"是一代又一代的江南人用体力和心智开发出来之有价值的共业。[1]"人类所以独成为文化的动物者,完全在其创造且能有意识的模仿'创造'。"[2]"业种即种子,业果即果实,一棵树是由很细微的一粒种子发生出来的。这粒种子含有无限创造力,不断地长、长、长,开花、发枝、放花、结果,到结成满树果实时,便是创造力成了结晶体,便算作是'一期的创造'暂作结束。但只要这棵树不死,他的创造力并不消灭,还跟着有第二第三乃至无数期的创造。一面那果实里头又含有种子,碰着机会,又从新发出创造力,也是一期二期……的不断。如是一个种生出无数个果。果又生种,种又生果。一层一层地开积出去。人类活动所组成的文化之纲,正是如此。"[3]

　　江南渔文化风俗性超强,这种乡土文化内含民俗、道德、伦理等内容,也是本项目研究的价值所在。研究江南渔文化、福建客家文化等乡土中国比较经典的历史文化,虽然无法与"三大显学"的研究价值相媲美,但可为研究乡土文化的涵容性、排斥性及研究方法的创新提供经验,也为"学术创新"增添新的内容。

　　常熟有一民间传说,相传凤尾鱼与黑头蝉是"前世夫妻",尽管他们各自生活在现世的空间。很久很久以前,苏州常熟有个富裕人家,生了个女儿名叫凤姬,生来俏美,然而不幸的是,凤姬的尾骨处胎带一个短短的尾巴,家人为之烦恼,不知如何给她选女婿。直到一个又黑又丑没爹没娘的青年乞丐黑三路过她家门口讨饭,凤姬的爹爹决意招他为婿,黑三惊喜万般,当即跪拜叩头,拜堂成亲。新婚之夜,凤姬告知丈夫自己屁股后面有尾巴之事,希望他不要嫌弃自己,黑三大惊,但还是向凤姬发誓绝不泄露给任何人,夫妻恩爱,邻里艳羡。偏偏有个旧友找到黑三的门上,那一天午餐,黑三洋洋得意,举杯豪饮,酩酊酣醉,酒力发作后说出妻子尾巴之事。第二天,全常熟县城的人都知晓此事了,尽管黑三道歉,但凤姬感觉自己无法存活于世。她泣别了母亲的坟茔,随即投河自尽。从那以后,江南水乡多了一种拖着细细白白尾巴的鱼,人们都认为是凤姬变的,所以叫"凤尾鱼"。黑三痛哭三日,不吃不喝,也魂游江南大地,化成黑头蝉,叫声凄惨:"姬呀、妻呀。"终日游走在水乡岸边的小树林中。因为凤姬

---

〔1〕　梁启超:《饮冰室合集·文集之三十九》,中华书局,1989年,第98页。
〔2〕　同上书,第100页。
〔3〕　同上书,第103页。

再也不愿见到黑三,所以,每年黑头蝉一开始鸣叫,渔民便捉不到凤尾鱼了。虽是民间传说,但凤尾鱼的渔汛和黑头蝉鸣叫有着相似的时间节点。黑三对凤姬没有爱情,他只是个不劳而获的乞丐,不愿自食其力,人穷却志短。凤姬的爹爹疼爱女儿心切,在她最佳的适婚年龄选中黑三,阴差阳错将凤姬托付给不该托付的男人,致使其个人隐私不保,凤姬若非心碎至极,也不会投河自杀。

关于银鱼的历史文化,江南渔乡有一种传说认为其和西施有关。春秋末年,勾践灭吴,西施被越国第一夫人猜忌,殒命鱼腹。可随即湖水涡旋,西子灵魂复活,化作水中天使,依然还是美目盼兮。其实,西施作为越国的间谍,曾看尽勾践卧薪尝胆的窘态,后勾践三千铁甲灭吴国,称霸东南,西施自天堂降临江南大地造历幻缘的历史使命已经完成,繁华过后便是毁灭。据说,西施在吴国灭亡的当晚就被勾践派人碎尸,趁着春江花月夜的潮水,冲散至太湖和江南水下银鱼团团、怯怯羞羞,银鱼出水即死,便是因为西子魂魄不愿重回人间。

西施作为越国的情报人员,配合勾践的美人计试图颠覆吴国政权。大概十五六岁的西施在她人生最好的季节里遇见了人到中年的夫差。打败越王的夫差骄傲气盛,当纯情西子遇见夫差,假戏真做。当初的使命是为取得情报而献身,或许,真爱早已在演戏中悄然降临西子的心灵。《红楼梦》第六十四回有《五美吟·西施》:

> 一代倾城逐浪花,吴宫空自忆儿家。
> 效颦莫笑东村女,头白溪边尚浣纱。[1]

第二个传说和孟姜女有关。银鱼生于震泽,是王母娘娘的碧玉盘,被孙悟空打翻,下落江南,遂形成一个湖。玉盘下落伴有黑陨石微粒,嵌入一团一团有眼无珠的银白色肉体。浅蓝色的夜,星辉斑斓里,银鱼鱼体洁白,似青涩光影裹藏的孟姜女。传说,孟姜女哭倒万里长城,招惹的祸端太大。意欲逃往南国,心情失落愀然下江东,一路张着眼,眉蹙春山、眼颦秋水,将青光粼粼的三万六千顷秋水看穿。在恍若蓝石英的幻境中,但见七十二峰沉浸、山环水旋的碧波泱泱,于是她相信水下私藏一个特殊空间,那里有范喜良、诗情与浪漫。

---

〔1〕〔清〕曹雪芹:《红楼梦》,无名氏续,脂砚斋批,三秦出版社,2017年,第622页。

瞬间,她欲化蝶飞向湖面,光滑的湖面泛起风浪,她的躯体坠落,从此斩断人间爱恨情丝。

螃蟹是另一江南美食。阳澄湖褐色的湖底,生长着这样的美味,有人写诗赞曰:

> 鸡鸣犬吠境幽阒,
> 嘉木良田青郁葱。
> 鱼郎莫是问津者,
> 仙源或与人间通。
> 玻璃万顷泛舟入,
> 俯见一碧磨青铜。
> 莼丝鲈脍雪缕碎,
> 菱叶荷花云锦重。
> ⋯⋯⋯⋯⋯⋯⋯[1]

螃蟹的神话中也有着"渔文化"。螃蟹一味敌百味,传说若掰开螃蟹的大肚皮,就能在蟹壳兜里挖出一个"蟹仙人",也有将之叫"蟹和尚"的,因其形如一个打坐的和尚,人们将其视作白蛇传中的和尚法海。法海干预白蛇娘子和许仙的自由恋爱,将玉皇大帝治理下的运隆祚永之朝、太平无为之世闹得沸沸扬扬,祸乱社会。"水漫金山"也是法海惹的祸,殃及了民众。法海的多管闲事和残忍乖僻让江南民众怨声载道,于是玉皇大帝龙颜大怒,派太白金星严肃查办此事。太白金星率天兵天将下江南擒拿,法海没有孙悟空的盖世武功,不敌天兵天将的追赶,情急中躲藏到正在脱壳的螃蟹新壳里。太白金星还是大慈大悲地放了他一条生路,传旨意让法海终生在蟹壳里诵经以修成正果。从那以后,法海只得"奉旨修行",盘腿打坐。当食客将大闸蟹的壳打开,"蟹仙人"便现身而出,就像一个郁闷的小和尚,坚持打坐到永恒。

江南人擅长烹饪鳜鱼,鳜鱼制作方法多样,江南人一般清蒸鳜鱼,即将鱼洗净,在鱼体涂抹黄酒、盐巴,放入葱花、姜片等,放置笼中用大火蒸,待到看见鳜鱼的眼球凸出眼眶,即出笼,这样味道最佳,若再蒸,则肉老了不可口。端上

---

[1]　陈益:《阳澄湖蟹经》,香港文汇出版社,2004 年,第 47 页。

桌之前,撒香菜花,摆成"鱼在在藻,依于其蒲"之态。或是做成松鼠鳜鱼。将鳜鱼内脏清理后,齐胸鳍斜切下鱼头,在鱼头下巴处剖开,菜刀轻轻拍平。斩去脊骨将胸刺剔去。快刀在鱼肉面部先直剞后斜剞成菱形刀纹,稍深切至鱼皮。然后,料酒和精盐均匀涂抹在鱼头及鱼肉上,再蘸上干淀粉。响油爆炸,浇汁。鱼体如同披上一层霞影纱,又似缟仙扶醉跨残虹,这便是松鼠鳜鱼。

顾颉刚先生在给胡适的信中提到闽中文化的排斥性以及它的价值,对研究江南文化也很有启发。在黄巢大乱的年代,江苏、浙江富庶地的世家贵族,带着家产和家人逃难福建偏处一方。但当时闽中地区没有开化,湖南、江西、浙江的故家世族反而被土著同化了。[1] 这也证明在大劫、大乱的时代,乡土文化具有收缩性、排斥性,因为经济发展停滞,家族或区域文化自然保护自己的文化空间。

"上府(建宁、邵武、延平、汀州)还好,而下府人民的智识程度,就低劣极了。这些地区不但没有刻书,没有学问家,连科第也极少。"伯祥又说:"客家只是在南洋营商业是有本领的,至于文化,殆可说无关。"[2]中国十大商帮的文化,比如徽商,被公认为现代公司治理方面的顶尖学者,郎咸平也曾讲到"徽骆驼"精神,与顾颉刚的理解不一样,郎咸平认为,徽商的成功,是文化的功劳。[3] 商人抱团经商,所以才有徽商、陕商、苏商等的商帮驰骋商海,创造骄人的经济奇迹,文化与经济若转毂相巡。

六、江南渔稻文化述论

中国江南蛛网水乡,地处亚热带季风气候区,物产丰富,农业发达,气候温情,适宜人居。渔业和稻作独特的生产方式,是他们创制相应的生活方式的基础。"舟楫为家水为田"的江南人,衣食住行生活风貌的文化个性十分鲜明。

鱼米乡的渔民、农夫,虽然祖祖辈辈都在江乡泽国捕鱼捞虾、火耕水耨,但他们未必能全知江南之美,只因"不识庐山真面目,只缘身在此山中"。范成

---

〔1〕顾颉刚:《顾颉刚全集·12》,中华书局,2010 年,第 120 页。
〔2〕同上书。
〔3〕郎咸平:《郎咸平说:谁在谋杀中国经济:附身中国人的文化魔咒》,东方出版社,2009 年,第 138—147 页。

大，一个南宋"中兴诗人"，自朝堂告老还乡，喧嚣的官场文化与他眼里的故乡田园形成强烈对比：吴歈互答、樯鸟樯雀自由放唱、稻花飘香、鱼龙潜水成文、湾头茱萸红艳艳，鹭鸶翾翾白一群……

水落塘枯，锦鲤愃愃，白条漩漩，黑鱼粗粗，河鳗觕觕，花鲢麁麁，鲫鱼顤顤……诗歌中跳动着优美的旋律，是渔家简单而清欢的渔村田园生活。

初归石湖

范成大

晓雾朝暾绀碧烘，横塘西岸越城东。
行人半出稻花上，宿鹭孤明菱叶中。
信脚自能知旧路，惊心时复认邻翁。
当时手种斜桥柳，无数鸣蜩翠扫空。[1]

稻花随风飘入池塘、河流、湖泊，成为大闸蟹和浮游小鱼的美食；宿鹭，即鹭鸶、白鹭，以捕食小鱼为生；菱叶，也是鱼类的食物来源之一。

横塘，位于姑苏山脉北麓，地处江南丘陵。岸边的绿柳翠枝拂空，湖风催蝉鸣，碧水青山、稻花芳香中，水乡的农夫半身在稻浪波纹中，诗人于故乡夏秋季节田园中看见了风的姿态和老翁心里丰收的喜悦。

江南鱼米乡最大的水域是太湖，自古有"震泽""雷泽""笠泽""具区""律薮""五湖"等名，太湖乃五湖之总名，是一个庞大的水系。[2] 渔、稻文化经过万年的融合、创新，嬗变出吴文化、蘇文化、海派文化、金陵文化等子文化。

距今约 20—30 万年前，太湖流域最早定居的先民是汤山直立人，也被称为"南京猿人"。[3] 距今约 7 万—1 万年是第四纪冰期的最后阶段，即"大理冰期"，今太湖流域的水面下降，从太湖湖底的黄土层推断，距今 2 万—1.2 万年，目前发现的太湖流域最早的文化是"三山文化"，即"三山岛旧石器文化"，距今约 1 万年。

距今约 1 万年前的太湖三山岛旧石器文化是我们目前可以追溯的有确凿证据的吴地最早的原始文化，其属于旧石器时代晚期，是渔猎文化的一种。根

〔1〕〔宋〕范成大：《范石湖集》，上海古籍出版社，2006 年，第 266 页。
〔2〕周振鹤编著：《汉书地理志汇释》，安徽教育出版社，2006 年，第 261 页。
〔3〕《中国考古学年鉴》，文物出版社，1994 年。

据已经出土的文物推断,1 万年前的太湖流域地区出土的旧石器的特点是个体小、重量轻、精致。其中刮削器数量多,特别是凹刃刮削器最具特色,是加工骨质鱼钩或木质鱼叉的理想工具。根据对三山岛旧石器组合的整体判断,这一旧石器文化反映了一种以渔猎为主的生产经济形式,采集经济似乎占比不大。由此可以推测出,太湖流域地区的先民最早的经济形式是以渔猎为主、采集为辅的;而在渔猎经济活动中,又以渔捞为主,狩猎次之。[1]

之后,太湖流域历经了马家浜文化、崧泽文化、良渚文化、马桥文化和湖熟文化等新石器文化时期。

距今 9000—7500 年,也即全新世中期开始时期,太湖流域气候一度转暖,冰川消融,海面上升,太湖流域大部分地区被海水淹没。[2] 许多稻作文化遗存沉淀在多处遗址中。

距今 7000—6000 年间,太湖流域处于新石器时代早期。据吴县草鞋山的考古发掘推测,此时的太湖流域属于河姆渡文化和马家浜文化圈。这里有很多新型农具出现,可以推知,当时江南水乡的水稻种植技术有很大改进。这里也是迄今在我国发现的最古老的人工开垦植田和栽培水稳台遗址之一。

从草鞋山发现的文化遗存看,人类已开始定居生活,农业在经济中占有重要地位,但生产方式仍以渔猎为主。[3] 草鞋山遗址下层还出土了大量碳化谷粒,经过科学鉴定得出已有粳、籼之分。稻作文化为江南文化发展增添了新的内容。

对于苏州的草鞋山文化遗址在中国考古学上的重要意义,中国社会科学院考古研究所徐良高先生说:"草鞋山文化遗址是典型的新石器文化时期的遗址,在地区考古学中属于序列较全的文化遗址。对苏州草鞋山文化遗址的发掘具有很重要的考古意义,这些资料对建立东南考古学的分期断代具有十分重要的价值。目前,我国正在进行的中华文明探源工程中,东南文化考古的课题对中华文明探源工作来说非常有价值,其中,草鞋山文化对江南等级社会的起源与文化过渡阶段的历史有很重要的参考价值。"拥有 6000 多年历史的草鞋山遗址,同样也是诸多远古文化的发源地。作为江南远古文化新石器时代

〔1〕 陈淳、张祖方等:《三山岛旧石器时代晚期遗址发掘报告》,《吴文化论坛》(1999 年卷),中央民族大学出版社,1999 年,第 63—66 页。
〔2〕 王德庆:《从原始遗址的发现和分布试论太湖平原的海侵和成陆演变》,《吴文化论坛》(1999 年卷),中央民族大学出版社,1999 年,第 43 页。
〔3〕 陈淳、张祖方等:《三山岛旧时器时代晚期遗址发掘报告》,《吴文化论坛》(1999 年卷),中央民族大学出版社,1999 年,第 63—66 页。

遗址,草鞋山遗址中 6000 年前的马家浜文化水稻田,是中国发现最早有灌溉系统的古稻田。其出土的炭化稻被考古确定为人工栽培稻,为中国稻作农业的起源、栽培稻起源的研究提供了实物依据,是中国水田考古与研究取得的一项重要成果。"当时中日合作进行马家浜文化水稻田的考古,日本考古队打开堆积层,看到远古的水稻田时就震惊了,称赞这是不亚于西安兵马俑的考古发现。"〔1〕

距今约 6000—5000 年,太湖流域处于新石器时代中期,这一时期以崧泽文化为主。根据考古材料,此时太湖流域的生产工具虽仍以石器为主,但石器制造普遍采用穿孔技术,磨制精致。在镇江丹徒磨盘墩出土的打制细石器,以石钻为主,据专家推测,这些细石器可能是制作玉器的工具。〔2〕崧泽文化晚期时出现了石犁,长宽 20 厘米左右,这是迄今发现的最早的石犁,表明此时太湖流域的农业生产已有明显的发展。

距今约 5000—4000 年,太湖流域处于新石器时代晚期,这一时期良渚文化覆盖了这一区域。此时手工业已经从农业中分离出来,水稻田间管理方法改进,人们开始重视稻田除草,水稻亩产量进一步提升。

这一时期,江南地区的制陶技术比起崧泽文化有了明显的进步,在良渚文化的手工制造品的陶器中,泥质黑衣陶是主要品种,还有圈足陶器、三足陶器、鱼鳍足鼎等,其中的几何印纹陶是在泥质陶基础上发展而来的,最具特色。〔3〕其他如竹和草的编制物、玉器等,特别是玉琮、玉璧等礼器制作精美,胜于同一时期的北方手工业。〔4〕石器的制造更趋精致,穿孔石斧、有段石锛、石钺是良渚文化特有的器物,也是形制最先进的一种石制工具。特别是三角形石犁形器的大量出土,说明良渚文化时期犁耕农业已很普遍,农业生产占据主导地位。这一时期,太湖流域因水患而有局部的"文化断层期"〔5〕,但从太湖流域的整体看,良渚文化并未完全衰亡,因为其后的马桥文化层仍叠压着良渚文化

---

〔1〕 据当时陪同科考的原唯亭镇文化站站长沈及的口述。

〔2〕 文物编辑委员会编:《文物考古工作十年(1979—1989)》,文物出版社,1990 年,第 104 页。

〔3〕 吕振羽:《史前期中国社会研究》,生活·读书·新知三联书店,1961 年,第 288—290 页。

〔4〕 苏秉琦:《苏秉琦考古学论述选集》,文物出版社,1984 年,第 190—192 页。

〔5〕 参见戈春源、叶文献:《吴国史》,人民出版社,2001 年,第 66—74 页。据可靠的考古材料证明,太湖流域的良渚先民因水患而大量南北迁徙,将吴地的良渚文化传播到岭南和中原,因为此时的岭南石峡文化和中原陶寺文化遗存中突然出现大量良渚文化因素。此后不久,太湖流域的马桥文化基本继承了良渚文化,有有段石锛、印纹陶器等良渚文化生产生活用具遗存,由此可知,"关地文化"没有全局性地断层。

所独有的印文陶器。在新石器时代的太湖周边地区一直都有考古发现,洪水灾患只是使太湖文化中的良渚文化出现局部和短暂的断层。[1]

当年虞舜南巡狩,将华夏文明带到太湖流域,促成中原文化与太湖流域的土著文化的初次杂交。《史记·五帝本纪》:"舜耕历山,渔雷泽。"[2]"历山"在今太湖之滨,"雷泽"即太湖的古称呼。舜因政治斗争失败而逃往雷泽,先在今宁镇地区的"历山"耕作,后至太湖以渔业为生。"虞舜"即"吴舜",古代的"虞"与"吴"同音同义。[3]《楚辞·天问》:"舜服厥弟,终然为害。何肆犬体,而厥身不危败?吴获迄古,南越是止。"[4]吴人属于炎黄部落集团,"吴"的发端十分远古,"缘鹄饰玉,后帝是飨。何承谋夏桀,终以灭丧?"[5]据此可知,"吴"在"夏"之前。"勾吴"在虞舜时代发端,虞舜南巡,为太湖土著文化的发展增添了新的内容。[6]

春秋时期,吴国的稻作产业已经形成一套完整而稳定的耕作制度,稻米产量很高。勾践十三年(前480年),越国向吴国"贷粮",吴国以此就能贷给越国米谷万石。吴国的渔、稻经济发达,吴王曾筑"渔城"带群臣垂钓取乐,还筑"酒城"于阖闾大城中。

古 酒 城

高启

酒城应与酒泉通,长夜君王在醉中。

兵入馆娃犹未醒,越人宜赏骧夫功。

在中原地区的夏王朝至商王朝之间,太湖流域又有一批外来居民迁入,使得这一区域进入马桥文化和湖熟文化时期。马桥文化是越文化的前身,湖熟

---

〔1〕 王德庆:《从原始遗址的发现和分布试论太湖平原的海侵和成陆演变》,《吴文化论坛》(1999年卷),第39页。

〔2〕 〔汉〕司马迁:《史记》,中华书局,2009年,第3页。

〔3〕 夏代前后,北方的部落或部族如"有扈氏、有鬲氏、有仍氏、有穷氏、有熊氏、有苗氏、有巢氏"等,此时北方的"有"字与吴语的"勾""格"都是吴方言中的发语词。《汉书·地理志》颜师古注:"吴言勾者,夷语之发声。"因此,"勾吴"即"吴"即"虞"。

〔4〕 詹杭伦、张向荣编著:《楚辞解读》,中国人民大学出版社,2008年,第98页。

〔5〕 同上书,第98页。

〔6〕 商末,泰伯"奔'吴'",将中原的"制度文化"与江南土著文化杂交,彰显"江南文化"的涵容性,此后,江南文化精神随江南经济发展而独具特色。

文化的大部是由勾吴文化发展而来。从考古出土的文物看,马桥文化基本上是继承良渚文化发展而来的,马桥文化时期出现了新的青铜器。

湖熟文化仍以石器为主,据太湖流域的考古发掘情况来看,有段石锛数量繁多,但此时青铜器也已经出现。生产力的发展促进了稻作产业的发展,稻谷为这一时期主要农作物。再从太湖流域居民早期的宗教信仰看,据考古发现,吴地有卜甲,先民用占卜决定战争等国家大事,这和商代用兽骨和龟甲占卜的习俗很相似。自远古到夏商,吴地文化与北方的中原文化、长江中下游的楚文化之间的交流和传播一直未曾中断,周边的各种文化是吴文化不断创新和发展的营养源。

崧泽文化时期,吴江梅埝出土的文物中,有骨鱼领、石制或陶制网坠,表明这一时期制陶技术有了显著的进步。他们用鱼椎骨做成装饰品,陶器的饰纹中有鱼鳞纹和菱叶、菱花和菱实的花纹,还有制作精致的鱼形匕首等。吴江国宝鱼形器物"江豚形陶壶"为江南渔文化之精品,1960 年于吴江梅堰出土,整器呈江豚状,即鱼形,为盛水用具,全器线条优美,为 5000 多年前吴江水乡文化的典型器物,极其精美珍贵,是渔乡历史文化精品。在江南的良渚文化遗存中,陶器形制以圈足器、三足器居多,代表性的器形有鱼鳍形的壶。"渔文化"是风俗性极强的一种文化系统,而江南渔文化更是独具特色。

良渚文化时期犁耕农业已很普遍,农业生产占据主导地位,众多精良的农业器械也反映出良渚时期太湖流域农业的发达。那一时期,水稻是主要种植的农作物,在良渚文化的遗存中,出土过很多成堆的稻谷,品种仍然是粳稻和籼稻。

秦汉时期,铁制农具广泛应用于农业,畜力也更普遍地替代人力,生产力进一步发展。东汉永初元年(107 年),多地饥荒严重,朝廷调用大量江南租米赈灾济贫。

孙吴时期,江东稻谷亩产已达三斛,还出现了双季稻。农业经济繁荣,成为孙吴上层建筑的重要支撑力。

南北朝至唐代,江南经济超越中原。江南各地注重兴修水利、筑"圩田",稻米产量进一步提高,米价因供过于求而出现下降趋势。

唐代稻作产业发达,开始出现稻麦复种制,江东犁等新式种植器具也随之出现了。明清以后又有双季稻种植。

明清之后,朝廷的半壁江山几乎都是依靠江南经济支撑的。美国学者孔飞力的著作《叫魂——1768 年中国妖术大恐慌》,虽然写的是清廷为镇压江南妖党而自导自演的一场政治游戏,但提及了当时中国江南的富庶,教育发达程度超过京津地区。江南文人优雅、人才辈出的局面,正是农业经济发达所造就的,可以让更多的青少年减少劳动力去读书,参加科举考试。

江南远古文化的主体是渔稻文化,是建立在渔业和稻作的物质基础之上的一种风俗性极强的乡土文化。大量的文字和实物考古发现证明,鱼米之乡的先民原初最有特色的生产活动一是"渔猎",二是"稻作"。

渔业和稻作自古都是水乡的原始生业,在江南各地的社会经济中一直占有非常重要的地位。

《史记·货殖列传》记载:"楚越之地,地广人稀,饭稻羹鱼,或火耕而水耨,果隋嬴蛤。"[1]范成大《吴郡志》也记载:"吴之习俗,火耕水耨,食鱼与稻,以渔猎为业。"[2]

吕振羽在《史前中国社会研究》中提及,在距今 1 万年的太湖三山岛中,这里的先民主要的经济活动即以渔业为主。在距今约 7000 年前后,江南水稻种植面积逐渐扩大,稻谷成为当地的主要农作物。[3]他认为,江乡泽国一直是中国最著名的鱼米之乡,独特民俗文化。

渔稻文化,既有"文化"的一般内涵,又独具"鱼"和"米"的文化基因。渔业、稻作和舟楫关系密切。[4]江南文化万余年来,特别是进入到近代,江南渔业和稻作生产方式的创新既促进了渔稻产业的发展,也促进了渔稻文化的繁荣。江南渔业和稻作产业的主要创新有近代渔业学校的设立,培养新型渔业人才,机器渔轮的使用,提高渔业生产效率,渔业基础设施的近代化改进等。

再看渔文化。新式渔业也称为"现代渔业",主要是指以机器渔轮为工具

---

〔1〕〔汉〕司马迁:《史记·货殖列传第六十九》,中华书局,2006 年,第 2045 页。

〔2〕〔宋〕范成大:《吴郡志》,江苏古籍出版社,1999 年,第 8 页。

〔3〕吕振羽:《史前期中国社会研究》,河北教育出版社,2000 年,第 294 页。

〔4〕"渔业"概念的内涵是随着社会经济和社会历史的发展而不断发展变化的:人类最早的渔业仅限于天然捕捞。后来人类学会了人工饲养鱼类技术,渔业就增加了水产养殖的内容。随着水产加工的发展,水产加工业以及水产品运输业也被包括在渔业中,称为广义的渔业或水产业。《中国农业百科全书》把"渔业"界定为:渔业即水产业(aquatic products industry),是人们利用水域中生物机制的物质转化功能,通过捕捞、养殖和加工,以取得水产品的社会产业部门。它以水产捕捞、水产增养殖、水产品加工和运销等为中心,构成一个生产体系。广义的水产业包括渔船修造、渔具和渔用仪器的制造、渔港建筑、渔需物资供应以及水产品的保鲜、加工、贮藏和运销等,是国民经济的一个重要组成部门。渔业一般可分为水产捕捞、水产养殖和水产品加工业。

的捕捞作业,以及与之相适应的现代渔业科学技术。[1] 也有学者认为,我国的近代渔业,包括机轮渔业、群众渔业、水产养殖业、水产品加工业以及水产学校、水产试验场等,内涵丰富。但一般意义上的新式渔业首先是指机器渔轮业。江南出现新式渔业,居于全国的最前列。民国初年开始,江南一些主要由中小民族资本家经营的渔业公司成立,渔业公司的建立是生产关系的一个巨大的进步,既适应了渔业经济活动,也适应了近代渔捞技术的进步。

江南民众在万年的历史中创造了灿烂辉煌的渔文化,渗透于经济发展和社会生活的各个方面。[2] 这里是全国最典型的水乡,到处有取之不尽、食之不绝的各种鱼类,鱼与人们的生产活动和生活习俗息息相关。作为"人类最早的一种人工食物",鱼对人类自身的繁殖、捕捞工具的发明和使用、火的利用甚至一些族群的迁徙等,都曾产生过决定性的影响。鱼既是营养丰富的食物,也是饰物、器物、图腾、文化,甚至还有重要的政治意义,如吴王建"鱼城"以倡导发展渔业,明清的"鲥贡制度"等。

自从距今 7000 年前太湖流域开始种植水稻时起,稻作产业就在不断的技术创新中获得发展,为江南文化增添了重要内涵,对中国经济的发展也产生了巨大的历史影响。太湖流域的稻作产业在全国率先产生复种制。李伯重认为:"稻麦复种制产生于唐代长江流域,特别是在太湖流域的润、苏、常、湖等州。稻麦复种制是集约化程度较高的种植制度,实行复种制,需要在同一块土地上投入更多的劳动力与资金。而唐代的长江流域特别是太湖流域,这些条件基本都能满足。"[3] 而且,当时出现了江东犁,其性能更适宜在太湖流域的水田使用。也有人以北宋苏州的稻麦复种制推证出唐代已出现复种制,据《吴郡图经续记》卷上《物产条》记载:"(苏州)稻有早晚,其名品甚繁。农民随其力之所及,择其土之所宜,以次种焉。"[4] 双季稻的栽培较早,"江苏双季稻的栽培,在苏南地区,康熙五十五年,曾在苏州葑门外,二十四都六、七图地方也推行过"[5]。六朝以后,特别是从唐代开始,太湖流域水稻生产开始由粗放经营向集约化经营转变,许多优质稻种生产周期短,同时期甚至还有三季稻的

〔1〕 丛子明、李挺主编:《中国渔业史》,中国科学技术出版社,1993 年,第 81 页。

〔2〕 李勇:《苏南渔业发展中灿烂的渔文化》,《安徽史学》,2009 年第 4 期,第 126—128 页。

〔3〕 李伯重:《我国稻麦复种制产生于唐代长江流域考》,《农业考古》,1982 年第 2 期,第 65—71 页。

〔4〕 〔宋〕朱长文撰:《吴郡图经续记》,江苏古籍出版社,1986 年,第 9 页。

〔5〕 桑润生:《长江流域栽培双季稻的历史经验》,《农业考古》,1982 年第 2 期,第 62—64 页。

种植。

稻作产业兴盛还具有重要的社会价值和历史价值,如伍子胥筑姑苏城,以稻米磨成粉制成砖建造城墙,以备作战时士兵和民众的干粮之用;"漕运制度"也说明湖稻作产业对封建政权的文化意义。"苏湖熟,天下足"的说法更是说明,明代苏州府的土地虽仅占全国 1/90,而税粮却占全国 1/10。"赋出天下,而江南居十九。"[1]

"民以食为天""一方水土养一方人",江南民众自古及今"食鱼与稻"。据统计,江南人的主食或副食品,75%以上都与鱼和米相关。古人云:"大抵人性类其土风。""鱼"和"米"是江南文化的基因和载体。虽然随着社会分工的扩大和工商业、服务业等产业的繁荣,渔稻经济在整个社会生产中的比重下降了,但"民食鱼稻"的饮食习惯仍是传承了万余年。生命科学和社会科学研究表明,人的饮食习惯与性格之间有着紧密的关系,渔业和稻作是太湖流域民众生命力存在的重要物质基础,也在一定程度上决定了这一群体的性格和独特的生命行为。以"鱼"与"禾"为核心的江南文化是吴文化发展的现代阶段。

稻谷是世界上最重要的粮食作物之一,而中国为世界上种植稻谷最古老的国家。水稻喜温湿,所以中国江南蛛网水乡的水稻产量更大,长江中下游的单双季稻区的稻米产量约占全国的三分之二。

江南稻品 100 多种,主要有:

香粳稻,七月熟,味香尤美,有红芒、白芒之别。

香子稻,色斑颗粒小,掺杂白米烧饭,入口芬芳。

红莲稻,皮赤粒肥,五月种九月熟,"近炊香稻识红莲",为上品稻米。

箭子稻,色白味甜香,九月熟,漕运供北京。

紫芒稻,紫谷白粒,五月种九月熟。

再熟稻,丰年苗根复蒸长,颗粒成熟,农人可再收获。

闪西风,又名"早中秋",八月望熟。

六十日稻,米小色白。

百日稻,又名"百日赤",芒赤米白。

早白稻,芒白粒赤,五月初种,八月熟,一名"小白"。

---

[1] 续修四库全书编纂委员会编:《续修四库全书》,上海古籍出版社,2002 年,第 625 页。

金城稻，四月种，七月熟，米红而尖性硬，又称"赤米"。

瓜熟稻，这种米最贵，计播种及收成约七八十日。

白花珠，四月种九月收，性柔不粘，做粥和润香滑，品质高而低产。

白花珠、蘇御稻、桂花黄、东方红1号、武农早、嘉农15号等稻米粉制作稻香村蜜饯、黄天源糕团、叶受和糕点、桂香村糕点、天下第一菜"锅巴汤"、猪油糕、青团子、闵饼、雪花糕、太史饼、松花饼等江南美食，都蕴藏着旧年的江南味道。

江南有一种米叫"鸭血糯"，也有叫"倭血糯"，因吴语"倭"与"鸭"相近。此米谷粒两侧生有一对羽状薄膜，形如鸭翅，所以又叫"飞来糯"，米粒殷红如鸭血。鸭血糯烧粥，粥汤深紫色，香味奇异，还有强身补血的功效，是进贡皇宫的珍品。据江南民间传说，鸭血糯与江南民众抗击倭寇有关。明代中后期，国力虚弱，倭寇祸起东南，内窜于江乡泽国，烧杀抢掠，扰乱了中国最富裕的江南鱼米乡。吴县知县王铁带领当地百姓御国安民，修城墙、训练士兵，于初战获胜，射杀倭寇多人，轻舟火攻倭寇几十艘船只。再战时，王铁误入倭寇包围圈，终因寡不敌众被倭军杀戮。

事后，百姓祭祀王铁英灵，芦苇丛也为之哭泣，百姓以为是倭寇埋伏芦苇丛，一阵射箭如雨，却见射死一大群野鸭，鲜血满池塘、血溅半埚。

第二年，在这片祭祀的土地上，长出了一种矮秆红芒的新品稻谷。水乡多信神，村民以为是天宇有灵播种，让王铁及抗倭英灵能有饭吃。消息迅速在江南大地传开。后来，京城及清宫的慈禧太后都喜欢上了鸭血糯煮的米饭。

苏州金鸡湖一带流传着一段蒸鱼与邪恶的传说。有俗语道"大鱼大虾，金鸡湖老家"，意为金鸡湖不仅盛产美味的湖鲜大鱼、大虾，还出产"隔壁香"大米，金鸡湖地区是精致的鱼米之乡的代表。湖边的水田产出的隔壁香大米煮饭，可以香飘三里，甚至"一家煮饭全村香"，堪称一绝。

金鸡湖一度被苏州人称为"东大荡"，荡水面非常广阔。东岸到昆山，南面连接太湖，西边的岸滩上蒲风猎猎、芦苇丛生。芦苇深处有个青龙滩，滩上住的全是金鸡湖渔民。传说有一个叫金哥的青年渔夫，他是个穷苦的孤儿，连父母丧葬的棺木费都是他向财主郝大头高利贷借的，财主借出的贷利息高昂，是阎王债，让金哥永远还不清。但金哥是硬汉子，为还债，他天天苇舟长槁一人独闯东大荡打鱼。有一年中秋，清晨天上起了走马云。江南渔家俗谚道："走马云满天飞，渔船把港归。"

　　金哥的破渔网撒入浪急的湖水里,荡里浪头越来越猛,颠簸着他的小渔船,随时有翻船的危险。但经验丰富的金哥稳坐船艄不动,忽听远处一阵"咯咯咯"的鸡叫声传来,金哥以为湖中有打鱼船翻了,鸡落在水里,最终发现鸡叫声是从湖心一个小土墩上传来的。金哥顶风劈浪,向小土墩靠近,刚登陆土墩,他的瓜皮小船便被大浪卷走了。

　　金哥看见一只金鸡在和一条三丈长的大蜈蚣搏斗正酣,蜈蚣的门牙像老虎钳子咬紧金鸡的右腿,金鸡的嘴巴牢牢啄住蜈蚣的尾巴。金哥以为蜈蚣欺侮金鸡,手起桨落,蜈蚣被斩成十八段。梦幻般的事件发生了,被斩断的蜈蚣十八段化作段段金链条。金哥拾起一段金链条,告别金鸡,回到青龙滩,急忙去还郝大头的阎王债。还债完毕,黑心的郝大头诬陷金哥掘了他家的老祖坟,盗取的金银财宝,于是乎,将金哥捉到知县衙门。面对夹棍大刑,金哥说了实情。

　　县官和郝大头乘上大船去东大荡取宝。他们上了土墩,便命令手下人将金链条全部搬上船,金鸡也捉住带走了。归途中,船行至东大荡中心,金鸡突然拍打起巨大的双翅,顿时湖水汹涌咆哮,狂风扬起巨浪,大船颠了三颠后底朝天,县官、郝大头葬身鱼腹。金鸡从此不见踪影。

　　此后,金鸡湖穷苦的渔民每进东大荡打鱼都能满载而归;湖边勤劳的农人每年都能在东大荡边的水里收获颗粒饱满的稻谷"隔壁香"。民间传说,这是金鸡在保佑穷人丰衣足食。还有传说称,鸡鸣三次以后,天将放亮之际,有人曾看见那只金鸡踱步水面。后来,东大荡改名"金鸡湖"。

　　"鱼食饭稻"是江南民俗,民俗文化内含一种原始的故乡情,也是爱国主义精神不断成长的原动力。范仲淹"先天下之忧而忧,后天下之乐而乐"的爱国情怀处于一种至高境界,他对江乡泽国的挚爱,表现在他晚年回乡,献出祖宅、捐尽家产在苏州率先开办府学,创制出经典的江南文化。其中范石湖的田园之咏,极尽渲染了鱼米之乡的美。

　　子曰:"食色性也。"食欲、情欲不仅能改变个人的生命轨迹,还能影响人类历史的发展方向。

　　中国几大菜系,内含的文化引力,对于食客而言,则是永恒的"引力场"。

　　江南鱼米乡的美景、美食和美色都是江南文化因子,江南渔民和农夫创制的江南原生态文化,既为当地民众提供了充足的食物,同时也产生了风俗性极强的"鱼食饭稻"的民俗文化。

　　江南"土仪"是乡土中国之文化精品,这些美食饱含着江南历史、水土、零露、春风、秋月等乡土味;叶受和点心、黄天源糕点、碧螺春茶叶、陆稿荐等老字号食品业,"转身过往"即"转型升级",鱼米乡的真味,滞留在旧年。

第二章
江南渔文化发展的资源优势

江南，水乡滉滉，鱼龙潜泳。这里曾经是古代越人生活的地方，他们的先民断发文身，自称"龙子"。古代越人善于下水捕捞，渔捞技术高超；他们熟知洑水、踩水等技巧，这些技巧也是生存的需要。江南渔民"以其生长江湖，尽得水族之性"。他们既然"尽得水族之性"，则渔民与鱼自然形成食物链，渔民靠水吃水、鱼食饭稻。

经济学鼻祖亚当·斯密认为，劳动生产力最为重大的进步，以及人们不管向何处引导或在何处应用劳动生产力，所展现的大部分技巧、熟练度与判断力，似乎都是分工的结果。[1] 但社会分工又受限于自然环境，水乡泽国、山村、林海、牧场等不同的资源条件对分工又有着不同影响，当地市场的大小和人口的多寡也限制社会分工。

江南渔文化发展的资源优势，包括水资源、鱼类资源、水生植物资源、人力资源、气候资源和渔文化资源的优势。人类可以开发利用的所有经济资源都具有"稀缺性"，他们创制和蓄积的文化资源也是稀缺的，因为有用的物品总是有限的，而需求却是无限的。

鱼类因生活习性，往往会在很大的水域洄游往复，比如阳澄湖大闸蟹，从鱼子到成鱼，需要奔波在阳澄湖和大海之间。如同乌苏里江的大马哈鱼，整个生命的空间就是卵生于江之源，再游到大海，再回江之源产卵，终了一生。

长江的中华鲟也与大马哈鱼的生活习性类似，洄游期从长江口逆流而上至长江源头，行程万里，因而肉质鲜美。

---

〔1〕〔英〕亚当·斯密：《国富论》，谢宗林、李华夏译，中央编译出版社，2013年，第1页。

植食性的鱼类,比如遮目鱼,主食蓝藻、绿藻、浮游硅藻和底栖藻等。[1]扩大养殖这种鱼类可以有效地治理扬子江—太湖水体的蓝藻污染。鱼类喜欢集群行动,往往顺着水流或潮汐游荡在一个很大的水域,人类经济资源的主要来源是渔场、矿坑和土地,而鱼类与矿产、土产不同,鱼类是动物,善于运动、迁徙,有繁殖期。

渔业资源具有"不可分拨性",不可分拨的资源是对于个体免费而具有社会成本的资源,即具有"外部性",一群鱼是渔民捕捞的对象,也是繁殖小鱼的父母群体,也是公共资源。

所以,江南渔文化研究,研究江南淡水、海洋渔业发展的特点和经济文化价值,不能严格受限于行政区划的范围,而主要是个经济地理概念。

江南先民以舟楫为家、以水为田,发展原始生业——渔业和稻作,民众"鱼食饭稻"。近代以来,随着人口的增加、城市的扩大、商品化和市场化的不断增强,江南渔业发展的外部条件也不断变化。但渔业在江南各地的社会经济中仍然占有举足轻重的地位,在有些地区甚至占有非常重要的比重,如20世纪30年代江苏崇明县的嵊泗列岛,"各岛人民百分之八十为渔业,农业者仅百分之十"。[2]常熟严家上村,1939年全村渔业收入1287元,占年副业收入的42.3%。[3]江南的近代渔业依然兴盛。

源远流长的"渔文化"是维持和促进江南渔业经济发展的"文化动量"或"文化引擎"。扬子江—太湖流域发展渔业经济在地理位置、气候、水资源、鱼类资源、水生植物资源以及社会文化资源等方面都具有明显的优势。本部分内容主要分六部分分别阐释:河湖密布的江南水乡——太湖流域发展渔业的水资源优势;生鱼类和水生植物种类繁多,即水生动植物资源优势;渔业资源的"不可分拨性",讲的是渔业资源的特殊性质;丰饶的"渔文化"资源,是历史文化资源优势;太湖渔歌中的"生产技术",是发展渔业经济的技术优势;人力资源优势,渔民人数众多,渔民群体中参与渔业经济活动的人口占总体渔民的比例较高,这是其他产业比如种植业、牧业、林业等无法比拟的。

---

[1] 水柏年等编著:《鱼类学》,同济大学出版社,2015年,第258—260页。

[2] 《视察嵊泗列岛报告书》,《视察嵊泗列岛报告及乡保专座记录以及经纪人公会章程》,上海市档案馆档案,全宗号Q464,目录号1,案卷号150。

[3] 曹幸穗:《旧中国苏南农家经济研究》,中央编译出版社,1996年,第136页。

一、泽国水乡，富势江南

太平洋的季风携带充足的水蒸气，顺东风飘摇至雪域高原，水蒸气被唐古拉山冰冷的阶墀迅速冷却成莹润的皑皑白雪，覆盖住坳垤中百匝千遭的夷险，冻成厚厚的冰盖。冰川、冰斗的融水汇成小溪，流入沱沱河，河谷自海拔六七千米的高度，不断下切河床。源自天宇的沱沱河载满一带碧水，流入富含鱼类资源的通天河，下金沙江，携岷江之水，一路山环水旋、江流婉转，在地心的"离心力"和月亮"引潮力"的共同作用下，[1]"江流如帚"不断加速江水滔滔之势，最终，"春江潮水连海平"入太平洋。气态的水蒸气、固态的冰雪和液态的江流这三种"聚集态"汇聚成"江"，与荆溪合力，流冲积出"蛛网水乡"，即江南鱼米之乡。

根据区域经济学理论，"区域"（region）指由人的经济活动所造成的，具有特定的地域构成要素的经济社会综合体，由于各组成部分之间在某些特性上存在高度的相关性，可以同其他地域空间综合体区别开来。划分区域的基本依据是均质性和结节性，均质区是各组成部分具有某些共同特性的区域，内部的一致性是其基本特征。结节区的结构同生物细胞和原子相似，有一个核心和与其互补的外围区。[2]

据此理论，江南的主体范围，大概是芜湖、宣州以东至大海，位于钱塘江—长江之间的蛛网水乡，而长江北岸、钱江南岸泗润的鱼米乡，其乡土文化与"江南"也有相似之处，所以也在研究视野内。长江、钱塘江与东海孕育的江南，既是千里稻乡，又是个天然的巨型渔场。

过 平 望

范成大

寸碧闯高浪，孤墟明夕阳。

水柳摇病绿，霜蒲蘸新黄。

---

〔1〕《物理学大辞典》编辑委员会：《物理学大辞典》，科学出版社，2017 年，第 8 页。引潮力（tidal force），地—月系统在它们之间引力作用下围绕共同的质心旋转，引潮力是地球表面各地的海水所受月球的有效引力（即"真实引力"）与在地心参考系中的"惯性离心力"之和。后者由地心的离心加速度决定。

〔2〕胡代光、高鸿业主编：《西方经济学大辞典》，经济科学出版社，2000 年，第 941 页。

孤屿乍举网，苍烟忽鸣榔。

波明荇叶颤，风熟蘋花香。

鸡犬各村落，莼鲈近江乡。

野寺对客起，楼阴濯沧浪。

古来离别地，清诗断人肠。

亭前旧时水，还照两鸳鸯。[1]

“震泽”是太湖的曾用名之一，据江苏省太湖渔业管理委员会统计，太湖里面生活着107种鱼类。一年四季，太湖都能产出人间至美之味。鱼米香浓，既飘扬于江南人家的灶台之上，也流连在范石湖的田园诗中。

江南地区处于湿润的北亚热带气候区，当代江南区域，无论村肆、小巷还是大都市里，只要有江南人生活的地方，依然内蕴着浓郁的传统文化，即乡土文化。

丰富的水资源为江南人提供鱼类资源、娱乐休闲场所和便捷的水路交通，这里是人间天堂，也是旅游胜地，太湖、西湖、千岛湖、淀山湖、金鸡湖、阳澄湖、滆湖、固城湖以及嵊泗列岛等旅游胜地已经形成自己的品牌。

俊美的淀山湖被称为“东方的日内瓦湖”，集灌溉、养殖、航运、供水和水乡旅游等多种功能于一体。上海是淀山湖经济发展的市场依托。

千岛湖渔业和旅游业也独具特色。淀山湖、西湖、千岛湖的娱乐产业开发比较发达，但湖泊空间太小。总体看来，江南渔文化产出的娱乐产业链有继续加长的空间，水乡的娱乐产业也是江南文化繁荣的重要内容之一。

万里滔滔江水中流淌着悠悠的历史和长长的渔文化。苏东坡《前赤壁赋》道：“……方其破荆州，下江陵，顺流而东也，舳舻千里，旌旗蔽空，酾酒临江，横槊赋诗，固一世之雄也，而今安在哉？况吾与子渔樵于江渚之上，侣鱼虾而友麋鹿，驾一叶之扁舟，举匏樽以相属。寄蜉蝣于天地，渺沧海之一粟。哀吾生之须臾，羡长江之无穷。挟飞仙以遨游，抱明月而长终。知不可乎骤得，托遗响于悲风。”[2]

秋季的大江，清风明月，白露横江，如缟仙曼舞水面。主客问答，凑鱼与

---

[1]〔宋〕范成大：《范石湖集》，富寿荪标校，上海古籍出版社，2006年，第6页。

[2]《古文观止》，长春出版社，2018年，第675页。

酒,平添几分生趣。江面上的旅程中,所食之物不外乎就地取材的鱼类,万里长江每一段都有不同的鱼类,也有共同的洄游鱼类如中华鲟、鲥鱼等,这些美食让人垂涎,也是江南文化的组成部分。

《后赤壁赋》道:"是岁十月之望,步自雪堂,将归于临皋。二客从予过黄泥之坂。霜露既降,木叶尽脱,人影在地,仰见明月,顾而乐之,行歌相答。已而叹曰:'有客无酒,有酒无肴,月白风清,如此良夜何!'客曰:'今者薄暮,举网得鱼,巨口细鳞,状如松江之鲈。顾安所得酒乎?'归而谋诸妇。妇曰:'我有斗酒,藏之久矣,以待子不时之需。'于是携酒与鱼,复游于赤壁之下。江流有声,断岸千尺;山高月小,水落石出。曾日月之几何,而江山不可复识矣。予乃摄衣而上,履巉岩,披蒙茸,踞虎豹,登虬龙,攀栖鹘之危巢,俯冯夷之幽宫。盖二客不能从焉。划然长啸,草木震动,山鸣谷应,风起水涌。予亦悄然而悲,肃然而恐,凛乎其不可留也。反而登舟,放乎中流,听其所止而休焉。时夜将半,四顾寂寥。适有孤鹤,横江东来。翅如车轮,玄裳缟衣,戛然长鸣,掠予舟而西也。"[1]

苏东坡一生坎坷,他的内心里深藏着一个美丽的世界,所以能在江南创造出那么多的精美文化,且都已成为宝贵的遗产。他还留下数千首动人的诗篇。从他的著作中可以发现,他对松江之鲈有着超出常人的喜爱。在鲈鱼渔汛来到江南之际,群鱼游动,波浪成纹。诗人乘着小船出游,当江南雨季里一阵急急忙忙的雨点顺着乌篷两侧滑落,绵绵雨丝势若同昌公主制作的连珠帐,诗人如听仙乐,瞬时将仕途的颠簸全然忘却,就着四腮鲈鱼,品上浊酒,霎时心气和畅,鱼香刺激他的诗情冉冉。松江四腮鲈鱼可以清蒸、白烧,还可以直接煮着吃。在葱花、姜丝和红椒的点缀里,鱼体若杨妃出浴,肉质洁白如玉。因着苏轼的赞美,松江鲈鱼名气渐甚。历史名人对江南鱼的青睐与佳话也是渔文化的内容之一。

魏、蜀、吴三国几十万大军在赤壁之战中葬身鱼腹,他们争夺的事物连同他们自身都消失殆尽,只有鱼儿获利。"宴长江曹操赋诗,锁战船北军用武"中,曹阿瞒壮志待酬,大宴北军,准备进军江南的宴会未吃到长江鲈鱼,结果被火烧战船,全军喂鱼。

江南处处河网密布,湖泊成串,以太湖为中心的太湖水系包括五大湖群:太湖;阳澄湖湖群,包括阳澄湖、昆承湖、盛泽荡、鹅镇荡、曹湖、傀儡湖等;吴江

---

[1] 《古文观止》,长春出版社,2018 年,第 679 页。

湖群;洮滆湖群,包括洮湖(又名长荡湖)、滆湖、西氿、东氿、团氿、马公荡、钱资荡等湖;淀泖湖群,包括淀山湖、澄湖、元荡、白砚荡等。长江的扬子江段自江阴以下逐渐展开,南通以下江面宽达18公里以上,入海口处更是超过80公里。高空俯瞰下的太湖流域,水网朦胧织布,如梦似幻,江乡大地上的河、湖、荡、塘的碧水倒影中,另存一个虚无缥缈的诗情画意江南。

太湖是江南地区最大的淡水水域,属吞吐性湖泊。太湖常年总蓄水量约47亿立方米,是吴地天然蓄水库。

太湖湖岸实际长度为393.3公里,水面面积2425平方公里,每平方公里折合1500市亩,太湖湖面面积约363.75万亩,所以有"太湖三万六千顷"的诗句,其以渔业生产著称。

过 松 江
范成大

长虹斗起蛟龙穴,朱碧栏干夜明灭。

太湖三万六千顷,多少清风与明月。

青鹢惊飞白鹭闲,丹枫未老黄芦折。

谁将横笛叫苍烟,无限惊波翻白雪。

洞庭林屋旧游处,玉柱金庭路巉绝。

水仙逢迎掺修袂,问我归计何当决。

去年匹马兀春寒,今此孤篷窘秋热。

人生意气得失间,轻重剑头吹一诀。

莫将尘土涴朱颜,却待丹砂回白发。[1]

一首诗又似一幅画,江南水乡的观感、动感呈现在人们的眼前,这是江南特有的文化。诗人范成大厌倦案牍之辛劳、勾心斗角之无聊,辞官回到故乡,自称"石湖居士",他擅长描写田园生活景象,连曹雪芹都自觉文采不如范石湖。

文人来游江南,在浩如烟海的文献史料中,留下洋洋的水乡诗篇。而江南水乡的湖群又是江南风景中不可缺少的元素,其中较著名的湖泊主要有:

淀山湖,古称薛淀湖,简称淀湖,为古太湖的一部分,湖呈葫芦形,南北长

---

〔1〕〔宋〕范成大:《范石湖集》,富寿荪标校,上海古籍出版社,2006年,第6页。

约 15 公里,东西宽约 7.5 公里,面积 60 平方公里,湖泊主体位于青浦县和昆山县之间。淀山湖盛产鲤、鲫、鲈、鳗、红鳍鲌、鳜、银鱼等数十种淡水鱼类,湖泊具有调蓄、灌溉、养殖和航运等多种功能。[1]

石臼湖,位于江苏省西南部,湖区跨江苏溧水、高淳和安徽当涂三县,由古丹阳湖分化而成,盛产大闸蟹。湖泊接纳皖南山区青弋江、水阳江和溧水县新桥河、天生桥河等来水,待到长江汛期也有水倒灌入湖,湖水经调蓄后经姑溪河和清水河排入长江。湖泊长度为 22 公里,最大宽度 14 公里。

阳澄湖,形如鹅掌,岸上稻花飘飘,所以阳澄湖螃蟹食物充足。沈周常去湖边作画,大闸蟹甚至会爬到他的花架上吊单杠。阳澄湖系古太湖的残留,也称"阳城湖",南北长约 17 公里,东西宽 8 公里左右,全湖面积约 117 平方公里。湖中纵列沙埂 2 条,将湖面分为东、中、西三部分,有"美人腿"之形。这片水域以生产"清水大闸蟹"著称,湖区还盛产其他淡水鱼类及贝类。

除了这些比较大的湖泊,太湖水系中还有遍布苏南各地的荡,湖、荡星罗棋布,这种得天独厚的水资源优势,为太湖渔业经济的发展,创造了优越的条件。

"水乡江南"自然环境最突出的特点就是区域内江、河、湖、塘、荡、水库、运河纵横交错,密如蛛网。江苏的"苏"即"蘇",由"鱼"和"禾"组成,太湖流域水网密布,水乡盛产鱼虾、稻谷。特殊的人文和地理条件,为江南文化注入清秀、细腻的文化个性。

江南,濒临东海、黄海,而"东海、黄海为鱼类繁殖最富之区,因南洋之暖流与北海之冷流俱可以波及也。暖流之鱼与冷流之鱼,多聚殖与此"。并且"境内江河交错,湖沼分布……淡水面积之广甲于他省,素有泽国之称,故水产之饶,亦较他省为富"。[2] 根据 1932 年的《中国实业志》统计资料(见表 2-1),可以看出江南太湖流域各县发展渔业的水资源优势。

表 2-1 1932 年江苏省境内太湖流域各县的水地概况[3]

县别	平地地积(公亩)	江湖水地地积(公亩)	总地(公亩)	面积(平方公里)
吴县	14 468 223	8 617 931	25 288 764	2528.75

---

[1] 江苏省地方志编纂委员会编:《江苏省志·地理志》,江苏古籍出版社,1999 年,第 203 页。
[2] 王培棠编:《江苏省乡土志》,商务印书馆,1938 年,第 84 页。
[3] 朱羲农、侯厚培编纂:《中国实业志·江苏省》,1932 年,第 7—9 页。

续　表

县别	平地地积(公亩)	江湖水地地积(公亩)	总地(公亩)	面积(平方公里)
武进	14 468 223	7 432 872	24 593 730	2459.25
江宁	10 582 362	920 046	22 723 636	2459.25
常熟	15 135 757	4 852 743	22 723 636	1998.75
宜兴	11 420 571	2 220 20	18 775 939	1877.50
崇明	8 035 402	6 365 318	14 400 720	—
无锡	2 093 055	1 392 570	13 093 155	1309.25
吴江	8 802 940	2 747 637	11 550 578	1155.00
镇江	8 730 437	7 412 871	10 465 523	1046.50
松江	8 637 932	50 003	8 687 934	868.75
宝山	4 610 231	3 390 170	8 000 400	800.00

又据档案材料记载,民国时期,中国沿海渔区总面积407 000平方英里,合1 054 125平方公里。其中,江苏境内86 300平方英里,合224 380平方公里,占全国总量的21%,[1]在江苏和苏南,根据《江苏省鉴》记载,民国二十二年江苏省土地局统计江苏省总面积163 023 000市亩,合1 086 820 000公亩;[2]其中,水道湖沼面积11 737 750市亩,合78 247 000公亩;苏南地区总面积47 710 375市亩,占有江苏省总面积的29%;水道湖沼面积7 322 250市亩,合48 815 000公亩,占江苏全省水域面积的近62%,相关数据如下表(表2-2):

表2-2　1933年江苏太湖流域各县水地面积和总面积比较表[3]

县别	全县总面积(市亩)	水面面积(市亩)
镇江	1 569 750	122 875
江宁	3 408 375	138 000
句容	1 212 500	20 625

---

〔1〕《中国沿海各渔区之面积(包括台湾海峡)》,《(农林部)水产》(敌伪业务档案案卷),中国第二历史档案馆档案,全宗号23,案卷号1431。
〔2〕赵如珩编:《江苏省鉴》,《中国地方志丛书·华中地方志·第472号》,1935年铅印本,台湾成文出版社,1983年,"总说"第22页。
〔3〕同上书,"总说"第22—27页。

县别	全县总面积(市亩)	水面面积(市亩)
溧水	1 447 875	—
高淳	1 166 250	165 375
江浦	1 238 150	49 125
丹阳	1 559 250	11 125
金坛	1 547 250	319 875
溧阳	2 267 625	10 125
杨中	431 625	84 375
上海	807 375	33 375
松江	1 303 125	7500
南汇	1 500 375	3000
青浦	1 043 500	82 125
奉贤	879 750	—
金山	565 875	—
川沙	156 375	—
太仓	1 338 750	383 250
嘉定	691 500	—
宝山	1 200 200	508 500
崇明	2 160 000	954 750
吴县	3 793 125	1 292 625
常熟	2 998 125	727 875
昆山	1 192 500	58 500
吴江	1 733 500	412 125
武进	3 688 875	1 114 875
无锡	1 963 875	208 875
宜兴	2 816 250	330 000
江阴	2 028 750	162 357
总计	47 710 375	11 736 750

江南渔业经济具有得天独厚的自然资源优势。大自然赐予这里以长江—太湖水系,而且本区域"东濒临东海,自苏鲁交界之汾水镇获水口起,至金山卫之金丝娘桥止,长一千公里,沿海渔利居全国第二"。[1]

江南渔民按照近海鱼群索饵洄游、产卵洄游或越冬洄游,季节性地跟着鱼群在东海海域内的嵊泗列岛进行捕捞,渔事兴盛。所以,江南渔业经济发展在自然资源方面既有相对优势,又有绝对优势。长江、太湖和大海之间有很多鱼类洄游,所以江南兼有海洋和淡水渔业之利,许多鱼类,如中华鲟、鲥鱼、鳜鱼、大闸蟹、鲈鱼等,这些鱼类终生长途跋涉,游走在大海、长江和太湖之间,这些特点,赋予渔业经济和渔文化发展的特殊性。

二、锦鳞汕汕,文化斑斓

日朝隋隋江南春,渔夫漾舟撒网沉,牵缏慢收渔歌和,截江一拥数百鳞。鲥鱼鲜美知第一,刀鱼鳞鳞色胜银,鮆肌脆嫩四腮鲈,生酒添味中华鲟。不知江鲜逆流急,但见长江送流水。渔家代代无穷已,渔乡年年只相似。锦鳞罩罩,银刀泼泼,吴歈缠绵,文化斑斓。

"鲥贡"记录了一段时期的历史文化渔文化,也是宫廷文化。鲥鱼之美味最负盛名,所以,品味斑斓的江南渔文化,从鲥鱼开始。

苏东坡曾盛赞鲥鱼,为其写下"尚有桃花香气在,此中风味胜鲈鱼"的诗句。

鲥鱼,古时被列为皇帝的"御膳"珍肴,[2]如金陵鲥贡为明清著名贡品。鲥贡每年由运河北上,另由三千飞骑接力传递,限二十二个时辰送达北京。康熙二十二年,鉴于鲥鱼上贡扰民太甚,康熙奏准永免上贡。

长江的鲥鱼能将江南的渔家和首都的皇家联系起来,生成一种独具特色的历史文化。康熙皇帝考虑到扰民太甚,"奏准永免上贡",康熙不愿扰民,长江鱼类生态也因此在一定程度上得到保护。封建社会,皇上的好与恶对民风有一股巨大的引导力量,康熙盛世之来临,与下圣旨终止很多扰民之事相关。

〔1〕 王培棠编:《江苏省乡土志》,商务印书馆,1938年,第5页。
〔2〕 顾楝华:《长江三鲜——鲥鱼、刀鱼、河豚鱼》,苏州市地方志编纂委员会办公室、苏州市档案局编:《苏州史志资料选辑》总第8辑(1988年第1辑),第93页。

朝廷体恤民众,则民力充足,江南经济日渐发达,《姑苏繁华图》中便绘有大清盛世的江南繁荣景象。

鲥鱼"春末夏初有之,非时不出,故原名'时鱼',人以鱼加旁专属之"。这种鱼只在初夏才出现,其他时间都不出现,故名"鲥鱼""时鱼"。此鱼体背缘灰绿色,体侧和腹部银白色,为洄游性鱼类,常年奔波于海洋与大江之间。每年4—5月由海洋进入长江,溯江而上,6—7月在长江干流或湖泊中进行繁殖。卵化的幼鱼在江河湖泊中抚育后于当年的9—10月顺流而下,回到海中生活。它们以浮游动物及硅藻为食。

鲥鱼又名三来、三黎、时鱼,古名鰽,鲥鱼的体长为体高的2.6—2.9倍,此鱼多产于江东。[1]《尔雅·释鱼》郭璞注:"今江东呼其最大长三尺者为当鲥,主要产于长江下游。"[2]

长江流域自浏河上溯至镇江一带均为鲥鱼产区,以镇江出产的鲥鱼最多、最负盛名。[3] 因镇江长江段焦山屹立,水流湍急,周围小的山屿林立,山下有各种回流,于是这里多虫藻等寄生物,是鲥鱼汇聚的优良场所。这儿所产的鲥鱼比南京栖霞山、江阴巴头山、丹徒图山一带的鲥鱼更肥美鲜嫩。[4]

鲥鱼体白如银,肉中有很多细刺像毛一样,银鳞细骨,所以张爱玲恨鲥鱼美味却多刺。鲥鱼,在鱼类中可谓稀世俊美,绝代姿容。据记载,鲥鱼"鱼形秀而扁,似鲂而长,大不过三尺"。[5]

鱼腹下有三角硬鳞如甲,鳞蒸食乃佳,也可以糟藏,更入味。鲥鱼因体量匀称,皮肤洁白,蒸制的鲥鱼出笼后点缀江南小葱花、配红辣椒丝,洁白的鱼身与鲜艳的配料相得益彰。

鲥鱼制作方法还有很多,响油盖浇、红烧、清蒸皆可,鳞片可食,营养丰富。若用酱油、白糖等红烧,则肉酥汤醇;如用香菇、笋片,配上猪油、白糖、精盐、葱姜等佐料,旺火水蒸,则肥嫩清鲜,其味之鲜美,为一般鱼类所不及。鲥鱼的刺也可以食用,可以烈火烹油,炸成金黄色,脆若仙丹。

鲥鱼沿江上溯时,鱼群量大而集中,便于捕捞,所以效率极高。鱼的药用

---

〔1〕〔明〕李时珍:《本草纲目》,倪泰一、李智谋编译,重庆出版社,1994年,第453页。

〔2〕见江苏省地方志编纂委员会编:《江苏省志·水产志》,江苏古籍出版社,2001年,第15页。

〔3〕《中国名土特产》编写组:《中国名土特产》,河北人民出版社,1986年,第172页。

〔4〕周彭、钟益、吴越:《江苏特产》,江苏科学技术出版社,1982年,第4页。

〔5〕清癯:《鲥鱼隽谈》,《水产月刊》,1936年第3卷第7期,第7页。

部位是肉和鱼油,性甘而温,主治水火烫伤,具体可将鱼蒸出鱼油,盛入瓶内,埋于土中,用时将油涂于患处,甚有效。[1]

鲥鱼在近海入江,靠潮水自然推力前进。太湖以及长江沿岸以江阴、张家港、镇江为潮力最盛之地。鲥鱼游至此处,体内脂肪消耗很少,故丰腴肥硕,肉嫩而鲜,营养异常丰富。据测定,每百克鲥鱼鱼肉内含蛋白质 16.9 克、脂肪 16.9 克、碳水化合物 0.2 克、钙 33 毫克、磷 216 毫克、铁 2.1 毫克、核黄素 0.14 毫克、尼克酸 4 毫克,热量 22 千卡。太湖区域鲥鱼质量产量较相邻县市为高,是江苏省重点产区之一。[2]

再看江南淡水渔业,江南淡水鱼种类繁多,储量丰富。据文献记载,江南人嗜食的石首鱼,在水中"绵亘数里,有声如雷",却绝迹于"吴人嗜食"。其他名贵鱼类如长江鲥鱼、中华鲟、松江四鳃鲈鱼等也几近群体灭绝。阳澄湖大闸蟹因市场需求过旺,大规模饲养使得质量下降。正宗阳澄湖大闸蟹必须经历阳澄湖与东海之间的跋涉,自初春至中秋,蟹苗在跋涉途中一路曲折,总量常常损失十分之九。能完成这一环形行程的螃蟹,才会在丹桂飘香的季节,达到鳌丰嫩玉双双满的状态,敲开八足肉色健,金壳储藏太真体,金色蟹黄就着姜汁蘸醋酥骨香,指尖蟹香足以滞留三月。然而随着城市化进程加快和人口增加,扬子江—太湖流域的鱼类捕捞过度,特别是化工业直接排污进扬子江—太湖水系,导致江南水产生态系统破坏严重,湖中生物多受影响。

鱼类是水生脊椎动物,属脊索动物门中的脊椎动物亚门,体被骨鳞,以鳃呼吸,以鱼鳍作为运动器官,凭借上下颌摄取食物。生物学将脊椎动物分鱼类、鸟类、爬行类、哺乳类、两栖类五大类,脊椎动物是人类食物和营养的重要来源。据加拿大学者 1994 年统计数据,世界各地现有鱼类 2 万多种,占已命名脊椎动物一半以上,但新种鱼类仍在不断诞生并被发现。鱼类也有年龄,而一个群体的年龄结构、生长规律、资源变动等对于管理措施的制定是有科学依据的,每一个种群的捕捞或禁渔均需周期变动,[3]否则死去腐烂的鱼体也是清洁水体的污染源之一。河、湖、荡、塘等水体里的野生或人工饲养的鱼类的

〔1〕 伍汉霖、金鑫波、倪勇编著:《中国有毒鱼类和药用鱼类》,上海科学技术出版社,1978 年,第 216—217 页。

〔2〕 顾棣华:《长江三鲜——鲥鱼、刀鱼、河豚鱼》,苏州市地方志编纂委员会办公室、苏州市档案局编:《苏州史志资料选辑》总第 8 辑,1988 年,第 93 页。

〔3〕 水柏年等编著:《鱼类学》,同济大学出版社,2015 年,第 244—251 页。

数量和分层,都有定数,必须维持食物链平衡,否则,数量过剩,食物缺乏,鱼类也会大量死亡,造成水域污染。江南水乡就有很多鱼池因为营养供给过剩或深水缺氧,导致鱼类死亡,鱼塘环境恶化。

江南水乡鱼类繁多,东海近海和扬子江—太湖各地的荡、湖、河有大大小小鱼类数千种。特别是太湖,就像个巨型鱼缸,其中有 107 种鱼类,游弋在各水层,或者活动在某一固定的水域。太湖鱼类大多群游,特别是小鱼,太湖银鱼、鳈鲅鱼、娃娃鱼、凤尾鱼等鱼类群游可以有效地抵御食鱼的大鱼猎捕,像陆地大草原、森林里的动物世界,弱势动物群游,既是防御方式,也是生活习性。太湖渔民有"帮"之分,"帮"与鱼群活动的水域是统一的,比如张网船帮、大捕船帮、墨鱼小对船帮、丝网帮、鹈鹕帮、独山帮、钓帮、内河帮、北洋帮等。

到了近代,因为渔业生产力的发展和渔业科技进步,太湖渔文化得以进一步发展。机器渔轮的使用,使我国海洋渔业发展进入一个新的历史时期。与此同时,太湖流域的淡水渔业发展亦突飞猛进,根据档案材料记载,20 世纪 40 年代我国淡水渔业年产量跃居世界第一,"在过去的几年里,中国淡水鱼年产量很高。实际上,中国每年的淡水鱼产量居世界第一,年产量达 6 亿磅"。(The annual production of Chinese fresh-water fish used to be very high. In fact it ranked first in the world production. The annual production was approximately 600,000,000 pounds.)[1]富饶的渔业资源是我国渔业兴盛的必要条件。因为自然禀赋,江南渔文化发展与全国其他区域相比都具有明显的"比较优势"。

江南水乡富饶的鱼类资源是人们创制渔文化最重要的物质基础,除此之外,还有渔网、渔船等渔具,也对渔文化的产生与发展有重要意义。渔具制作和渔法皆属于"渔文化"范畴。李时珍《本草纲目》第 14 卷"鳞部"列举的五十多种鱼类,几乎都能在太湖流域中找到。第 15 卷"介部"提及的 30 种鱼类在湖水产中也大多都有产出。鱼类作为自然资源,人们可以将它变成美味的食物,也可以将其制作成药物,从而衍生出中医学、医药学、营养学、美食学等高端的"文化",这些也属于"渔文化"范畴。

---

〔1〕《农林部淡水渔业救济计划》1948 年 3 月 2 日（NATIONAL FISHERIES RESEARCH INSTITUTE FRESH — WATER CULTURE RELIEF PROJECT, 2 March 1948),《(农林部)普及渔业计划、改良渔业计划、淡水渔业救济计划、清岛(长江口)渔港改善计划》,中国第二历史档案馆档案,全宗号 23,案卷号 1533。

　　鱼虾还可以变成绘画的素材,进入艺术创作的领域。比如齐白石画虾,画作中的虾、蟹水墨淋漓,洋溢着自然界生气勃勃的气息。齐白石要"为万虫写照,为百鸟张神",他所画鱼虾的不同形状,体现了审美思想各异。还有艺术家为鱼虾赋予一定的情感和思想,创制出音乐、影视等文化产品,这些作品都暗藏了渔文化的气息和颜色。

　　江南人吃虾都有讲究,以龙井虾仁、碧螺虾仁最为出名。碧螺春、龙井乃枫露之茗,用三山岛或虎跑寺的沁芳之泉浸泡,然后以茶水勾芡,这样到烈火烹饪时,勾芡能裹住茶叶之醇香,不过,勾芡的淀粉应略微少放,保证虾仁的口感。

　　江南淡水鱼种类繁多,资源丰富,催生出"鱼食饭稻"的民俗文化。太湖好像江南人的"大鱼缸",素有"日出斗金"和"天然活鱼库"之美称,可见渔业在当地社会经济中的地位。据《太湖鱼类志》记载,太湖现有鱼类107中,隶属于14目、25科、73属。[1] 长江鱼类同样繁多,凡江南地区所产皆有,鱼类品种达一百多种。所产主要经济鱼类有鲥鱼、刀鱼、鯮鱼、鮰鱼、河豚、鲈鱼、蟹等一百多种鱼类资源,它们是渔文化发展的物质载体。太湖地区有许多关于人与鱼的故事,这些民间传说中蕴含着一些文化内涵,或对后人有一定的教育意义。

　　鲥鱼,从长江口外三峡水处上溯至江阴一带水域,为生产鲥鱼的密集区。鲥鱼渔期在每年的三月到六月上旬之间。长江中所产鲥鱼,雄性的占多数,雌性仅占总捕获数额的十分之一。大的鲥鱼基本晒干以后销往上海南货店,价格不等。

　　鮰鱼,江苏从江口到镇江之间,均产鮰鱼。鮰鱼渔期在春秋两个季节,特别在菜花期和桂花期为盛,即三、四月份和七、八月份。

　　鲈鱼,体呈苍褐色,体长约四五寸。其中的白鲈,也叫杜父鱼,此物种生长于大河荡中,嘴大鳞细,肉味鲜美。松江四腮鲈,"巨口赤腮,亦名吹沙"[2],此鱼因鳃膜上有两条橙红色的斜条,恰如四片鳃叶外露,所以名"四鳃鲈""花姑鱼""媳妇鱼""花花娘子"等,是珍贵名产,肉质如雪,味异他处。[3] 宋人有诗句:"春后银鱼霜下鲈,远人曾到合思吴。"鲈鱼产出时间为霜降之后。晋时张翰曾借口思食鲈鱼归隐,为"知鱼之乐"逃离案牍之劳。

　　据说隋炀帝下江南时就吃过鲈鱼脍,并被誉为"金齑玉会"。乾隆皇帝下

〔1〕倪勇、朱成德主编:《太湖鱼类志》,上海科学技术出版社,2005年,第23页。
〔2〕《光绪青浦县志》,《中国地方志集成·上海府县志辑六》,上海书店出版社,1991年,第73页。
〔3〕黄苇:《松江之鲈考述》,《中国烹饪》,1982年第3期。

江南,曾两次特地赶到松江府吃四鳃鲈。[1] 松江鲈鱼四鳃,湖鲈三鳃,四鳃肉紧,味美于三鳃。白居易"月胆松江鳞"、韦应物"松江献白鳞"等诗句将松江四鳃的佳话浓缩成经典的文字,让松江四鳃鲈的香气伴随着中国长长的历史,扬名全世界。

鲈鱼生活于沿海和太湖水域的浅水底层,其幼鱼五六月份逆流进入通海的河沟和湖泊水体中肥育,冬至到立春期间又降河入海,此时也是捕捞旺季。松江鲈鱼是我国名贵鱼类之一,"松江出好鲈,鱼味异他处"。[2] 每年的春秋两个季节,鲈鱼产量最多,而冬季则是低产季。春季菜花黄盛时节上市的鲈鱼,谓菜花鲈,秋季七、八月上市的谓之桂花鲈。据范成大《吴郡志》记载:"鲈鱼,生松江,尤宜鲙。洁白松软,又不腥,在诸鱼之上。"[3]

中华鲟,是溯河洄游鱼类。每年六、七月性成熟,此后,中华鲟个体开始由海洋进入长江进行生殖洄游。在古代,中华鲟资源丰富,是渔民重要的捕捞对象。据唐地理志记载,润州(今镇江)土贡鲟鳔。清代苏州仍盛行"蜜蜡拖油鲟骨鲜",是宫廷贡品。

太湖区域密如繁星的湖泊群中,鱼类储量更丰厚。太湖流域所拥有的鱼类资源极为丰富,根据有关调查,太湖共有鱼类 107 种,常见的鱼类有青鱼、草鱼、花鲢、白鲢、鲤鱼、鳊鱼、鲫鱼、石鲫、季鲫、银鱼、残鱼、针口鱼、梅齐鱼、鳜鱼、黑鱼、白鱼、红料、横占、板肖、川条、念鱼、黄桑、塘鲤、鳗鲡、士附、昂丝等,另外还有丰富的龟鳖蟹虾资源。太湖素有"日出斗金"和"天然活鱼库"的美称,其中的银鱼、刀鲚、白虾又是珍品中的珍品,被誉为"太湖三宝"。

青鱼,身体如圆筒形,较长的达二三尺,鳞片呈青黑色,柔嫩,味道鲜美,为佐餐上品。在无锡、苏州、昆山、太仓等养鱼事业发达区域,青鱼产量比起江苏其他地方尤多。天然产的青鱼也有,渔期在秋冬雨季,但产量不多,所以没有以捞捕青鱼为专业的渔民。

鲢鱼,分白鲢和花鲢两种。鲢鱼又名白鲢、水鲢,属于鲤形目,著名四大家鱼之一。白鲢头部较小,鳞片很细,腹部窘肥,颜色呈白色;花鲢头大背黑,一般人以鲢鱼头为上品,味道鲜美。花鲢比白鲢味道更美,所以价格也较高。鲢

---

〔1〕 刘万朗、王文祥编:《中国名产趣谈》,中国旅游出版社,1986 年,第 401 页。
〔2〕 《嘉庆松江府志》,《中国地方志集成·上海府县志辑一》,上海书店出版社,1991 年,第 169 页。
〔3〕 〔宋〕范成大撰:《吴郡志》,江苏古籍出版社,1999 年,第 435 页。

鱼以水中的藻类为食,也有利于水体清洁。

草鱼,又叫鲩鱼,形状长而圆,外观上很像青鱼,但是颜色微灰,身长最大可达三尺以上,肉细味鲜。食用草鱼可以暖胃和中,草鱼胆汁可以入药,主治喉痹飞尸,可以暖水搅和后服用。[1] 太湖流域各地大多用草鱼加工成"爆鱼"盖浇面,是苏邦美食之一。做法是将草鱼一开为二,头尾剁掉,然后切鱼身成两厘米左右的鱼片,油锅爆成微黄色,再将鱼块放入料酒、大葱、生姜、盐巴等浸泡入味。草鱼吞食蓝藻和许多中藻类,也是水体清洁工之一,一条成年草鱼一天可以吞食十几公斤蓝藻,鱼类几乎二十四小时饮食,所以食量大。

鳊鱼,古人称之为"鲂",体形大而扁,头部和尾巴尖而小,鳞细,颜色呈白色,善于跳跃,身长大约一二尺,肉细嫩。吴地人一般称鳊鱼为"小头鱼",因为此鱼身体扁而阔、头小。李时珍说鳊鱼:"……头小颈短,脊背隆起,腹部宽阔。细鳞,青白色,腹内有脂肪,味道最为肥美。生性喜欢居住在水流动的额地方。"[2] 高亨则言"伊洛鲤鲂,美如牛羊""鱼丽于罶,鲂鳢。君子有酒,多且旨"。[3] 这些都讲到鳊鱼之美味。

鲫鱼,体形和鲤鱼相似,但没有触须。鲫鱼脊背隆起而又窄狭,鳞片圆而滑,头尾皆很小。背青褐色,腹部白色,野生与蓄殖的外形相似,但颜色不一样。普通鲫鱼,背部淡褐色,身长四五寸;还有身长八九寸的,肉味鲜美,也被称为"鲋鱼";又有一种背部较黑,体部较圆近似鲤鱼的鲫鱼,俗称鲤鲫,是鲫鱼的别种,味道劣而价格低廉。

鲶鱼,体形圆长,头大尾扁,无磷。鲶鱼多粘质,口形宽阔,两颚生有细齿,长须。背苍黑色,腹部白,体长一尺有余,味道劣,因而苏南地区很少有人食用鲶鱼。

鲶　　鱼

春夏池塘难见身,冬季水枯钻泥深。

几鱼窝洞呵濡沫,精诚团结渡难关。[4]

诗人写出了鲶鱼的生活习性,本书有关章节里有介绍关于捕捞鲶鱼等的

---

〔1〕〔明〕李时珍:《本草纲目》,倪泰一、李智谋编译,重庆出版社,1994 年,第 452 页。
〔2〕同上书,第 455 页。
〔3〕高亨:《诗经今注》,清华大学出版社 2010 年,第 150 页。
〔4〕元丰:《天堂歌谣》,百花文艺出版社,2010 年,第 63 页。

独特技术,是渔民在掌握各种鱼儿生活习性之后总结出的规律。

白鱼,又名鳡鱼,"色如银而肥,名叫'时里白'"。[1] 体扁鳞片细,肉中多细刺,大者二三尺,"以太湖为胜,此鱼与湖浅水菰蒲之上产子",[2] 太湖流域湖、荡、河流中皆有出产,五月梅雨时及冬季最多,触箸即分解,鲜美可口。太湖白鱼也叫"白条",《水浒传》中有"浪里白条张顺",逆流而上速度更快,好像飞行于水面之上。据常州地方史资料记载,白鱼,最佳者为"黄梅"季中的"时里白",清蒸食之味更鲜美。[3] 苏州的"糟白鱼",于冬天微腌,肉体变紧,加酒糟两日,蒸食味道美妙不可言。

黑鱼,亦名鲖鱼,乌鱼,形体长圆,肤黑色有斑纹。黑鱼头尾几乎相等,鳞片细,腹背两鳍,均连续至尾。因为头部有七个斑点,所以黑鱼也称为"七星鱼"。据说黑鱼能拜八斗星,佛家人常购买放生。大的黑鱼体长有二三尺,体重数斤,并且"肉味甚劣,售价极廉,中上级社会无食此鱼者"。[4] 黑鱼生命力极强,性情残忍,常常捕食小鱼。但同时,黑鱼又被称为"孝鱼",幼鱼往往会主动给母亲吞食,所以渔户没有养殖黑鱼的。江南人看望病人喜欢送黑鱼,因为黑鱼营养价值高。产妇坐月子也喜欢吃黑鱼,因取黑鱼"孝鱼"之名的寓意,希望孩子将来孝顺。

黑　鱼

黑墨柱圆铁脑头,窝在塘底窥水游。

天生强大生性猛,俗称河塘老妖精。[5]

鳜鱼,"阔腹、大口、细鳞,形似鲈鱼而斑彩特甚,又称'桂鱼'"。[6] 江北有些地方称之为"季花鱼"。水中生活的鳜鱼游姿潇洒,神采飘逸,目若明星宿宝

〔1〕《光绪武进阳湖县志》,《中国地方志集成·江苏府县志辑三十七》,江苏古籍出版社,1991年,第116页。

〔2〕《民国吴县志》(一),《中国地方志集成·江苏府县志辑十一》,江苏古籍出版社,1991年,第839页。

〔3〕常州市水产公司编:《常州市水产供销史》,1984年11月内部编印,《附记篇》,第2页。

〔4〕原载《工商半月刊》1930年第5、6期合刊,见无锡地方志编纂委员会办公室编:《无锡地方资料汇编》第5辑(1985年内部发行),第62页。

〔5〕元丰:《天堂歌谣》,百花文艺出版社,2010年,第63页。

〔6〕《光绪丹徒县志》,《中国地方志集成·江苏府县志辑二十九》,江苏古籍出版社,1991年,第342页。

光。鳜鱼鳞片细、嘴巴大,身长七八寸至一尺有余。鳜鱼背青苍色,有黑斑纹,腹部淡白色,背部鳍刺较硬。春天上市的鳜鱼,肉质极佳。[1] 苏南沿江各县鳜鱼出产最多,但内地也有不少出产,如《民国高淳县志》记载:"县东南四十里,三义沟苟家村内惯产鳜鱼。"[2]

鲚鱼,俗名湖鲚,身体狭长而侧薄,鳞片细而白。普通的鲚鱼身长约两三寸,体形酷似尖刀,故又有刀鱼之称。鲚鱼产于太湖流域各湖泊之中,春季上市。太湖所产的鲚鱼,肉味鲜美异常,以太湖之滨的南乡吴塘门出产的鲚鱼最为著名。苏州留园冠云楼中,一块长宽一米多的太湖石上有十几条鲚鱼化石,是留园里的一道亮丽风景。

鲭鱼,体色黄,所以又名黄鲭。头尖口阔,身长圆,腹部鳞细,大者身长三四尺,重数十斤,鲭鱼肉较厚,腌制成咸鱼食用最佳。鲭鱼也以藻类为食。每年十二月是鲭鱼最肥的时候,渔民开始捕捞,用大缸腌制成过冬的食物。江南人结婚常吃鲭鱼。

鲦鱼,背部颜色浅黑,腹部呈白色,鳞片细,身体狭长,一般约五六寸,苏南内河均有生产,鲦鱼夏季多群游于水面,冬季则潜伏水底,可以食用,但味道一般。

斑鱼,因背部青色并有苍黑斑纹而得名,腹部无鳞片,尾鳍不分列,体形与河豚相似,但比河豚要小,所以常有人以斑鱼冒充河豚,其肉味比不上鳜鱼鲜美。

银鱼,"太湖三宝"之一,体色洁白如银,身圆而纤细,鱼中珍品。宋人有诗句曰:"春后银鱼霜下鲈,远人曾到合思吴。"银鱼无鳞无骨,体上仅有两个黑点,即其双目,银鱼身长一般三四寸。银鱼善游,性娇贵,出水即死。银鱼略分为春、秋二季,以春银鱼为佳,其味鲜美可口。[3] 无锡的鹅湖、太湖湖滨各港口均盛产银鱼。[4] 虽然江苏省各处内河均产银鱼,但属苏南的无锡一处产量尤丰。银鱼渔期在春季,"盛于晚春,夏差减,七八月尽矣"。[5] 苏帮菜"三鲜银鱼汤",即用银鱼加鸡汤、火腿一起煨汤,属珍味。

---

〔1〕〔明〕李时珍:《本草纲目》,倪泰一、李智谋编译,重庆出版社,1994 年,第 455 页。

〔2〕《民国高淳县志》,《中国地方志集成·江苏府县志辑三十四》,江苏古籍出版社,1991 年,第 34 页。

〔3〕常州市水产公司编:《常州市水产供销史》,1984 年 11 月内部编印,《附记篇》,第 2 页。

〔4〕原载《工商半月刊》1930 年第 5、6 期合刊,见无锡地方志编纂委员会办公室编:《无锡地方资料汇编》第 5 辑(1985 年内部发行),第 63 页。

〔5〕《光绪无锡金匮志》,《中国地方志集成·江苏府县志辑二十四》,江苏古籍出版社,1991 年,第 501 页。

鲭鲏,产于太湖流域各沿湖河内,古人有称它为婢妾鱼,因为游行时,一鱼在前,一个尾随其后。鲭鲏体形扁、宽而短,身长不过一两寸,背部呈黄褐色,头尾和鲫鱼相似,但比鲫鱼小。还有一种眼睛红色的,称红眼睛鲭鲏。鲭鲏肉薄但味道较鲜美,烹饪时,鱼鳞不除,因为鱼鳞最富含营养。有山歌这样唱道:

小人小山歌

小人小山歌,

大人大山歌。

蚌壳里摇船出太湖!

燕子啣泥丢过海;

鲭鲏跳过洞庭山。[1]

这里所说的季节是燕子归来,啣泥造巢之时,也是鲭鲏鱼渔汛之时,群鱼跳窜,鲭鲏最鲜美的时节就是三月份。

吴语"鸡郎鱼",击浪鱼,善于逆流而上,所以肉质弹性大。此鱼背部黄褐色,有黑斑点。腹部白色,身长约八九寸,背部宽阔,肉厚,味道尚佳。

红乌叉鱼,鳞片细白。红乌叉鱼身长一尺左右,类似白鱼,因为尾鳍有红色,所以被称为红乌叉鱼,太湖中多出产。

昂公鱼,苏南大都称之为"昂刺鱼",与苏北人的称呼不同,苏北微山湖一带称之为"格格燕"。昂刺鱼背部皮黑,上有硬刺,刺中有毒,头大嘴宽,有触须两个,尾鳍皆为黑色,身长四五寸上下,肉嫩味鲜。

鳝鱼,体形与蛇相似,呈圆柱状。也叫黄鳝。鳝鱼体柔软,身体细而长,大的超过一尺。李时珍说:"鱼体黄底黑纹,体表很滑,大的有二三尺长,夏季出来,冬季则藏在洞中。……鳝鱼的血可以治疗疥癣及痔瘘。治口眼歪斜,用少量麝香调匀,左歪涂右,右歪涂左,正后就洗去。"[2]鱼类入药,也是深层渔文化的一种。鳝鱼背部呈黄褐色,有斑纹,腹部呈黄色,身体外部有胶汁,滑腻而难以用手捕捉,内河湖泊稻田等水域都有出产。鳝鱼捕获之方法有很多:钩捕、笼捕、叉捕等,钩捕以蚯蚓置于钩之上,入洞钩之,或者将蚯蚓串在细硬丝

---

[1] 顾颉刚编:《吴歌甲集》,上海文艺出版社,1990年,第4页。

[2] 〔明〕李时珍:《本草纲目》,倪泰一、李智谋编译,重庆出版社,1994年,第457页。

上并置于圆筒形竹器内,沉入水底,鳝鱼嗅到饵味入笼取食,再难以复出竹笼,即被渔者捕获。

鳗鱼,俗称鳗鲡,也是蛇形鱼类,但比鳝鱼粗大,体外多胶汁,比鳝鱼更滑,身长有两三尺。鳗鱼的体色随所到之处而变换,有苍黑、茶褐等颜色,颈部微扁,两旁有腮形似耳朵。鳗鱼皮厚肉细白,味道浓美,营养极丰富。鳗鱼通常夏秋上市,而以秋季白露前食用口味最佳,白露之后,肉中多细骨,食用不便。

江南水乡内河及湖泊的青虾,是水产品中的佳肴。此处出产的青虾,比他处所产更鲜,颜色鲜艳。

螺蚬,又名螺蛳,产于河流中间及湖泊浅水边缘地带,一年四季都可捕获,螺蚬体较小,其甲壳上的螺旋线凸凹很深,整体呈苍翠色。产于水田中的螺蛳,可于夏秋之间捕捞,体积比河流中的螺蛳大,甲壳上的螺旋线凸凹更浅,壳微黄色。

蚌,是软体水产动物,苏南各地及临近太湖的各河流、水域都有出产。蚌有长形和圆形两种,长蚌体小壳黑色,圆蚌体大而壳茶褐色,两者都可食用。

鲌鱼,主要有蒙古红鲌和翘嘴红鲌,都是淡水中的名贵鱼类。每年6—11月为鲌鱼的繁殖期。范成大《吴郡志》记载道:吴人以芒种日谓之入梅,梅后十五日谓之入时,白鱼于是盛出,谓之"时里白"。隋大业六年(610年),吴郡采白鱼种子贡入洛阳,敕付西苑内海养殖,直至唐代洛阳犹有白鱼。[1]

一部分江南渔民以东海近海为主要的捕捞作业区,但是,淡水鱼群活动周期与海洋鱼类不同。一些名贵鱼类市场行情较好,由此东海近海,特别是长江口以南的东海海域渔业资源尤为丰饶。在嵊泗列岛以北的东海海域,因长江径流带来大量的浮游营养物质,此处鱼类品种繁多,资源丰富,渔业堪称全国之冠。

民国时期,南京国民政府组织专业人员调查江浙近海渔业资源。1937年2月12日,渔牧司、合作司会签"查关于渔村经济调剂渔业金融一案前经拟具推行渔业合作事业之意见八条签章",派遣渔牧司技工饶用泌、合作司办事员刘崇德二员前往江浙沿海一带实地调查,调查重点是嵊泗列岛、南汇、松江等地,此外还调查了苏北的如皋、南通、连云港、盐城等。[2] 此后,中央及地方政

---

〔1〕　江苏省地方志编纂委员会编:《江苏省志·水产志》,江苏古籍出版社,2001年,第16页。
〔2〕　《派员调查江浙沿海渔业实况》,中国第二历史档案馆档案,全宗号422(8),案卷号58。

府多次派员调查江浙近海渔业,主要是嵊泗列岛渔业资源。嵊泗列岛,西名马鞍群岛。位于扬子江口外,是江流入海的要冲。嵊泗列岛所处的海面岛屿星罗棋布,有嵊山、花鸟山、大黄龙山、大戢山、小戢山、东绿华山、西绿华山等。大小岛屿共 196 个,整个嵊泗列岛的海洋面积为 1731.53 平方里。[1] 嵊泗列岛所处的海域海水深浅适度,有利于鱼类的洄游和繁殖。大宗鱼类产卵、觅食均群集于列岛附近海面,故"江浙渔民及时前往采捕,获大量渔产,或迁家于此,颇能安居乐业,年有积余"[2]。列岛渔场可分为五区:浪岗洋面、海礁洋面、大戢洋面、佘山洋面和嵊泗本岛洋面。[3] 嵊泗列岛的渔产价值,据统计,"每年在千万元以上,亦为江、浙、闽渔民衣食之地,为吾国海产最富之区"。[4]

嵊泗列岛可泊渔船之港湾约有 70 个,其中以马迹山之马迹岙、嵊山之泗洲塘及箱子岙为最大。马迹岙门自东北略偏西南伸入,成一靴形,所以不论此地遭遇何处之风浪,渔船在岙内均可择地停泊。岙内水面宽广,可容旧式渔船 3000 余艘。嵊山的西部,岙门北向,口狭内宽,此处可泊五百吨以下之巨型渔轮 50 至 80 艘,旧式渔船 3000 至 4000 艘。此外,枸杞之三大王、金平乡之金鸡岙、四礁山之青沙滩及菜园等地均可作临时停靠之用。[5]

嵊泗列岛鱼的种类,据民国档案资料记载,"以乌贼鱼、带鱼、海蜇、大小黄鱼为大宗,其余马鲛鱼、鮸鱼、鳓鱼、鲨鱼、鲳鱼等产量亦多",[6]"冬汛盛产带鱼,夏汛盛产目鱼和大黄鱼,秋汛盛产海蜇,春汛盛产小黄鱼"。[7] 嵊泗列岛所产重要鱼类的名称、渔期、渔场范围及年产数量等情况大致如下:

大黄鱼,在嵊泗列岛渔业中占有重要的地位。嵊泗列岛"以捕捞大黄鱼为主,是我国四大渔汛之一,出产甚丰,名著全国"。[8] 据国民政府渔管处的工

〔1〕《关于建议将嵊泗列岛划本市领导的说明》,《(上海市)水产局关于嵊泗列岛划归上海的说明、地图、基本情况及若干问题请示报告》,上海市档案馆档案,全宗号 B255,目录号 1,案卷号 238。
〔2〕张友声:《嵊泗列岛重要渔业调查》,《水产月刊》,1936 年第 3 卷第 3、4 期合刊。
〔3〕《嵊泗列岛渔业概况》,《(渔管处)华东区、嵊泗列岛渔业概况》,上海市档案馆档案,全宗号 Q460,目录号 1,案卷号 1285。
〔4〕张友声:《嵊泗列岛重要渔业调查》,《水产月刊》,1936 年第 3 卷第 3、4 期合刊。
〔5〕《嵊泗列岛渔业概况》,《(渔管处)华东区、嵊泗列岛渔业概况》,上海市档案馆档案,全宗号 Q460,目录号 1,案卷号 1285。
〔6〕《嵊泗列岛视察团报告书》(1936 年 12 月 31 日),上海市档案馆档案,全宗号 Q464,目录号 1,案卷号 568。
〔7〕《关于嵊泗列岛的一些情况》,《(上海市)水产局关于嵊泗列岛划归上海的说明、地图、基本情况及若干问题请示报告》,上海市档案馆档案,全宗号 B255,目录号 1,案卷号 238。
〔8〕张友声:《嵊泗列岛重要渔业调查》,《水产月刊》,1936 年第 3 卷第 3、4 期合刊。

作报告称:"查江浙两省外海所属之舟山群岛,四周皆为大黄鱼的云集之区,为我国四大渔场之一,其每年渔汛之得失,影响各该岛渔业经济者甚大。"[1]"四至五月为大黄鱼汛,其出产地在大泽洋与长蒲洋之间……八月至九月又为大黄鱼汛,其产地则偏于长蒲洋一带。"[2]

小黄鱼的渔汛,在每年的阴历十二月至次年一月间,产地在近沈家门海面一带,三月及四月亦为小黄鱼汛,但其产地则在余山洋面一带。[3] 嵊泗列岛的马鞍群岛附近海面同样产鱼颇丰,"以小黄鱼为大宗,次之则带鱼、墨鱼。余如淡菜海咸均为该群岛之特产"[4]。

黄花鱼渔期在春分至谷雨间。渔场范围在嵊山之东南 60 海里起至嵊山北 130 海里之间。捕捞旺季年出渔船数可达 1300 多只,年捕获量 200 多担,年产值 300 多万元。当时整个江苏的近海黄花鱼全年出产价值在千万元以上,"而嵊山所产为全数的 30％"。

乌贼渔期在立夏至夏至间,其间捕捞量很大,是鱼类生产中的大宗鱼品。"嵊山岛、花鸟岛与庙子湖一带为乌贼鱼汛。"[5]渔场在嵊山枸杞壁下花鸟山、东西绿山以及黄陇等附近的 15 海里内。年捕获量为 50 万担以上,产值达 200 万元之多。乌贼在捕捞方法上分网捕与笼捕两种,然而,"曾因笼捕危及乌贼鱼的繁殖,经江苏、浙江两省水产学术机关之研究,认为笼捕对渔民生计影响重大,受到江苏省政府重视,于民国二十一年下令禁止笼捕"。这一做法保护了鱼类资源,也挽救了当地渔民的生计,受到了渔民的欢迎。

银鳞闪闪、美味新鲜的带鱼,也是畅销于市的鱼种,普遍受到居民的欢迎。近代,沿海的苏、鲁、浙三省出产的带鱼都很丰富。因此带鱼业对于渔民生计,比之黄花鱼更为重要。据《水产月刊》记载:"带鱼汛期在小雪至大寒,此时三省渔民以嵊山为根据地,大批下海捕捞。在捕捞旺季,有小对船 530 余对,红头对船 650 余对,大对船 900 余对,大白底船 80 艘,小白底船 100 余艘。每季

---

[1] 《渔管处卅六年四至六月工作报告》,上海市档案馆档案,全宗号 Q460,目录号 1,案卷号 1176。

[2] 《视察嵊泗列岛报告书·渔业情形》,《视察嵊泗列岛报告及乡保专座记录以及经纪人公会章程》,上海市档案馆档案,全宗号 Q464,目录号 1,案卷号 150。

[3] 同上书。

[4] 陆养浩:《辟浙省'宁波'、'奉化'、'定海'沪同乡会请划嵊泗列岛归浙论》,《江苏研究》,1932 年第 1 卷第 3 期,第 7 页。

[5] 《视察嵊泗列岛报告书·渔业情形》,《视察嵊泗列岛报告及乡保专座记录以及经纪人公会章程》,上海市档案馆档案,全宗号 Q464,目录号 1,案卷号 150。

渔获价达 240 余万元。"捕捞方法多以私人或联合捕捞为主,个体每季余利为
300—700 余元。因其成本低,故获利较丰厚。因此带鱼渔业十分繁盛,乃旧式
渔业中规模最大的捕捞业。

嵊泗列岛渔业的发展,"自南通张季直(张謇)先生主办江浙渔业公司'福
海'渔轮发现小黄鱼始,渔汛之热闹,几如盛市,尤以冬季渔汛为甚,春季小黄
鱼汛次之,每值风暴渔船休港,喧声震市,通宵达旦"。[1] 当时嵊泗渔业之盛
况可见一斑。

三、渔业资源的"不可分拨性"

自然资源的珍奇度或珍贵性往往与人类的过度开采倾向相关,长江鲥鱼、
松江四鳃鲈、海鲜金枪鱼等都属上等美味,市场需求茂盛,时常价高离谱。"良
木自寇,源泉自盗","外部性"由此产生。其他自然资源,如山珍海味、钻石、名
药、矿藏都存在被过度开采的倾向,这就导致自然环境被破坏、生态系统失衡。
渔业资源也不例外,纽芬兰渔场就是个典型例子,此外,前苏联垦荒运动导致
西伯利亚大风灾,满洲人入关圈地等事件,都演绎着无限的荒唐。

自然资源,包括土地、水和大气,这三种资源的组合能产出许多有用的商
品和服务。肥沃的土壤能给人类生产出粮食、美酒和美味,地表下面蕴藏着矿
产、石油和天然气,这些都是人类赖以生存和发展的物质财富。

水源能为人们提供各种鱼类、娱乐以及成本比较低廉的运输方式。世界
各大渔场的产出物对于人类文化发展有独特的意义,有的渔场也是旅游的热
点地区。自然资源优厚和环境的优美对于人类生存和发展的意义和价值都是
一样的,自然资源是"生产要素",就像劳动和资本一样,都是为人类服务的,因
为我们可以从自然资源的服务中获取物质的产出和生活的满足。

自然资源具有两种属性,即可分拨性和不可分拨性。如果生产者或消费
者能够获得商品的全部经济价值时,则被视为可分拨的(appropriable)资源。
可分拨的资源包括土地(当农夫出售土地上生产的小麦和酒时,土壤的肥力价

---

〔1〕 程梯云、凌凌九:《浙赵专员划嵊归浙理由之检讨及江浙海疆图说》,《江苏研究》,1932 年第 1 卷
第 5 期。

值为农夫所得）、像石油和天然气那样的矿产资源（所有者可以在市场上出售矿产品），以及森林（所有者可以向出价最高的人出售土地或森林）。在一个运行良好的竞争性市场之中，可分拨的自然资源应当被有效地标价和出售。[1]

　　但我们必须谨慎小心使用这种资源，切勿滥用。然而第二种自然资源，不可分拨的（inappropriable）资源，则一定会引发经济问题。不可分拨的资源是一种对个人免费而具有社会成本的资源。换句话说，不可分拨的资源是一种具有外部性的资源，外部性是指那些生产或消费对其他团体强征了不可补偿的成本或给予了无需补偿的收益的情形。[2]自然资源的不可分拨性用以描述个人使用成本为零或低于社会总成本的自然资源，这些资源具有外部性，比如人们无法控制鱼群的洄游，鲥鱼、中华鲟等名贵的鱼从大海逆流而入长江，但人们无法界定对鱼群的"产权"，而市场上又非常需要这样的初级产品，从社会的角度看，市场配置该资源是非效率的。还有阳澄湖大闸蟹，大闸蟹的一生奔波在太湖和东海之间，这片水域和气候适宜大闸蟹生存，是它们成长的乐园和栖息的家，如果一片公共水域自然生出大闸蟹，任何人捕捞大闸蟹都几乎无需付出任何成本，因此渔获的收入很高。一些水产美味之所以面临绝迹，是因为人们在利益的驱动下易于过度捕捞。

　　具有外部性的物品可与普通的经济物品比较。市场交换中人们通过自愿的价格交换物品和货币。当生产者需要稀缺的可分拨的资源（例如土地、石油或者森林）时，他从物品所有者那里购买，以补偿所有者因生产物品而导致的成本。但还有一些交易发生在市场之外。如果一个生产者将一些有毒化学物质倾倒到小溪中，弄脏了下游人们原来用以钓鱼和游泳的溪水。生产者使用稀缺和干净的溪水，却未因为溪水遭到污染而给下游人们以补偿。不可分拨的资源的例子可以在地球上每一个角落发现。就拿鱼来说吧，比如金枪鱼不仅可以成为人类的晚餐，而且是繁殖下一代金枪鱼的源泉。然而这种繁殖潜力往往未被纳入市场行为中，没有人会买卖金枪鱼的交配行为。当一只捕鱼船捕捞金枪鱼时，它不必为这种消耗未来升值潜力的行为向社会赔偿。因此，在没有限制时，捕鱼船就会有过度捕捞的倾向。这导致了资源和环境经济学的基本结论：当资源是不可分拨的、具有外部性时，市场就不能提供正确的信

---

〔1〕 〔英〕亚当·斯密：《国富论》，谢宗林、李华夏译，中央编译出版社，2013年，第263页。
〔2〕 同上书，第263页。

号。一般说来,对于具有外部性的产品,市场会生产过度;而对于没有外部性的产品,市场又会生产不足。[1] 分析自然资源的可分拨性和不可分拨性,目的是加强外部政策干预,使用法律、行政手段矫正市场失灵。因为渔业资源的不可分拨性,制定休渔期的相关规定,才可以有效避免对个人几乎免费而具有社会成本的资源的过度开发利用,这类自然资源主要有鱼群、清澈的水域、空气质量、山麓美景、公共草场和湿地等。市场对一些珍贵鱼类潜藏的离谱需求、低端制造业排污和现代机械化过度捕捞等外在因素均加剧负外部性。

渔业资源指天然水域中具有开发利用价值的鱼类、贝类、藻类和海兽类等经济动植物植的总体,是渔文化生成的自然源泉和物质基础。渔业按水域分淡水渔业资源和海洋渔业资源两大类。其中的野生渔业资源是最珍贵的自然资源,自渔猎时代至今,一直是人类的食物来源之一。鱼类食物普遍高含优质动物蛋白质,又因为味道鲜美、营养丰富,所以,随着社会进步和人们收入的不断提高,鱼类的市场需求加速递增,这为渔业经济发展提供了巨大的市场需求推力,也为渔业发展不断提供更大空间。

《中国农业资源与利用》将"渔业资源"解释为"生活在海洋和内陆水域中具有捕捞或养殖价值的水生动物和植物"。广义的渔业资源包括渔业水域资源、水生动植物资源以及与此相关的气候环境,而水生动植物栖息、成长、繁殖的生态环境条件,有水体、光照、水温等。[2] 它们是渔业最基本的生产资料和劳动对象。中国渔业资源的种类繁多,海洋鱼类有 1500 多种,淡水鱼类 700 多种,但主要的捕捞对象通常不过 100 种。除鱼类外,藻类、甲壳类、贝类、头足类、海兽类等数量也很多。"渔业资源"一面是经济资源,是水乡泽国的民众赖以生存的原始生业;另一方面又是渔文化资源,独特的生产方式载负着渔民与其他社会群体不一样的生活方式。中国江南渔业资源主要分鱼类、甲壳类、软体类、藻类和哺乳类等,各类群的数量相差很大。鱼类资源是江南渔业资源中数量最大的类群;甲壳类,主要包括虾类、蟹类;软体类,包括贝类和头足类等,其中头足类包括柔鱼类、枪乌贼类、乌贼类和章鱼类;藻类,主要包括海带、紫菜;还有水生植物资源,如太湖莼菜、水八仙等,也属于渔业资源。水生浮游

[1] 〔美〕保罗·萨缪尔森、威廉·诺德豪斯:《经济学》第十七版,萧琛主译,人民邮电出版社,2004年,第 263 页。
[2] 全国农业区划办公室、全国农业区划学会编:《中国农业资源与利用》,农业出版社,1990 年,第130 页。

生物、水藻等植物也参与构成渔业资源内部的食物链。

渔业资源的不可分拨性对渔文化的发展有着巨大的影响力。

随着社会进步和人们收入的增加,市场对野生珍贵的鱼类的需求可能是加速递增的,从而将导致一些珍贵鱼类面临生态危机,甚至被人类灭绝。比如,鲥鱼、刀鱼、海参、金枪鱼、大黄鱼、鲨鱼、中华鲟、大马哈鱼、四腮鲈鱼等,是人力不可能增加供应的初级产物,若社会进步,则这些食物的市场价格可能会在短期内加速上升。经济学鼻祖亚当·斯密在《国富论》中阐述了社会进步对三种"初级产物"造成的不同影响,他认为珍贵的鱼类和大多数稀奇的鸟类、各种野生猎物、几乎所有的野生禽类,尤其是所有的候鸟,以及其他许多物品都属于"初级产物"。当社会财富,以及随之而来的奢华习惯升高时,人们对这些物品的需求也很可能会跟着增加。然而,任何人都无法增加它的供应量,以满足增加的需求量。因此,这类物品的供应量便几乎维持不变。但是另一方面,买方热烈竞争的程度却不断提高导致这些珍贵物品的实际价格上涨到离谱的高价,似乎没有明确的限制范围。[1] 长江野生鲥鱼的市场价格,从 90 年代不久以前,不断飙升,所以逆流长江去上游产卵的鲥鱼才会遭受灭顶之灾。

正宗的阳澄湖大闸蟹在菊花盛开时最肥美,"螯丰嫩玉双双满",蟹肉色健肉甜,曾有无数的诗篇赞美这天下至美之味,螃蟹的文化内涵十分丰富。随着江南经济繁荣,人们收入的提高,大闸蟹的价格更是一路猛涨,市场上的阳澄湖大闸蟹虽然用封签标示产地,但利益的驱使难免会造成冒牌普遍,商贩之间有无言的团结默契,通常借助于"信息不对称",一头欺骗渔民,压低大闸蟹的价格;另一头的消费者往往会形成"羊群效应",宁愿花高价消费自己无法辨认真假的阳澄湖大闸蟹。

市场对美味的鱼类的需求总是大于供给,因为渔业资源是稀缺的。渔业经济效率的提升和渔文化发展随鱼类的生活习性而决定。鱼类的活动空间范围若南北候鸟迁徙,譬如中华鲟、鲥鱼、大闸蟹等鱼类有长途跋涉的习性;有的鱼类则喜欢打旋磨般洄游在一定的河段或水域,来回觅食,群游一生。一般的捕鱼者或专业渔民没有"产权"意识,也很难确认"所有权",以劳动技巧的高低获取劳动成果,然后从市场中换取米粮和货币,这也体现了鱼类资源的"不可分拨性"。有些鱼类能在短暂的一生中从大海入江河口逆流而上至源头,比如

---

〔1〕〔英〕亚当·斯密:《国富论》,谢宗林、李华夏译,中央编译出版社,2013 年,第 173—174 页。

乌苏里江的大马哈鱼,洄游至江之源头,雌雄体外受精,繁殖下一代,然后死亡,周而复始,形成那个水系中的特色文化。

江南本地产出的大闸蟹在吃螃蟹的时令季节,甚至都不能满足当地市场需求,需从骆马湖、洪泽湖等苏北各地甚至从安徽巢湖、湖北武汉等地贩运螃蟹至江南各大水产批发市场。太湖鱼类生态系统破坏严重,或许是餐饮业繁荣带来的负面影响。比如以前繁荣一时的"太湖船餐",一年四季,来自全球各地的大量的消费者来到太湖渔船上享受美食,船餐的废弃物直接倒入太湖,排污无需付出任何成本。类似的情况在世界其他各地也发生过,比如纽芬兰渔场,因过度捕捞鳕鱼,导致当地鱼类生态系统无法修复,鳕鱼在那个渔场最终走向了灭绝。

如果回放二三十年代的江南渔文化发展片段,在那个历史时期,江南渔业生产、渔获物贸易及一部分渔民的生活状况,可以和经济学上所说的"渔业资源不可分拨性"形成一个对比,在江南渔文化发展的实践环节,有珍贵的档案资料为依据,有关"渔业资源的不可分拨性"和经济学理论有不一样的呈现,如在嵊泗列岛,因为捕捞技术传统,而当地渔业资源太充足,以至于当地渔民即使全天候跟着渔汛捕捞,也不会引发经济问题。

据民国中央及地方政府多次派员调查江浙近海渔业,嵊泗列岛渔业资源丰富。相对于捕捞能力而言,如果渔业资源足够丰富,超出渔民捕捞的能力,则"外部性"可以忽略。嵊泗列岛所处的海面岛屿星罗棋布,有嵊山、花鸟山、大黄龙山、大戢山、小戢山、东绿华山、西绿华山等。大小岛屿196个,整个嵊泗列岛的海洋面积为1731.53平方海里。[1] 当地海域海水深浅适度,适宜近海各种鱼类的洄游和繁殖。大宗鱼类产卵、觅食均群集于列岛附近海面,故"江浙渔民及时前往采捕,获大量渔产,或迁家于此,颇能安居乐业,年有积余"[2]。海洋渔业生产需要的资本较大,捕捞风险也更大,海味市场价格一般高于淡水鱼类价格,所以渔民收获有"年年积余"之情况。嵊泗列岛渔场分为五区:浪岗洋面、海礁洋面、大戢洋面、佘山洋面和嵊泗本岛洋面。[3] 嵊泗列

[1]《关于建议将嵊泗列岛划本市领导的说明》,《(上海市)水产局关于嵊泗列岛划归上海的说明、地图、基本情况及若干问题请示报告》,上海市档案馆档案,全宗号B255,目录号1,案卷号238。
[2] 张友声:《嵊泗列岛重要渔业调查》,《水产月刊》,1936年第3卷第3、4期合刊。
[3]《嵊泗列岛渔业概况》,《(渔管处)华东区、嵊泗列岛渔业概况》,上海市档案馆档案,全宗号Q460,目录号1,案卷号1285。

岛的渔产价值,据统计,"每年在千万元以上,亦为江、浙、闽渔民衣食之地,为吾国海产最富之区"[1]。当时国家正处于十年发展时期,市场兴盛,水产品交换速度快,无需考虑"外部性"或渔业资源的"不可分拨性",由此出现"海产最富之区"。当时嵊泗列岛的渔业资源足以供给江南市场,因为还有日、法、俄等国的大渔轮、大军舰在此处"侵渔",足以证明当时的渔业资源充足。

据民国档案资料记载,嵊泗列岛鱼的种类繁多。[2] 民国《水产月刊》中收录了许多关于嵊泗列岛渔村风光的文章,其中没有发现嵊泗列岛海域的鱼类枯竭的文字,大多数都是关于渔业发展势头蒸蒸日上、交易兴盛的描述。

渔民如果抓住渔汛的机会,尽力捕捞到极限,那么直到下一个汛期,此处还是群鱼汕汕,锦鬣闪闪,可见当时的嵊泗列岛渔业资源有多么充足,渔汛时节,鱼群的流量远远超越渔民的极限生产力,"不可分拨性"的存在对其他团体强征不了不可补偿的成本,也丝毫不会影响其他社会团体的收益。估计当时的上海鱼市场中近海鱼类的供给略低于需求,所以渔民获利较多,至"八一三事变"之后,那里的渔民生活发生很大变化,电影《渔光曲》可以证实。

每年阴历十二月至次年一月间是嵊泗列岛的小黄鱼的鱼汛期,主要产地在近沈家门海面一带,三月、四月亦为小黄鱼汛,但产地则在佘山洋面一带。[3] 嵊泗列岛的马鞍群岛附近海面产鱼颇丰,"以小黄鱼为大宗,次之则带鱼、墨鱼。余如淡菜海咸均为该群岛之特产"。[4] 此处距离上海较近,贩运到上海鱼市场运输成本低,渔民获利甚丰。既然每次渔汛的势头未见任何减弱,说明当时列岛渔民即便投入全部人力、渔船,也未能达到破坏鱼群生态平衡的临界点。

世界著名经济学家阿弗里德·马歇尔在他的《经济学原理》中谈到,海洋中的渔业生产的"不可分拨性"不会产生陆地人口集中的江河湖泊水域的大量捕捞造成那样严重的经济问题。"渔场、矿山等的报酬规律,如前所述,经济学用语中的土地包括江河与海洋在内。在江河捕鱼方面,增加使用资本和劳动

〔1〕 张友声:《嵊泗列岛重要渔业调查》,《水产月刊》,1936年第3卷第3、4期合刊。

〔2〕《关于嵊泗列岛的一些情况》,《(上海市)水产局关于嵊泗列岛划归上海的说明、地图、基本情况及若干问题请示报告》,上海市档案馆档案,全宗号B255,目录号1,案卷号238。

〔3〕《视察嵊泗列岛报告书·渔业情形》,《视察嵊泗列岛报告及乡保专座记录以及经纪人公会章程》,上海市档案馆档案,全宗号Q464,目录号1,案卷号150。

〔4〕 陆养浩:《辟浙省'宁波'、'奉化'、'定海'沪同乡会请划嵊泗列岛归浙论》,《江苏研究》,1932年第1卷第3期,第7页。

而增加的报酬表现出急剧递减。至于在海洋捕鱼方面,则有意见分歧。海洋容积巨大,鱼类非常丰富。有些人认为,实际上人类能从海洋中得到无限的鱼类供给,而不会明显影响海洋中剩下的鱼类数量。或换句话说,报酬递减率对于海洋海洋捕鱼几乎不适用。而另一些人则认为,凡是竭力捕捞、尤其是用蒸汽拖网渔船进行捕捞会使渔场生产力下降。这个问题很重要,因为,将来世界人口在数量和质量上,将会受到所能捕获的鱼类供给的显著影响。"〔1〕

几千年来,小规模渔业是居住在河湖、沿海或岛国上的民众的重要经济来源,他们也是当地特色文化的创制者和守护者。在大多数情况下,这些渔民的传统渔具不足以对当地鱼群给予严重的影响,因为受限于生产工具和自身体力,渔民捕捞作业半径很小;还因为他们"靠水吃水",因而更懂得珍惜拥有的渔业资源,所以他们才会约定俗成地在不同鱼类的繁殖期相应休渔,也由此留给他们后代源源不断的美食供给。马歇尔认为,海洋容积巨大,单靠一个渔民群体的力量是无法达到耗尽资源以至于让其他团体没有机会捕捞的地步。大型围网捕捞和使用马力充足的拖网渔船在鱼汛期每天不间断地捕捞,是造成渔业生态系统破坏的主要力量,纽芬兰渔场的鳕鱼灭绝就是个例子。但"鱼类学"研究认为,鱼类的洄游、觅食和繁殖都有相对稳定的时间和空间范围,比如长江鲥鱼、中华鲟等,定期洄游在大海和长江之间;阳澄湖大闸蟹终生在阳澄湖至大海之间游荡。乌苏里江大马哈鱼也是从大海逆流到江头产卵,然后死亡,下一代再回大海生长,接着再洄游江头繁衍新一代;还有太湖的一百多种鱼类,一生活动的路线和水域范围比较稳定,所以渔民才会有"结帮"作业,一片水域有同样的渔获物。所以,若不按政府规定的休渔期让鱼类休渔繁殖、成长,那么在市场的引力作用下,为了利益,渔民群体甚至会出现竭泽而渔的做法。现代机械动力的大渔船,生产能力充足,所以近海捕捞总有过度的倾向。远洋捕捞业随着渔业科技进步同样面临许多问题,比如非法捕捞鲸鱼、贩卖鱼翅等追逐暴利的行为,这种行为反文化、反现代化,让地球生态失衡,物种灭绝。

每逢春分到谷雨期,是嵊泗列岛的黄花鱼渔期,黄花鱼主要渔场在嵊山周边。在捕捞旺季,渔民每年出渔船能多达1000多只,年捕获量200多万担,年产值300多万元。当时整个江苏的近海黄花鱼全年出产价值在1000万元以上,

〔1〕 〔英〕阿弗里德·马歇尔:《经济学原理》(珍藏本),廉运杰译,华夏出版社,2012年,第145页。

"而嵊山所产为全数的 30％"。可见当地渔业资源之富势威猛,鱼类繁殖旺盛。

　　渔文化发展是渔业资源的耗费和渔捞技术进步之间的一场竞赛。旧式渔业因为生产能力的局限,无法过度捕捞,以至于影响其他团体的利益。机器渔轮的使用则给渔文化发展带来新的内容,但是以机器代替人力,受利益驱使,必然有过度捕捞的倾向。近代,沿海的苏、浙等省出产的带鱼丰富,这种鱼比淡水鱼更加美味可口,畅销江南各地,受到消费者的普遍欢迎,逐渐形成一股巨大的市场需求力量。带鱼业对于渔民生计,似乎比之黄花鱼更为重要。因为旧式渔业的主体渔民的知识水平低,渔船、渔网等渔具不如后来的机器渔轮那么先进,可以全天不间断作业,这种旧式捕捞业尽管规模很大,但带鱼渔汛具有周期性,渔业活动没有影响到鱼群的繁衍。嵊泗渔业因为技术进步及机器渔轮的引入而愈发兴盛,但是没有出现二十世纪五六十年代纽芬兰渔场那样的悲剧,他们使用马力充足的拖网渔船以及携带庞大的捕鱼网兜,所到之处鱼鳖虾蟹被一网打尽。新式渔业是江南经济发展的亮点,为江南渔文化发展增添了时代特色。

　　渔业资源的不可分拨性是决定渔业生产方式特殊性的力量之一。渔业生产不可以像其他农业生产一样采取小农经营模式,鱼群是自然资源,鱼儿在水下自由游弋,洄游性强,渔民最多只能在一个比较大的水域结帮经营,不可能划分狭小的水域独立作业。如果采取像陆地上的"家庭承包责任制",则渔民社会成员的收入会很难做到相对"公平"。

　　公共水域中四处游弋的鱼群是当地渔民的"集体资源",若渔网、渔船归个体所有,那么,每一个日为衣食所累的渔民都可能会有过度捕捞的心理倾向,因为每一个人都关心自己的利益。即使用网段隔开公共水域,每位渔户各自经营自己的圈养水域,但野生鱼苗、公共水域中的鱼类的天然食物等资源也是不可分拨的。渔民结帮捕捞、渔民组建渔业合作社、政府帮助渔民建立现代渔业公司、渔业立法等行为都是由渔业资源的不可分拨性和渔业经济发展的特殊性而决定的。渔民结帮捕捞,是因为太湖水域中,不同的水深层次生活着不同的鱼类;不同的地理位置,也产出不同的鱼类。渔民结帮捕捞,一个帮主只需跟随一种类群或"子类群",这样,各帮派熟能生巧,合力捕捞,渔业生产效率更高。这样一个水域便有一群相对固定的渔民群体,他们比起别人更懂得鱼类生活习性,而且知道如何休渔,合理捕捞。渔民结帮经营、组建渔业合作社、成立渔业公司、政府组建渔会、进行渔业立法等都属于"渔文化的创制",这些举措能有效地优化和配置渔业资源,提升渔业经济活动"效率",并能有效促进"公平",这些内容本书相关部分有分别详细的阐释。

渔业资源既不同于不可耗竭的自然资源,如潮汐能、风能等,也完全不同于不能再生的资源,如煤炭、铁矿石等自然资源。渔业资源具有可再生性。

渔业资源具有自行繁殖的能力,水生动植物资源因自然死亡、捕捞和利用而不断地减少或消失,同时又因为生长繁殖而不断增加和补充。在管理得当的前提下,渔业资源的价值可能达到效用最大化。人类既可以合力开发利用渔业资源,还可以通过人工增殖,增加资源量;或通过人工养殖,扩大水产品供给量。开发利用水产自然资源,避免酷渔滥捕,则渔业生态平衡便不会遭到破坏,渔业资源衰退的现象就可以避免,渔业资源的可再生的周期也会缩短。这里的周期指的便是"鱼龄","鱼龄"的长度在"鱼类学"里有详细的分类,鱼龄即鱼类的生命周期。除了老龟等长寿鱼类,鱼儿生死周期都很短,所以,在一个水域,保持"开捕"与"禁捕"的动态平衡,是渔业可持续发展的最佳、最科学的管理方法。

我国古代最早主张保护渔业资源和生态平衡的文献《里革断罟匡君》如此写道:

> 宣公夏滥于泗渊,里革断其罟而弃之,曰:"古者大寒降,土蛰发,水虞于是乎讲罛罶,取名鱼,登川禽,而尝之寝庙,行诸国,助宣气也。鸟兽孕,水虫成,兽虞于是乎禁罝罗,猎鱼鳖,以为夏犒,助生阜也。鸟兽成,水虫孕,水虞于是乎禁罜,设阱鄂,以实庙庖,畜功用也。且夫山不槎蘖,泽不伐夭,鱼禁鲲鲕,兽长麑,鸟翼鷇卵,虫舍蚔蝝,蕃庶物也,古之训也。今鱼方别孕,不教鱼长,又行网罟,贪无艺也。"
>
> 公闻之,曰:"吾过而里革匡我,不亦善乎! 是良罟也! 为我得法。使有司藏之,使吾无忘谂。"师存侍,曰:"藏罟不如置里革于侧之不忘也。"[1]

今译则为:初夏,鲁宣公在泗水的深潭中下网捕鱼,太史里革将他的鱼网割断丢到一边,说:"古时候大寒一过,地下冬眠的动物便开始苏醒,

---

[1]《古文观止》,长春出版社,2008年,第135页。

　　负责渔政管理的官员水虞这时才谋划用鱼网、鱼笱,捕大鱼,捉龟鳖等,然后拿这些到寝庙中去祭祀祖宗,同时也让都城的百姓去捕鱼,是为了宣发春天的阳气。到了鸟兽发情的季节,水中生物比如鱼鳖等已经发育长成,负责管理禽兽的官吏兽虞在这个时候就得禁止张网捕捉鸟、兽,只许刺取鱼鳖,制成干货以备人们夏季食用。这样做有助于鸟兽生长和繁衍。当新一代鸟兽长大了,又是鱼鳖交配季节,水虞此时就得禁止使用细眼的小鱼网捕捉鱼鳖,只准设置陷阱捕兽类,用来供应宗庙祭祀和庖厨的需要,这是为了储存物产资源以备日后享用。到山上不准砍伐新生的小树,在水边也不许砍伐幼嫩的草木,捕鱼时禁止捕捞幼小的鱼虾,捕兽不得伤害幼小的兽,捕鸟时要保护雏鸟和鸟卵,捕虫时要避免伤害蚁卵和蝗虫的幼虫,这样都是为了让万物繁殖生长。这都是古人的教导。现在正当鱼类的孕育期,不等它们长大,就下网捕捞,真是贪心不足啊!”

　　宣公听了里革的一番话,说:“我有过错,里革便纠正我,不是很好的吗? 这是一张很有意义的网,让我懂得了古代治理天下的方法,让主管的官吏把它保存好,使我永不忘记里革的这次规谏。”有个名叫存的乐师当时伺立在宣公身旁,他说:“与其保存这个张网,不如将里革安置在您身边,便更不会忘记他的规谏了。”

　　渔猎作为人类的原始生业,因为一些自然资源的不可分拨性的存在,人们虽然没有经济学家那样的认识,但对于过度渔猎的危害性肯定都有不同程度的理解。《逸周书》说:“夏三月,川泽不入网罟,以成鱼鳖之长。”人们按照自然物的成长和繁殖规律捕捞或猎取食物,万一滥捕导致竭泽而渔,则很快无鱼可捕。孟子说:“数网不入罟池,鱼鳖不可胜食也。”每一种野生鱼类、野生动物或鸟类都有不同生长规律,在两千多年前,中国大地,自然资源丰富。森林茂密,麋鹿呦呦;草原菁菁,牛羊烦诃叱;江南水乡,鱼虾盈川。我们的先民就向政府提出了禁猎期、轮休制和休渔期,以“休养生息”,珍惜自然资源,供一代又一代人再开发和有效利用。但是,随着社会发展和人们收入的增加,消费者对野生鱼类、珍贵的鸟类和野生动物的需求大幅提升,当代高度发达的市场经济运作对于一些珍贵的物产来说可能并非意味着繁荣,而是毁灭。当今世界各地,很多稀有的鱼类、禽类、鸟类和名贵动物,因为市场的离谱需求和捕获者的“逐利”心态,这些动物遭受了不同程度的灭顶之灾,渔乡风情、草原和森林风貌因此不再。

渔业生产的时间性和地域性一般比较集中,即捕捞工作有旺汛时的盛渔季节,也即鱼类生长成熟的起水收获期,但人们的消费需求在时间上和地区上却相对均匀。这就时常造成供给与需求之间的不平衡。特别是水产品易腐变质,需及时保鲜、保活或加工处理,才能使其具有高度的商品性。渔获物需通过腌制、冷冻才可以扩大市场空间,因此,保鲜技术对渔业发展比畜牧业要求更高。

有些渔业资源栖息于公海,有的还具有一定规律的洄游习性,洄游在几个国家管辖的水域。因此,有关渔业生产和渔业管理方面需要国际间的合作。鱼类的洄游特性使得渔业资源的自然产权难以固定,这不仅是全球渔文化发展的一个限定,也是一个特色。海洋法的实施,对于规范世界各国的捕捞行为有法律约束,比如日本人常于南太平洋捕鲸,且有过度捕捞的倾向。有一些国家捕捞金枪鱼也有过度捕捞的倾向,这不利于公共资源的再生。这些名贵鱼类市场需求量太大,捕捞者受利益驱使可能会无视国际合作。

渔业生产可在不同水层捕捞或养殖不同的水生经济动植物,这样便可广泛地形成水域的立体使用。[1] 比如,长江鲥鱼一般在江面下二十厘米左右水里逆行,有经验的渔民便会利用这一知识捕捞鲥鱼,这也致使野生鲥鱼几近灭绝。

一般认为渔业具有农业和工业的二重性质。但有的科学家,如苏联的水产经济学家 H. Л. 琴索耶夫在其所著的《苏联渔业经济学》中把渔业经济作为"工业经济的一部分"进行研究。英国学者温·霍恩比、鲍勃·甘米与之类似,将渔业归为标准化工业分类体系中的"基础产业"。[2] 一般认为,在自然水域中采捕天然水生动植物的捕捞业属于采掘工业性生产;在江河、湖泊、水库、池塘、浅海滩涂养殖水生动植物的养殖业属于农业性生产;水产品加工则属于加工工业性生产。苏联渔业经济的发展和世界上其他海洋国家有不一样的地方,因为寒冷,海洋渔业多是就地加工,比如他们的远东渔业,在库页岛、北方四道,渔业经营兵民一体,既有经济收益,同时也是有效的国防力量。

---

〔1〕 中国农业百科全书总编辑委员会水产业卷编纂委员会、中国农业百科全书编辑部编:《中国农业百科全书·水产业》,农业出版社,1994 年,第 468 页。

〔2〕〔英〕温·霍恩比、鲍勃·甘米、斯图尔特·沃尔:《企业经济学》,戚自科、汪凌译,华夏出版社,2003 年,第 59 页。

渔业和一般工业和农业相比，还有一些特点：

作为鱼类生活场所和渔业生产基地的水域，既不占耕地又不占林场草原，还可以立体利用，进行多水层增值和捕捞。渔业科技进步能很大地提高一个水域的渔业生产力，既增加了单位产量，也促进了渔文化发展。

鱼类是有生命的自律更新资源，又是冷血性动物，能量消耗少，所以，较之陆上养殖业，投入养鱼的饲料转化率较高。据统计，养牛，6—7 公斤的饲料才能换到 1 公斤的牛肉；养猪，需 3 公斤的饲料才能换到 1 公斤的猪肉；需两公斤鸡饲料才能换 1 公斤鸡肉；但投入 1.5 公斤的饲料就可以产出 1 公斤的鱼。[1] 随着科技的发展再加上精心饲养和合理捕捞的辅助，单位的饲料投入会加速增产增收。在江南地区进行河道清淤和彻底疏通能给淡水渔业发展带来巨大的正能量，河道设立网段也能促进江南渔业经济健康发展。

渔业生产具有不确定性和"外部性"。这一特性来源于渔业资源的不确定性和极端的外部性，因为鱼类生长、发育、繁殖的过程受水域自然环境和人类活动影响较大，因而在生产上存在极大的不稳定性。创造并保护鱼类生长所需的良好环境，防止污染物侵袭渔业经济区，以科学的方法经营、以政策和法律为保障，渔业才能控制不确定性和避免负外部性的产生，保持渔业生产稳定持续增长。

渔业资源的"外部性"，分正外部性和负外部性，也属于"渔业资源的不可分拨性"的内容之一。

渔具诗·药鱼

陆龟蒙

香饵缀金钩，目中悬者几。

盈川是毒流，细大同时死。

不唯空饲犬，便可将贻蚁。

苟负竭泽心，其他尽如此。[2]

药鱼对水生态的破坏力超过竭泽而渔，因其需要在鱼饵里混入毒药、农

---

〔1〕 高润英主编：《中国渔业经济研究》，农业出版社，1990 年，第 13 页。
〔2〕 〔清〕彭定求编：《全唐诗》，中华书局，1960 年，第 7137 页。

药,如此,一片水域中的大小鱼类、各个层次的鱼儿几乎全部死亡,鱼体腐烂也会将水域变得更糟糕。

很多吞食藻类的体型比较大的鱼类,如鲢鱼、草鱼等,既是人类的美食,也是环保资源。但鱼有"鱼龄",除了千年神龟、鲸鱼、一些鲨鱼,一般鱼类的生命周期都很短。鱼儿得病或死亡也会污染水环境,所以若能在"禁用高科技捕捞"与"传统捕捞"两种"政策供给"之间找到一个"黄金分割比",那么,昔年江南的传统渔文化与现代科技养殖的完美结合,将是江南渔文化发展的最佳路径。

稻米产业的发展思路与此有类似之处,传统的低产稻米,如"红莲稻""白花珠""鸭血糯"等御用"贡品",味道、营养和高产杂交高产稻有天壤之别。经营米酒、糕点等以鱼、稻进一步深加工的产品的江南老字号企业,产出的美食浸透二十世纪七八十年代以前的味道。美食食材的"稀缺性"与经济"效率",是"鱼食饭稻"乡土文化区经济发展的双重主题。

只有不间断地以"政策供给"保护江南传统渔稻经济发展空间与模式,明确"生产什么?"、"如何生产?"和"为谁生产?"的几个问题,微分市场,"鱼米乡"的历史文化才会更加蓬勃。

污染对鱼类生活的影响是负面的,将会导致蓝藻泛滥,渔业发展受限。水域污染,比如硫化物、氰化物、多种重金属离子:铜、汞、锌、铅、铬等,以及酚、醛、有机氟农药制品、铜、铅等重金属会促使鱼鳃分泌大量黏液并凝固盖于鳃上,使鱼窒息而亡。

清洁的水、清新的空气和未遭污染的土地,都是当今人们要追求的目标,也是人类生存和发展的时代要求,因为这是维护生命安全的需要。但是,为了达到这些目标,人类又愿意为之付出多少代价呢?如果我们继续无视自己所处的自然环境的恶化,那么,人类社会又将会遭受一种什么样的惩罚?

蛛网水乡的大地因化工等低端制造业的畸形发展而遭受污染的折磨,江南渔业生态环境的破坏,一定程度上改变了"鱼米之乡"旧年的映丽形貌。

保罗·萨缪尔森在他的《经济学》第四篇"政府在经济中的作用"中强调了环境和经济发展之关系,他首先引用哈佛大学杰出的生物学家威尔逊(E. O. Wilson)的沉痛警告,淋漓尽致地表达了环保人士的观点:

　　环境保护……将人类视为一种紧密地依存于自然界的生物物种……

地球上许多重要的资源正在枯竭,大气的质量在恶化,世界的人口膨胀到了危险的程度。自然生态系统这一健康环境的源泉正在不可逆转地退化……每当这个严峻的现实及其后果困扰于心的时候,我的困惑禁不住会激进得无以复加:人类是不是要自杀?[1]

相信这一灾难性景象的人们指出,人类必须实行经济“可持续”增长,并学会在稀缺的自然资源的限制下生存,否则我们将不得不吞食悲惨而又无可挽回的恶果。

另一方面是“富足论者”。他们认为,无论是自然还是技术能力,其枯竭都是极为遥远的事情。这种乐观观点表明,我们能够实现无限制的经济增长和生活水平的提高,人类智慧足以应付任何环境问题。如果石油耗尽了,还有大量的煤和铀。如果没有替代品,高昂的价格还将会诱导出新的技术。在他们看来,技术、经济增长和市场力量是救世主,而不是祸根。[2]

事实上,许多世纪以来人类一直没有停止过损害自然环境。从历史来看,人类从采集狩猎转向定居、刀耕火种、毁林造田以及饲养家禽之际,也正是人类开始干预自然生态之时。

水体污染破坏了包括鱼类在内的食物链,如果 DDT 达到 100 ppt 浓度,纤细菱形硅藻的光合作用强度降低 94%;而仅达到 9.4 ppt 时便能明显观察到叶绿体被破坏。如果工业废水在蛛网水乡排放超量污染物,则必然导致恶性循环,出现“赤潮”“水华”现象。目前,江南渔业环境的保护状况明显好转,科技、资金的投入,江南渔业经济迈入“生态优先、绿色发展”的轨道。

渔业属于“大农业”范畴,具有农业产业的共性。渔获物和一些农产品的价格在市场上的博弈能力几近于零,这就是渔业产品市场的“完全竞争性”。渔业生产具有强烈的季节性、周期性和分散性。[3] 因为鲜活水产品易腐败变质,保鲜难;有些产品的生产还必须得到冷藏、加工、运销等一系列配合,才能减少渔民的经济损失。在“大农业”的范畴中,农业生产比制造业的技术含量低,生产的个体单位较多,因而每个农业企业、小农手中的产品对于整个市场

[1] 〔美〕保罗·萨缪尔森、威廉·诺德豪斯:《经济学》第十七版,萧琛主译,人民邮电出版社,2004年,第 260 页。

[2] 同上书,第 260 页。

[3] 农业部软科学委员会办公室:《农村市场经济》,中国农业科学出版社,2001 年,第 101 页。

来说毫无垄断力。不像重要的工业品和人们生活的便利品在市场上有相当的价格博弈力量,制造业主能无需沟通,相互之间就可以达成无言的默契。农产品属于完全竞争性产品,一个小农或者一群小农手中的粮食、大蒜、茶叶、鲜鱼、水果、蔬菜等农林牧副渔产品如果不及时在附近区域的市场出售,换取资金和其他生活必需品,而是运输到更远的市场完成交易的话,必然要投入时间、人力和运费,如此交易成本更高。一般而言,社会弱势群体更倾向于蓄积再生产的资本,比如购买农具、渔船、做小生意的工具等。

值得一提的是,因为渔民生产生活的场合多在水域,所以大部分江南渔民是:泛宅浮家倚水多,帆叶舻枝随波起,鹑衣赤脚吹湖风,风口浪尖活性命。胼手胝足的渔民常年接受充足的风吹日晒,他们不仅处于社会最底层,也生活在物理空间海拔最低的水面。所以,渔民每日的劳动产品基本要天天顺着密如织网的江南水乡处处叫卖以换取当日的米粮,水乡到处都有他们卖鱼的"微市场",他们也从未缺少"市菜求增"的购买者。近年来去太湖渔村、渔家的调查研究表明,很多年轻的渔民宁愿年复一年地生活在风口浪尖,也不愿上岸。若没有这样的渔民,渔文化可能会在江南大地色彩暗淡。保护原生态文化,发展江南文化,是当下的必要选择。

四、丰饶的渔文化资源

江南渔乡,如果从芜湖、宣州看,是江之东;沿南京—扬州—上海一路看来,是江之南;于斜月沉沉藏海雾的嵊泗列岛上空望长江滚滚东逝水,则是"碣石潇湘无限路",因为潇湘是两湖的大江中段,流淌着悠久而丰厚的渔文化;顺钱塘江流或观钱江潮时的江南,则是钱江以北的蛛网水乡。

源于"三山文化"的江南渔文化发展脉络:

渔文化除了古文字和诗词歌赋等文字材料以外,还包括神话传说等许多口述的历史材料,这些具有浓郁水乡气息的、源远流长的"渔文化"是根植于江南渔业发展的基础之上的。[1]

江南文化之中蕴含的渔文化味道很浓,这里许多地名、物名亦与"鱼"有

---

〔1〕 李勇:《苏南渔业发展中灿烂的渔文化》,《安徽史学》,2009年第4期,第126—128页。

关,如苏州的"乘鱼桥""鱼行桥""乘鲤坊""炙鱼桥""鱼肠剑"等。太湖畔的古吴族"实即是擅长捕捉鱼之部族"。先秦吴国数位君王的名号,吴王阖闾名号的含义是船首——最尊贵的船;季札原名"船桨";馀眜,意思是"鱼之祭"。[1]

太湖流域自古号称"鱼米之乡",渔业是这一区域的原始生业之一,渔业生产历史悠久,建立在渔业经济发展基础之上的"渔文化"源远流长,独具特色。这种文化积淀,同样构成苏南渔业经济发展的"资源"优势。

扬子江—太湖流域是古代越人生活的地方,"以其生长江湖,尽得水族之性"。他们能精通"水族之性",是天生的捕鱼能手。据考古发现,太湖湖心处有一座三峰相连的岛屿,即三山岛,面积为2平方公里。从这里的旧石器时代的古文化遗址发现,当时的居民以渔猎经济为主。在渔猎经济中,又以捕鱼为主。从出土的网坠等渔具所占比重可以计算出渔猎经济的比例,渔业占的比重较大。在以后的年代中,三山岛的居民继续维持着异常发达的渔业生产,"靠山吃山,靠水吃水",他们世代以捕鱼为生。这可以从出土的大量渔业用具以及居住遗存器物中得到有力的证明。

新石器时代早中期遗址出土的许多文物中,太湖流域各地普遍发现骨鱼鳔以及石制或陶制的网坠,说明渔猎经济在当时占有相当重要的地位。根据新石器时期的青浦县崧泽文化(是以青浦县城东四公里处崧泽古文化遗址的中层文化为代表的一类新石器时代文化。崧泽文化距今约4900—5800年,分布范围大致在长江以南、钱塘江以北、太湖以东地区。它是前承嘉兴的马家浜文化,后接余杭良渚文化的一种太湖地区新石器时代的具有一定典型性代表的文化。)遗址出土的"网坠"判断,青浦地区的渔业生产已经有五六千年的历史了。[2]吴江梅埝出土文物距今约六千年,其中就有石网坠、黑陶网坠、红陶网坠、骨鱼鳔,还有鼋、龟的骨骼和很多鱼骨,鱼的脊椎骨有的直径竟然达到4—5厘米,[3]可见此时人们已经能在宽阔的水面捕捉大鱼。在日常生活中,当时的人们用鱼的脊椎骨在中心穿孔或磨光作为装饰品,陶器的纹饰物有鱼鳞纹、菱叶纹、菱实纹、水珠纹、黄花纹,骨角器中有制作相当精致的雕刻鱼形匕首等。这都反映了人们对渔猎生活的熟悉与喜爱,以及渔猎在经济生活中的重要地位。

[1]　杨晓东:《灿烂的吴地鱼稻文化》,当代中国出版社,1993年,第3页。
[2]　上海市青浦县县志编纂委员会编:《青浦县志》,上海人民出版社,1990年,第236页。
[3]　江苏省水产局史志办公室:《江苏省渔业史》,江苏科学技术出版社,1993年,第2页。

进入有文献记载的历史时期,太湖流域渔业的发达更是有案可稽了。据载,春秋战国时期,吴王阖闾曾经花费大量人力物力在石湖、姑苏台附近建造"鱼城"来养鱼,如此大规模的养鱼工程可见当时渔事之盛。松江"民多以渔为业,取鱼之术亦备"。[1] 当时,吴地沿海渔民创造了捕鱼工具"扈",即东晋以后的"沪"。"沪"是一种定置渔具,其捕鱼方法是,用细竹或竹片编成栅栏,插入江中,利用近海江水受潮汐影响而产生的涨落潮,将鱼虾捕获在"沪"内,这是捕捞技术的一大进步。

隋唐时期,太湖流域渔业得到进一步的发展。唐代陆龟蒙、皮日休的渔具诗,比如"网""罩""钓筒""射鱼""沪""鱼梁""叉鱼""种鱼""药鱼""鱼庵""箬笠""蓑衣""背蓬"等,这些诗对当时太湖流域的捕捞技术和捕捞器具作了详尽的描述,乡土气息浓郁。

宋代,因罗盘针的使用和航海技术的进步,太湖流域出现了大型捕鱼船只。南宋时期,太湖就有几道桅的大渔船。明代太湖流域的渔船有帆罟船、边江船、厂稍船、小鲜船、剪网船、辋网船、江网船、赶网船、丝网船、划船、逐网船、罩网船、鸬鹚船等。明清时期,江南地区的渔业捕捞器械的制造和使用更加科学了,如沙船就有平板、平头、吃水浅的特点,适合近海捕捞。

明清以来,随着江南资本主义萌芽的出现,城镇对鱼货的需求不断增加,太湖渔业经济因此获取了发展的巨大"拉动力",特别是太湖的淡水养殖业有显著的发展。当时,在全国,淡水养殖业以珠江三角洲和太湖地区最为发达,[2] 家鱼的多品种混养也在长江和太湖地区迅速发展起来,混养的品种包括上层、中下层和底层鱼类,如青鱼、草鱼、鲢鱼、鲤鱼、鳊鱼、鳙鱼、鲮鱼等。那时太湖流域的苏州、无锡等地附近的农村,养鱼业已经由副业逐渐向专业化发展了。水产品的商品化程度不断增强,促进了养殖业的发展,一大批集中连片的专业养殖产区出现了。在吴县,有开辟于明末清初时期的蠡口、黄埭、黄桥的连片鱼塘,太湖中的洞庭东山桑基鱼塘,开辟于清嘉庆年间的无锡梁溪河滩的连片鱼塘等。[3]

发展到近代,无论是捕捞、养殖,还是水产品加工、运输和贸易等行业都取

[1] 《嘉庆松江府志》(一),《中国地方志集成·上海府县志辑一》,上海书店出版社,1991年,第155页。

[2] 丛子明、李挺主编:《中国渔业史》,中国科学技术出版社,1993年,第63页。

[3] 江苏省地方志编纂委员会编:《江苏省志·水产志》,江苏古籍出版社,2001年,第111页。

得了较大的发展,大体上呈阶梯状上升态势。太湖渔业发展历经几十年,大致可以分为四个历史阶段:(1)十九世纪七八十年代至江浙渔业公司创立之前;(2)江浙渔业公司的创立至上海鱼市场建立;(3)上海鱼市场的建立至抗战爆发;(4)抗日战争开始至新中国成立。前三个阶段呈现明显的上升势头,后一阶段因为战争破坏和官僚资本的掳掠,处于停滞不前甚至下降的态势。

十九世纪七八十年代至江浙渔业公司创立之前,是太湖渔业经济发展的第一个历史时期。这一时期的渔业在生产技术和方法上,渔民仍沿用传统的渔具,结帮捕捞。渔业生产仍然以捕捞为主,水产品加工业使用天然冰进行保鲜。水产品贸易场所和机制是传统的"鱼行"或"鱼市"。这一时期,渔业的发展速度很慢,进步幅度不大,上升的趋势不明显。

1904年江浙渔业公司的创立至上海鱼市场建立是太湖流域渔业经济和渔文化发展的第二个重要时期,也是"第一次上升"时期。江浙渔业公司购置机器渔轮,进行捕捞作业,大大促进了渔业生产力的发展。二十世纪初,蒸汽机拖网渔船引进以后,太湖及近海开始进行单船舷拖网作业,1921年从日本引进双拖网渔船作业,这里又进入了机动渔船拖网的新时代。与此同时,近代化的企业——渔业公司不断涌现,如1909年在宜兴成立的"达昌渔业公司",1914年在上海成立的"浙海渔业公司",1923年在上海组织成立的"海利渔业公司",1926年在上海成立的"振兴渔业公司",1927年在上海成立的"中华轮船渔业公司"等。公司制是一种新型的资本组合方式,有利于资本积聚,也有利于生产要素的优化组合,并能提高渔业经济活动的效率。所以,这一时期,是机器渔轮的引进和公司制度的创始和发展的时期,是太湖渔文化发展的重要时期。

太湖流域渔业经济及渔文化发展的"第二次上升"时期是上海统一的鱼市场的建立至抗战爆发之间的时期。这一时期,渔业经济一度繁荣,最重要表现就是水产品市场化程度的提高,太湖流域各地中小鱼市场"遍地开花"。随着南京国民政府统一中国的完成和渔业立法的进步,太湖渔业经济呈现出欣欣向荣的景象,30年代上海统一的鱼市场的建立就是太湖渔业经济发展的又一个重要的里程碑。市场的繁荣,水产品贸易量的增加拉动了渔业的发展,提高了经济效率。这一时期,本地区的水产品加工业进一步发展,水产品保鲜开始使用机器制冰,还出现了鱼肝油制造业等深加工产业。

抗战开始至新中国成立,是太湖渔业经济及渔业文化发展进程中的第四个阶段。日本侵略者控制上海鱼市场和苏南渔业,大量的资源被掠夺,致使渔业发展受阻。抗战胜利后,尽管民国政府对渔业进行了一些救助,但因战争破坏严重,仍是收效甚微。

从总体历史发展趋势看,太湖渔业经济及渔文化呈现出阶梯状发展的趋势,具有鲜明特点,这些特点可以简单地概括为"两个率先"、"四个历史阶段"和"两次上升"。

亘古及今,太湖流域地区"民食鱼稻",这里是全国最著名的"鱼米之乡",灿烂辉煌的"渔文化"渗透于吴地社会生产和生活各方面,独具特色。历史文献中也蕴藏着丰富的"江南渔业":

这里发生过"专诸刺王僚"事件,因为吴王僚非常喜欢吃鱼,刺客专诸苦练烹饪鱼的技巧,怀揣着满满的忠心,终于行刺成功,太湖流域的历史文化发展方向也因此而改变。

吴王夫差建"鱼城"作为王室的一项文化娱乐活动场所,也附带产生了经济活动中的"示范效应",促进了当地渔业经济发展。

《太平寰宇志》记载:"昆山县石首鱼,冬化为凫,土人呼为鹭鸭。小鱼长五寸,秋社化为黄雀,食稻,至冬还海,复为鱼。"[1]

《博物志》记载:"鱼鲙,吴王闻三师将至,治鱼为鲙。将到之日,过时不至,鱼臭。须臾,子胥至,阖闾出鲙而食,不知其臭,复重为之。吴人作鲙,自阖闾始也。"[2]

据《吴郡志》记载,阖闾十年,国东有夷人侵逼吴境。吴王大惊,令所司点军。王乃宴会亲行,平明出城十里,顿军憩歇,今憩桥是也。王曰:"进军。"所司又奏,食时已至。令临顿吴军宴设之处,今临顿是也。夷人闻王亲征,不敢敌,收军入海,据东洲沙上。吴亦入海逐之,据沙洲上,相守一月。属时风涛,粮不得度。王焚香祷天,言讫,东风大震。水上见金色,逼海而来,绕吴王沙洲百匝。所司捞漉得鱼,食之美。三军踊跃,夷人一鱼不获,遂献宝物,送降款。吴王亦以礼报之,仍将鱼腹肠肚,以咸水淹之,送与夷人,因号逐夷。夷亭之名昉此。吴王回军,会群臣,思海中所食鱼,问所余何在?所司奏云,并曝干。吴王索之,其味美。因书美下着鱼,是为鲞字。今从失,非也。鱼出海中作金色,不知其名。吴王见脑中有骨如白石,号为石首鱼。[3] 石首鱼,又名黄花鱼,也

[1]　见吴文化研究促进会编:《句吴史集》,江苏古籍出版社,1998年,第254页。
[2]　〔宋〕范成大:《吴郡志》,江苏古籍出版社,1999年,第435页。
[3]　〔宋〕范成大:《吴郡志》,江苏古籍出版社,1999年,第672—673页。

叫江鱼。此鱼出水能叫,夜间发光,鱼头中有像棋子的石头,所以叫石首鱼。

根据台湾作家张曼娟《黄鱼听雷》中描述的黄花鱼,头里有石头,雷雨来,石头变重,鱼身便沉入水底。吴王打败东夷人,就和黄花鱼有关。

又据《吴郡志》记载,吴王江行食鲙有余,弃于中流,化为鱼。今鱼中有名吴王鲙鱼者,长数寸,大者如箸,犹有鲙形。〔1〕

《汉书·五行志》记载:"吴地以船为家,以鱼为食。"〔2〕

陆龟蒙,唐代吴郡人。其有《网》诗云:"大罟纲目繁,空江波浪黑。沉沉到波底,恰共波同色。牵时万鳍入,已有千钧力。尚悔不横流,恐他人更得。"〔3〕诗中描述了江南渔民撒网捕鱼的情景:经验丰富的壮年渔民将纲目繁杂的渔网抛向空中,渔网瞬间张开,遮住旭日的光芒,像巨型的铁锅,锅口朝下插入水面;又像霍金《图解时间简史》中所构想的虫洞一样的大喇叭似的笼形状的完全张开的"波浪黑",在网坠的重力加速度作用下,切开水面,渔网迅速沉入水底。"牵时万鳍入",撒网里面是兜兜一样的设计,鱼儿进入后,基本无法逃离。

陆龟蒙还有《鱼梁》诗曰"能编似云薄,横绝清川口。缺口欲随波,波中先置笱。投身入笼槛,自古难飞走。尽日水滨吟,殷勤谢渔叟",〔4〕赞美了渔民的捕捞技巧,体现了渔民智慧之魅力。

《枫桥夜泊》中描述的大运河水面上有渔船扬帆、渔火燃燃。随风飘来的鱼汤味香浓,加剧了来此逃难者的饥肠辘辘,诗人于饥饿中写下的诗,化成千古绝唱,酿制出一段经典渔文化。

皮日休《钓侣》诗云:"趁眠无事避风涛,一斗霜鳞换浊醪。莫怪儿童呼不得,尽行烟雨漉车螯。"〔5〕这首诗通过对江南渔家劳作和生活的勾画,赞美了太湖水乡的田园风光。

杜荀鹤《钓叟》云:"茅屋深弯里,钓船横竹门。经营衣食外,犹得弄儿孙。"〔6〕也歌颂了渔家乐的渔文化。

唐宋文化繁荣,有关太湖渔文化的诗、词、歌、谣等作品数不胜数,这不仅反映了当时太湖流域渔业的发达,也反映了太湖渔民的辛劳和智慧,渔具、渔

---

〔1〕　见吴文化研究促进会编:《句吴史集》,江苏古籍出版社,1998 年,第 254 页。
〔2〕　同上书,第 252 页。
〔3〕　〔清〕彭定求编:《全唐诗》,中华书局,1960 年,第 7134 页。
〔4〕　同上书,第 7135 页。
〔5〕　〔宋〕范成大:《吴郡志》,江苏古籍出版社,1999 年,第 13 页。
〔6〕　李长路编:《全唐绝句选释》,北京出版社,1987 年,第 1006 页。

法的"穷其极趣"也证明了渔文化的繁荣。

在唐宋文人大家的笔下,像"凉月如眉挂柳湾,越中山色镜中看""断云一叶洞庭帆,玉破鲈鱼霜破柑"这样的诗句,在借渔言志的同时,江南"鱼米之乡"之美丽也浮现在了这优美的文字间。

船 餐 曲

更辰岁届清和月,酣赏宴游仍未歇。

烟水迷雾已醉人,浑如西子轻纱结。

结对车来客似狂,旅游偏爱水云乡。

波光三万六千顷,尽可舱前眺未央。

并列包厢门半启,船娘迓接不辞忙。

乍疑相见如相识,流盼频频绪意扬。

华年女侍惯新妆,玉面朱唇眉黛长。

波霸婷婷遮不住,衣薄如蝉鬓影香。

巧笑难禁春意暖,觥筹交错又行觞。

开怀畅乐尤称便,梁燕身轻步步翩。

吴语传来声又细,座前漫倚几疑仙。

齿苋鲜莼添野蕈,松茸嫩蕨味天然。

斑鲴土婆太湖白,二寸银鱼带肚煎。

酒醉河虾助绿蚁,多年未会早常牵。[1]

词中提到的齿苋、鲜莼、野蕈、松茸、嫩蕨、斑鲴、土婆、太湖白、银鱼、酒醉河虾、绿蚁……都是太湖名菜,档次高、价格昂贵,这些名贵菜一面是高端美味,一面又浸满了高端渔文化。

《旧唐书·李尚真传》有"江南水乡,采捕为业,鱼鳖之利,黎元所资,土地使然,有自来矣"的记载。[2] 江南地区靠水吃水,依靠"鱼鳖之利"托起民生重担。

苏东坡也有称赞长江鲥鱼的诗篇:"芽姜紫醋炙鲥鱼,雪碗擎来二尺余,尚有桃花春气在,此中风味胜莼鲈。"[3] 这首诗里暗藏了鲥鱼的制作方法、所需

---

〔1〕潘君明、潘振元编:《平江诗词》,远方出版社,2003年,第36—37页。

〔2〕吴文化研究促进会编:《句吴史集》,江苏古籍出版社,1998年,第252页。

〔3〕周彭、钟益、吴越:《江苏特产》,江苏科学技术出版社,1982年,第3页。

配料,连盛放鲥鱼的器皿都有讲究。二尺长的鲥鱼,已经成为永远的历史记忆。当代人若想体味苏东坡笔下的美味,不妨尝试下不及鲥鱼的鲈鱼,再来感悟。

明代诗人张宁有《东江渔火》:"落日渔舟趁晚潮,夜深渔火乱相交。江空野水和烟汲,月黑黄芦带雨烧。风急柳梢光欲灭,浪平沙际影还摇。"[1]沈周有诗云:"吴江本泽国,渔户小成村。枫叶红秋屋,芦花白夜门。都无三姓住,漫可十家存。熟酒呼儿女,分鱼喧弟昆。不忧风雨横,惟惮水衡烦。鸥趁撑舟尾,蟹行穿屋根。怡然乐生聚,业外复何言。"[2]诗文描述的是当时太湖流域的吴江水乡的渔村风光和渔民的生活细节,文字的味道独特,太湖之美的意境深藏其中。

明清等朝代的"鲥贡制度""漕运制度"等,也是江南渔文化的组成部分。探赜索隐,我们还可以从浩如烟海的历史文献中发现苏南渔业曾经的辉煌。太湖自古是"稼鱼之区",[3]这里渔业的兴盛在历来的文献中都有丰富的留存。特别是在唐宋渔文化高潮时期,有关太湖渔业活动的渔歌、渔谣等诗文缤纷多彩。自古及今,文学家、艺术家和渔民百姓创作出无数篇与渔业生产和渔民生活有关的诗、文、歌、谣,而苏南"鱼米之乡"繁盛的渔业正是渔文化发展的物质基础。

清代文学家朱彝尊写有赞美太湖渔民的诗,《太湖罛船诗》曰:"村外村连滩外滩,舟居翻比陆居安,平江渔船瓜皮小,谁信罛船万斛宽,具区万顷汇三州,点点青螺水上浮,到得石尤风四面,罛船打鼓发中流。棹船野饭饱青菰,自唱吴歌入太湖,但得罛船为赘婿,千金不羡陆家姑。船头腥气漉鱼篮,船尾女儿十二三,染就纤纤红指爪,新霜爱擘洞庭柑。"[4]这些文字中饱含着满满的对渔家的爱。

《中国风土志丛书》中有"姑苏竹枝词"云:"渔家争泛六桅船,风月晨占卯酉天。一斗霜鳞聊换酒,杜圻舟畔醉未眠。"[5]写出了诗人瞬间捕捉到渔

〔1〕　〔明〕张宁:《方舟集》卷6《东江渔火》,见《四库全书》,上海古籍出版社,1987年,第1247册,第297页。

〔2〕　〔明〕沈周:《石田诗选》卷2《渔村》,见《四库全书》,上海古籍出版社,1987年,第1249册,第572页。

〔3〕　缪荃荪、冯煦等编:《江苏省通志稿》,江苏省政府,1945年,第20页。

〔4〕　王西野、沈伟东等编:《太湖旅游诗》,江苏人民出版社,1993年,第23—24页。

〔5〕　张智:《中国风土志丛书》第43册,广陵书社,2003年,第43页。

家生活之至美，文字中充满太湖大船渔民、渔家生产生活的霸气、豪迈潇洒。

康熙年间，皇帝为了品尝扬子江的鲥鱼，要各地安设池塘，日则悬旌，夜则悬灯，备马三千余匹，役使数千人，从镇江日夜兼程向北京运送。关于此事，当时著名诗人吴嘉纪有诗云："打鲥鱼，供上用，船头密网犹未下，官长已鞴马送。樱桃入市笋味好，当今鲥鱼偏不早。观者倏然颜色欢，玉鳞跃出江中澜。天边举匕久相持，冰镇箬护付飞骑。君不见金台铁瓮路三千，却限时辰二十二。"[1]可见，皇室、朝廷大员也垂涎于长江—太湖美食。

钱钟书《围城》中有这一段文字："……吃晚饭的时候，有方老太太亲手做的煎鳝鱼丝、酱鸡翅、西瓜煨鸡、酒煮虾，都是大儿子爱吃的乡味。"[2]太湖流域的煎鳝鱼丝，也叫"响油鳝糊"，顾名思义，用滚烫热油浇在鳝鱼丝上，加姜丝、葱花。此菜的制作，需先将鳝鱼用开水烫死，然后冷水快速浇凉，用竹筷或竹签将鳝鱼体顺斑线从头一溜到尾，骆马湖的"肚兜鳝鱼"属淮扬菜，比苏帮菜的响油鳝糊豪爽粗犷一点。"酒煮虾"则用太湖虾或河虾制作，价格高昂。

今有诗人元丰咏鱼虾龟鳖之诗，将鱼虾龟鳖赋予文化的含义：

桂　　鱼

菊花黄时变肥美，协同老蟹添美味。
文人墨客常入画，翘嘴尖刺满身花。

太湖桂鱼成熟的季节是在菊花黄时，与阳澄湖大闸蟹、太湖蟹同时上市，它们味道不同，各有诱人之味。更有文人墨客将桂鱼入画，水墨江南画中弥漫着墨香，暗藏着鱼香，气息和意境都让人陶醉。

大　龙　虾

头插飘逸两凤丝，满嘴胡须额剑刺。
遇险防御靠对螯，节肢生物很古老。

〔1〕周彭、钟益、吴越：《江苏特产》，江苏科学技术出版社，1982年，第4页。
〔2〕钱钟书：《围城》，生活·读书·新知三联书店，2002年5月，第36页。

大龙虾乃太湖美味,因为太湖水域广袤,水质极佳,所以龙虾肉品质也好,而且龙虾肚皮底下的颜色如阳澄湖大闸蟹一样为浅褐色。龙虾烹饪手法多样。

龟

悠游慢爬喜静养,不与他人较短长。

兔子不服赛一赛,锲而不舍我成才。

龟温顺不咬人,肉味鲜美营养特别,据说有延年益寿之食效。

鳖

世人称我是王八,其实吾性天不怕。

温顺后面藏杀机,生存之道学兵法。[1]

鳖会突然咬住捕鱼者的手指头而且死不放开,如同熊猫、北极熊一样,看似可爱温柔,其实很凶,靠捕获小虾、小鱼为生,是慢悠悠的"快速杀手","温顺后面藏杀机,生存之道学兵法"。

陈祖明曾描写吴江渔民"扳鱼"之法,这是尚湖渔民用扳罾捕鱼的一种古老方法,在江南水乡已经流传了千百年。《尚湖古诗词》中有"寥天雁行灭,浅渚鱼罾聚"的记载,早在《楚辞》里已经有"扳罾何为兮木上作渔网"之说,扳罾历史悠久,是江南水乡渔民聪明才智的表现。[2]太湖渔民在长期的生产生活中不断创制更新着"渔文化",如《太湖渔歌》、太湖渔谚等。

江南渔民用敲击的方法捕捞也被视同渔歌的一部分。渔民敲击船体,或者击打竹子或木头制作的敲击器,如此在捕捞过程中,鱼群会沿着响声往后游,这样,渔民就可以用事先设定的固定渔具,如用拦网、竹子制作的口大屁股小的渔具捕获鱼群。

此外,反映江南渔民生活困苦的歌谣,如《我唱山歌解解愁》唱道:"太湖茫茫跨九洲,竹叶小船无路走,亲爷亲娘眼泪流,我唱山歌解解愁。"[3]这也属于渔歌的范畴。

---

〔1〕 元丰:《天堂歌谣》,百花文艺出版社,2010年,第64页。

〔2〕 陈祖明:《六桥烟雨》,南京出版社,2018年,第35页。

〔3〕 高福民、金煦主编:《吴歌遗产集萃》,上海文艺出版社,2003年,第100页。

江南太湖渔歌是独特的渔文化,存量很大,曾有人将吴语演唱的《太湖渔歌》编著成书,有文字,有录音。这都是珍贵的历史文化遗产。

1958 年以后,因体制变革,作为太湖渔民日常生产生活组成部分的太湖渔歌逐渐淡出了渔民的生活。

渔歌、山歌是许多民族有关各自特别的区域和地理、经济环境的独特历史文化积淀,是"精神文物",也是国宝,所以必须立法保护。

这些满载鱼米之乡乡情的历史文献,乡土气息浓烈的"渔文化"向我们传递了丰富的历史信息,透过这些信息,我们可以感知太湖流域悠长的"渔文化",这是诗词歌赋中的"太湖渔业"。

在现存文物及古文字中仍可寻到诸多的渔文化:

考古发现的太湖三山岛旧石器——太湖渔民捕鱼的工具,其中有骨鱼鳔、石制或陶制的网坠。此外,还有黑陶网坠、红陶网坠、骨鱼鳔,还有鼋、龟的骨骼和很多鱼骨,说明当时的太湖渔民已能在比较大的水面捕捉大鱼了。

水是渔业经济和渔文化发展的命脉,太湖流域之所以被称为"水乡",原因正在于此。从这些与水有关的地名中,我们不难想见"渔文化"根基的深厚。毫无疑问,这是任何其他地区都难以与之匹敌的"比较优势"。

甲骨文至金文等古文字中的太湖渔文化:

江苏的"蘇"字是以由"鱼"和"禾"组成,江苏,太湖流域的水之乡,盛产鱼虾和稻谷,自魏晋南北朝至今都是中国的富庶之区。

从远古至近代的太湖流域的主流文化——吴文化的文化遗存可以看出,"苏""鱼""吴""虞""渔"紧密相关。渔业促成了吴文化的基因,渔业本身就是吴文化最重要的因子。

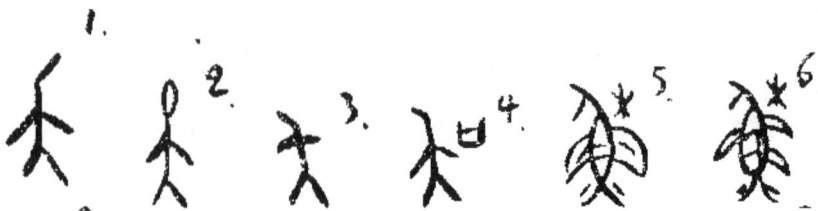

图 2-1 "吴"字演变

上面第一、第二个字是甲骨文的"吴"字,系"鱼"的简形;第三、第四个字是金文的"吴"字,也是"鱼"的简形。第四个字有口者为声旁,即句吴的"句"

字。[1] 第五、第六为金文的"苏"字,形状像鱼。古代吴国的姑苏台因建于姑苏山而得名,而姑苏山即句吴山,所以"吴"字即"苏"字。

根据以上的材料,就字形看,"苏"字像"鱼"字,而"吴"字即"鱼"字。因为甲骨文上的"吴"字,金文上的"苏"字均象鱼形。[2]

就字音而言,"苏""鱼""吴"字相同。"蘇"在金文作鱼作禾,而禾系标音,"禾"字古读为马为余,所以"苏"字读为"馀"(虞)。"吴"与"虞"相通。[3]

就字义而言,"虞"即"鱼"即"吴"。《国语·鲁语上》:"水虞于是乎……取名鱼。"韦昭注曰"水虞渔师也",而"虞"即"渔","虞"为"鱼"。[4]《释名》曰:"吴,虞也,封太佰于此,以虞其智也。"[5]

纵观上述古文字,"鱼"的气息扑面而来,浓郁而深沉。这是江南文化特有的组成部分,这种文化"资源"实为促进近代苏南渔业经济发展的重要因子。

还有众多蕴含鱼香气息的地名:

源远流长的"渔文化",也可以从蛛网水乡各地众多的地名中折射出来,如:"沪"即"扈",本是一种海边捕鱼的工具。"沪"是上海的简称,上海原是吴淞江下游的一个渔村,因吴淞江支流上海浦而得名。春秋时属吴,战国时当地渔民创造了捕鱼工具"扈",称这一带为"沪渎"。东晋时此地筑沪渎垒以防海盗,故上海简称沪。唐初(620年前后)崇明东西沙涨出水面,渔民开始上岛谋生。"扈"的捕鱼方法是,用细竹或竹片编成栅栏,插入江中,利用临海江水受潮汐影响而产生涨落潮,涨潮时江水没过"扈",鱼虾被带进"扈"内,退潮时江水退出而鱼虾被拦在"扈"。上海的简称便来自捕鱼工具,足以见渔业对于上海的生存和发展及社会文化形成的重要意义。

太湖流域的"水乡"是渔业经济和渔文化发展的基石。因此,与水有关的地名,同样具有象征意义。在江南这类地名极多,如:浦,河流入江海之处,以浦命名的有石浦镇、张浦镇等;泽,聚水的洼地,以泽命名的有盛泽镇、金泽镇、震泽镇等;泾,河沟,以泾命名的有王江泾、乌泥泾、朱泾镇等;塘,沿河的堤岸,

〔1〕《史记·吴太伯世家第一》记载:"(吴)太伯之犇荆蛮,自号句吴。"(司马迁:《史记》,三秦出版社,2004年,第659页。)
〔2〕 卫聚贤:《吴越释名》,《江苏研究》,1932年第3卷第5、6期合刊,第1页。
〔3〕 中国历史大辞典历史地理卷编纂委员会编:《中国历史大辞典·历史地理卷》,上海辞书出版社,1996年,第412页。
〔4〕 卫聚贤:《吴越释名》,《江苏研究》,1932年第3卷第5、6期合刊,第1页。
〔5〕 吴文化研究促进会编辑:《句吴史集》,江苏古籍出版社,1998年,第160页。

以塘命名的有横塘镇、章练塘镇、斜塘镇等;有些镇以湖命名,如平湖县有当湖镇,归安县有菱湖镇,吴县有镇湖镇等;有以河命名的市镇,如陆河市、浏河镇等;有以渎命名的,如木渎镇等;有以溪命名的,如黄溪市、梅溪镇等;有以湾命名的,如江湾镇等;有以渡命名的,如黄渡镇等;在水陆相交处,都建造了桥梁,这里一些市镇就以桥命名,如枫桥镇。

即使是镇内的地名也多以水为名。吴江旧名"松江","吴江田有埂,吴江水有鲈",是苏南著名的鱼米之乡。[1] 在吴江县的平望镇,根据翁广平《平望志》记载,镇内除了 4 条街 9 条弄,还有不少居民区以水命名,在这里,以塘为地名的有 5 处,以河为地名的有 4 处,以港为地名的有 5 处,以浜为名的有 3 处,以湾为名的有 5 处,以池为名的有 1 处,以濠为名的有 1 处。[2]

"鲤鱼墩",为苏州城郊原长青乡一座高大的圆墩,传说是纪念鲤鱼仙子为拯救苏州而殉难的坟墩。鲤鱼仙子本来是东海龙王的外甥女,有一年苏州恰逢旱灾,鲤鱼仙子巡游路过这里,目睹苏州百姓的水深火热,于是就求救于东海龙王,不料龙颜大怒,不允许鲤鱼仙子多管尘世闲事。善良的鲤鱼仙子遂潜入龙宫偷出降雨神器,播雨苏州。龙王大怒,派兵在水城苏州布下两道网、两道圩捉拿鲤鱼仙子,鲤鱼仙子殉难。苏州百姓为鲤鱼仙子堆积大坟茔,即鲤鱼墩,墩子四周有名为"前张网"、"后张网"、"百万圩"和"高田上"等地。

七子山,位于姑苏城南石湖西南。山下住着一姓李的渔家,家中有七个儿子。乾隆下江南时,路过石湖点名要吃菜花塘鲤鱼、松鼠桂鱼,差役要求李家七兄弟限时捕获进贡,结果努力未成。李家七兄弟被官差逼迫无奈,下水掀翻乾隆的雕花游船,殉难石湖。乡民将七兄弟埋葬于石湖南岸的山头,七子山因此得名。七子山是上方山的组成部分。

常熟白卯塘有一个"鲇鱼口"。据传,明代海瑞在任期间欲修治水里,造福乡民。奸臣严嵩向皇上进谗言认为海瑞劳民伤财,反对海瑞兴修水利,皇上派严嵩到常熟清查此事。结果,严嵩船行到常熟古里段水路最窄处时,有巨型鲇鱼如龙行天下,云雨交加冲开狭窄的水道,从此常熟水利畅通。严嵩阴谋未成,人们认为是玉皇大帝派来的鲇鱼(神龙)降福常熟,海瑞的廉洁奉公感动了玉皇大帝,"鲇鱼口"也因此得名。

---

[1] 吴江市政协文史资料委员会编:《吴江风情》,天津科学技术出版社,1993 年,"序"。
[2] 李海珉:《水乡足迹》,文物出版社,2004 年,第 72—73 页。

还有以浜命名的。浜形似袋形的"兜",是停船的好去处。曾经,袁枚游览黎里镇后,写下了《黎里行》,"长廊三里覆,无须垫角巾"。一个镇子竟然有傅家浜、何家浜、楼下浜、花园浜、木排浜、施家浜、庙泾浜、禅杖浜、藻西浜等多个浜兜。[1]

水是渔业经济和渔文化发展的命脉,江南之所以被称为"水乡",原因正在于此。从这些与水有关的地名中,我们不难想见"渔文化"根基的深厚。毫无疑问,这是其他任何地区难以与之匹敌的"比较优势"。

五、渔歌传承的生产技术

狷狷渔舟,渔歌缠绵,似乎能放慢趑趑群鱼的步伐伥伥。田园牧歌,既是牧民与畜牧沟通的工具,也是他们精神生活不可或缺的组成部分。山歌,一方面能传递青年男女之间的爱情,另一方面又可以在劳动之余放松疲惫的身心。在渔乡,渔歌是渔民生产生活的组成部分。

渔歌、牧歌、山歌等所有的劳动号子中都藏有专业生产技术。渔民捕捞时唱的歌与渔歌唱晚的内容、节奏都有万般变幻。江南渔歌、吴歈,是珍贵的乡土文化资源,内含捕捞技巧、渔民爱情、世界观、人生观以及江南渔民的家国情怀。这些珍贵的历史文化遗产是江南民众历经一万余年创制和累积的财富。

渔歌无时无刻不伴随江南渔民,是他们生产、生活的重要组成部分。渔民边唱渔歌边劳动,虽无姜子牙直钩垂钓的潇洒飘逸、心不在鱼,也无法和吴王夫差偕西子及文武大臣垂钓石湖的王家气势相媲美,但是,他们比庄子更知鱼之乐,因为他们"深得水族之性",知鱼之习性,也就是他们引以为傲的"生产技术"。身怀叉鱼技巧的渔民,能敏锐感应到深水下的大鱼,于是把飞叉抛向长空,鱼叉行进的轨道若美丽的抛物线,然后,通过精准的弧度定位正在水底的大黑鱼、青鱼、鲢鱼、金枪鱼……渔夫手腕系着长长的丝线,蜻蜓点水般的动作即能轻松收获肥硕的劳动成果。渔歌又似乎是渔民指挥鱼儿运行的技能之一。江南渔歌,文字简单,曲调朴实,是江南渔文化发展的"比较优势"之一。

渔歌以吴语歌唱,渔谚也时常被渔民歌唱或念叨,他们常年生活在水网密

---

[1] 李海珉:《水乡足迹》,文物出版社,2004年,第77页。

布的水乡,在水域捕捞、养殖,生活比较单调,几乎每天都是前一天的简单重复。与陆地上的农民相比,渔民在水面作业风险比较大,不确定性较高,劳动强度也较大。渔业作业劳碌、单调甚至无聊,渔民在水域唱渔歌与山民唱山歌极为相似。渔民的捕鱼技巧、情感的传递、理想的抒发、爱情的表达都在渔歌中有所体现,这是太湖渔民独有的渔文化。

有关鱼的生活习性以及捕捞技巧的渔谚:

> 桃子枝头熟,鲢鱼肥胜肉。
> 黄豆开花,捞鱼摸虾。
> 鱼过千层网,网网还有鱼。
> 牵顺水,套鱼头;牵逆水,追鱼尾;东北风起上牵上张。
> 春风头,踏脚跑,见风下网就是宝。
> 顺风张,鱼满仓。
> 煞北带风,影迹无踪。
> 人冷穿袄,鱼冷穿草。
> 人吃白粽,白鱼来汛。

捕捞不同的鱼类时间各异。太湖渔汛与东海渔汛略有不同,如银鱼汛期在每年的5月下旬到6月中旬的十多天中,这十多天的银鱼产量占全年的60%以上,每年11月是太湖银鱼的秋汛。梅鲚汛、白虾汛在每年的8、9、10月。白鱼汛期在农历7、8月份。其他月份,银鱼、白鱼、白虾和梅鲚都有产出,但是产量较少。

> 穷来只怕老来穷,鱼来只怕进港风。
> 鱼有鱼路,虾有虾路,泥鳅黄鳝独走一路。

"船老大"对于鱼路、风信的掌控最有经验,是渔业生产的领路人。船老大的目光对于茫茫太湖水有着鱼鹰一般的穿透力,通过观察水花,能够瞬间穿越至水面以下二十厘米至一两米不等,"老大"的社会分量之重源于他带领渔家全员捕捞的高超技巧、熟练度和判断力。

九月廿六一头风,对船牵张不用篷。

清混两水下网兜,必定大丰收。

流隔一条线,鱼群闹翻天。

五月十三鲥鱼会,日里不来夜里来。

背带青光肚带泥,回过头来再道喜。

海里生,淡水长,再到海里去做娘。

鲥鱼鲥鱼,时来时去。

鲥鱼好吃,辰光太急。

辰光,吴语,即"时间",辰光太急,能捕捞鲥鱼的时间需掌控节奏,鲥鱼沿大海逆长江水游走,通常距离水面二十厘米左右,经验丰富的渔民能把握时机,准确捕获这珍贵的名鱼。

杨柳开花,鲈鱼上钩。

三月三,鲈上滩。

雷打秋,鱼虾向外溜。

小暑前后西本风,头上插上三尺篷。(此时,鱼儿游得快)

细雨绵绵,一网两船

混水摸虾。

迎风捕,风脚捞。

要捕捕头,不捕落脚。

饵随潮流变,产量钩头见。

要钓鱼,单等立秋中秋节。

早钓鱼,晚钓鱼,饭前饭后钓芝麻。

谷雨是旺汛,一刻值千金。

春涝秋旱,渔民发欢;秋涝春旱,渔民发霉。

一年三潮水,捉鱼"勿推板"。(不会差)

钓黑鱼,看秧子。

打鱼不到早收网。

西风响,蟹脚痒,浪打芦根虾作墙。

虾荒蟹热。

九月团脐十月尖。

九雌十雄。

麦黄杏子,豆黄蟹子。

胖头脑壳鲇鱼尾,鲤鱼嘴巴鳊鱼皮。

春肥头,夏壮尾,秋背宽,冬季满身肥。

鲢鱼头,鲤鱼腰,黑鱼脑袋做柴烧。

太湖渔歌、渔谚中也提及了养殖技术:

宽水养大鱼。

清水白荡白养鱼。

鱼一日勿喂,三日不长。

养鱼无窍,喂饱养好。

养鱼靠饵料,种田靠肥料。

四季不脱青,当年长三斤。

养鱼种竹千倍利。

鱼靠水养,水靠人养。

一日勿喂,三日白吃。

唇齿相依,鱼水相连。

鱼长三伏猪长秋。

猪在伏里露膘,鱼在伏里长肉。

清明鱼开口,白露鱼闭嘴。

养鱼勿浮头,稻谷勿杠头。

半水胖头浮水鲢,塌泥青鱼草鱼边。

清明一滴水,河里一条鱼。

七月长骨,八月长肉。

青盖草,草盖青。

一年不选种,三年苦煞傺。

一年荒,荒三年;一年好,三年高。[1]

养鱼对水有讲究,宽阔的水面能产出大鱼类。若是清水白荡,营养缺乏,只能白养。鱼类习性与鸡鸭鹅不同,一天不给喂食,三天不生长。四季不脱青,当年就能长三斤,绿色食物能让鱼的生长速度更快,这些都是科学的经验。

捕鱼的气象谚语和渔业生产与气象关系非常密切,所以气象渔谚是渔业科技的组成部分:

东北风,雨祖宗。
九月东南二日半,十月东南当日转。
四季东风四季下,只怕东风起不大。
六月西风随时雨。
天旱东风不下雨,雨涝东风天不晴。
久晴西风雨,久雨西风晴。
日西夜东风,明日好填空。
开门风,关门雨。

春风头一隔夜,要吹十七、二十八夜。
日落西风止,不住刮倒树。
日落胭脂红,没雨便刮风。
三朝雾(迷)露发西风。
热极生风,闷极下雨。
南风吹到底,北风来还礼。

晴不晴,看星星。
满天星,明天晴。
星星眨眼,离雨不远。
黄梅天星光,不久雨更狂。

---

[1] 资料来源:太湖三山岛、镇湖、吴江、宜兴周铁等地老渔民口述,笔者整理记录。渔民因为文盲比例较高,所以渔歌、渔谚没有固定的韵律、节奏,所述的内容各地也很不一致。

明星照烂地,落煞落不停。

明星照烂地,天明披蓑衣。

秋天怕夜晴,夜晴还要阴。

天上起了炮台云,不过三日雨淋淋。

天上云头鲤鱼斑,明天晒鱼不用翻。

云交云,雨淋淋。逆风行云天要变。

天上鱼鳞斑,大水翻过。

日落乌云涨,半夜听雨响。

天上起来钩子云,三天五天雨淋淋。

太阳落山乌云洞,明天晒得腰背痛。

若要晴,望山青;若要落,望山白。

早阴阴,午阴晴,半夜里阴不到明。

小暑不见日头,大暑晒干石头。

东吼(虹)日头西吼(虹)雨。

有虹在东,有雨是空。

有虹在西,出门带蓑衣。

朝霞不出门,晚霞行千里。

月枷(晕)风,日枷(晕)雨。

月亮生毛,大水淹桥。

月亮生毛,大雨滔滔。

连起三场雾,小雨落不住。

春雾雨,夏雾热,秋雾凉风冬雾雪。

霜后暖,雪后寒。

夏寒多旱,夏雾多雨。

夏雾雨来,秋雾阴,冬天有雾霜紧跟。

早晨地罩雾,尽管洗衣裤。

迷露(雾)不开就是雨。[1]

---

[1] 《吴县水产志》编纂委员会编:《吴县水产志》,上海人民出版社,1989年,第332—334页。

太湖渔民长期的生产生活实践总结的气象学理论,对他们的渔业生产和日常生活安排都具有指导意义,这些朴素的气象知识既是科学理论,又是独具特色的渔文化。

太湖渔歌《西南风吹起嘎洋洋》:

> 西南风吹起嘎洋洋,
> 石头窠里只鲈鲤搭蚌商量,
> 红眼睛鳑鲏偷眼看,
> 水面浪条餐鲦鱼滗油水。[1]

水边的石头窠里藏着鲈鱼、鲤鱼和蚌。一旦鱼儿听见渔歌或摇橹声,会自觉躲避渔民的捕捞。特别是鲤鱼,游走的速度非常快,一有风吹草动,便会迅速往声音来源的相反方向逃离。所以有经验的渔民会轻轻地心气和平地划到岸边的石头窠里,稳稳地抓住鲤鱼、鲈鱼,顺带掏出一些河蚌。

《吴县水产志》有太湖渔谚:

> 鱼来网破,网好鱼过。
> 日没乌云接,网船朝浜里歇。
> 杨柳青,梅鲚剩条筋。
> 天上有七簇星,梅鲚要生鳞。
> 七月七,梅鲚齐。
> 蟹多少,看水草。菊花黄,蟹肥壮。
> 西风起,蟹脚痒。蟹立冬,影无踪。
> 鱼面孔上有块无情肉,小鱼小虾逃不落。
> 春宵一刻值千金,一网鱼虾一网银。
> 抄虾拖虾一整年,不及鲤鱼肖子四十天。
> 二月里的夜雨,网船上的饭米。
> 小满牵到小寒停,大寒牵到立冬歇。
> 穷来只怕老来穷,渔船只怕进港风。

---

[1]　金健康等主编:《太湖渔歌》,上海文艺出版社,2014年,第22页。

鱼有鱼路，虾有虾路，泥鳅黄鳝独走一路。

桃子枝头熟，鲢鱼肥胜肉。

煞北带风，影迹无踪。

八月水头清，饿煞捉鱼精。

靠山吃山，靠水吃水。

要发财，水里来，要想富，养珍珠。

春鲇、夏鲤、秋鳊、冬鳑鲏。（最佳食用期）

涨水的鱼，退水的虾。

紧拉鱼，慢拉虾。

塘网满湖兜，血网当当头。

尖网拼命牵，夜饭勿练牵。

九月二十六日一头风，单牵墙缆勿用棚。

九月二十六日一头风，对船牵张勿用棚。

喊煞老鸦船，摇煞船尖网船，冷煞踏网船。

一个肚皮痛，十个都歇工。

黄豆开花，捞鱼摸虾。

风气千层浪，鱼过千层网。

顺丰张，鱼满仓。

牵顺水，套鱼头；牵逆水，追鱼尾。

十月白，漾（风小）到眼翻白。

太阳红，甭扯棚。

养鱼种竹千倍利，只怕池泛竹开花。

人冷穿袄，鱼冷穿草。

宽水养大鱼。

清水白荡白养鱼。

鱼一天不喂，三天不长。

三分养，七分管。

有收无收在于放，收多收少在于管。

养鱼没窍，吃饱养好。

种田靠肥料，养鱼靠饵料。

四季不脱青,当面长三斤。

鱼长三伏猪长秋。(伏天鱼食欲旺盛,生长快)

鲤鱼产卵一条线,黑鱼产卵一大片。

二更敲,鲤鱼肖(产卵),一肖肖到日头三丈高。

三月桃花开,鲤鱼肖子哉。

一更鲫鱼二更鲤。

人吃米粽,白鱼来汛。

日头落,鲤鱼子出肚。

鲫鱼不怕羞,稀稀拉拉产到秋。[1]

这些文字里含有渔汛时间、各种鱼类活动特点等朴素的科学内容,掌握这些科学的理论,必然有利于提升渔民的捕捞技术。

还有《哈格鱼白来哈格鱼黑》:

哈格鱼白来哈格鱼黑,

哈格鱼背浪掮枪过,

哈格鱼嘴浪带苏苏哎,

哈格鱼脚阔走江湖。

倽晓得白鱼白来黑鱼黑,

鳜鱼嘛背浪掮枪过,

鲇鱼嘴浪带苏苏哎,

甲鱼嘛脚阔走江湖。[2]

吴语的"格",即"的";"浪"上,指上面;倽,指我。渔歌里面介绍了几种鱼的生活习性,也暗藏了捕捞技巧。比如"紧捞鱼,慢捞虾",指捞虾需要耐心,如同甲鱼捕食小虾一样,不能猛,动作越猛,虾逃跑更快,虾尾巴一收缩,便能逃出十几米远,所有的"危险"瞬间化解。

渔民在河里捕捞小鱼群,一般会敲击船身或一边掌击一边唱歌,这样鱼群

〔1〕《吴县水产志》编纂委员会编:《吴县水产志》,上海人民出版社,1989年,第326—327页。

〔2〕金健康主编:《太湖渔歌》,上海文艺出版社,2014年,第20页。

会往歌声进行的反方向游走,于是,再施以渔网或其他渔具,就可以很容易捕捞成功。

除了捕捞技术,太湖渔歌中还含有吃鱼的技巧。如《吃蟹要吃太湖蟹》:

> 吃蟹要吃太湖蟹,
> 太湖蟹鲜美实在好,
> 买蟹要看青背白肚皮哎,
> 还有嘛金毛金脚爪。
>
> 烧蟹勤要热水烧哎,
> 先放嘛冷水后放蟹,
> 调料只得老姜勤要摆酒哎,
> 辰光嘛只烧小时辰。[1]

太湖蟹,包括阳澄湖大闸蟹,味道鲜美,人尽皆知。太湖蟹苗出生于太湖和阳澄湖,然后顺着密如织网的水系顺流至大海,再回来繁殖。这一路蟹苗大约会损失百分之八九十,所以能游回来的都是肌肉壮实、大脑聪明、避险能力强、游泳技术娴熟的大闸蟹,肉质相对来说会更加鲜美脆甜。

其实,吃螃蟹和吃鱼的"学问"有很多,都是美食学、营养学和民俗学的复合学问。南方人吃螃蟹通常用蟹八件,吃得很精细。

《摇紧橹来扎紧绷》:

> 摇紧橹来扎紧绷,
> 船头嘛昂昂船进浜,
> 桥面浪姐妮勒摇棉条哎,
> 姐看嘛郎来断面条,
> 郎看嘛姐来船碰桥。[2]

渔船是渔民或渔家最重要的生产工具,渔民手摇渔船,"摇紧撸",即必须

---

〔1〕 金健康主编:《太湖渔歌》,上海文艺出版社,2014年,第24页。
〔2〕 同上书,第19页。

扎紧绷。万一没有扎紧,则会"断面条",即在捕鱼的劳动过程中出洋相。

太湖渔民还有利用棍棒、金属器或敲击船帮"惊鱼"的技巧,惊鱼也叫"敲惊",又叫"敲星"或"敲花",以棍棒敲击船体发出声音惊动鱼群,从而达到捕获的目的,这是渔歌的延伸。用这种方法捕鱼时,渔民一边敲惊一边唱歌,如劳动号子。"敲惊"的方法有三种:(1)敲板,即敲击渔船船体木板,使鱼惊恐游动,渔民在船上将准备好的飞叉,见鱼即叉,方法比较残忍。(2)敲响渔船船体,将鱼群敲赶到事先设定的水域,当鱼儿惊恐跳出水面时,捕鱼人挥舞木棍,将鱼打入船舱中,此法比较潇洒,但比直接叉鱼技术含量更高。(3)事先将网张开,然后敲击船板,将鱼赶到网中。内河的渔民使用提网时也会用这种方法,他们在夜间捕鱼前,会在渔船上装置一块薄木板,以脚拍击作声,小鱼闻声惊窜,从而被驱赶至预先放置的提网中。

六、人力资源优势

渔业劳动力,即渔民,属于稀缺的人力资源。据史料记载,江南自古结发文身、深得水族之性。他们的劳动技巧、熟练度和判断力等"科学"和"技术"代代传承,决定了这一职业的高变换成本。对此,亚当·斯密在《国富论》的"论分工"、"论促成分工的原理"、"论劳动与资本在不同行业中的工资与利润"以及"论物品蓄积的种类"中都曾提及劳动力首先因分工而专业化,然后才是"效率"提升和市场发展。[1] 在农林牧副渔各行业之中,渔民职业转换的成本最昂贵和耗时。

江南渔民,无论是海洋渔民还是江口渔民,都是珍贵的国防资源,蕴藏着巨大的国防潜能。明清江南渔民自发或积极配合政府军抗击倭寇、御民安邦,如明代吴县县令王铁带领当地民众(包括渔民)抗击倭寇。

美国、法国、日本、澳大利亚等海洋国家常见"兵民一体",民即"渔民",他们自父辈那里学会了观风、洑水等科学知识,习惯了"泛宅浮家"的随波飘摇水西东的生活。若将渔民的技能和防御潜力转变成国防力量,民力之释放不仅可以有效降低国防成本,还能获得意想不到的好处。

---

[1] 〔英〕亚当·斯密:《国富论》,谢宗林、李华夏译,中央编译出版社,2013年,第263页。

明清海禁时期,太湖渔民曾配合戚继光、俞大猷的军队打击倭寇,御寇安民。据《筹海图编·卷之六》记载:"明南直隶,东南滨海,长江东贯,分为南北。长江之北,淮安、扬州两府,是江北诸郡。长江之南,苏州、松江、镇江三府,是江南诸郡。"[1]这里讲的就是明政府军多层次的防御体系以及与倭寇作战,地方政府积极组织当地渔民参与抗击倭寇之事。松江渔民即太湖渔民,是抗击倭寇的民间力量,他们有力地配合明朝政府军的作战。

"……查得沿海民灶,原有采捕鱼虾小船,并不过海通番。且人船惯习,不畏风涛,合行示谕沿海有船之家赴府报名……给予照身牌面。无事听其在海生理,遇警随同兵船追剿。此则官兵无造船募兵之费,而民灶有得鱼捕盗之益。此松江海洋设备之大略也。"[2]《筹海图编》记录了扬子江—太湖流域渔民配合政府或自发参与抗击倭寇的事迹,这段历史文化是江南渔文化发展的组成部分。渔民可以变成"海上民兵",若渔业、渔民与海防结合起来,渔民虽力量弱小,然"积沙成丘"充实海防、边防,也不失为一种扩充海防资源的方法,可以有效提升国防资源的效率。

但是,明清"迁海"一定程度上导致海防力量萎缩。到了近代,长江、太湖和近海渔民与正规军同仇敌忾,共同抗击来自海上的外来入侵贼寇。

和中国西北边陲的"边屯"相比,渔民"耕海"同样也会增加海防力量。《新唐书·列传第一百四十五》记载:"日本,古倭奴也。去京师万四千里,……至隋开皇末,始于中国通。"[3]据《旧唐书·刘仁轨传》记载,公元663年,唐、新罗与日本在百济的白江口(日本称'白村江')爆发战役,日本、百济战败,并感到唐帝国的强大和文化的先进,从此日本臣服中国,并多次"派遣唐使"来华,实则为探大唐国内虚实。自公元663年至八国联军侵略中国,外来势力从海上入侵中国多达84次。明清海防因未能充分动用东南沿海渔民群力,侵略者自虎门沿海北上至京津,多次长驱直入中国腹地。

在渔民群体中,劳动人口占全体人口的比例相当高,他们终身投入渔业生产的时间也比任何农民群体要多得多。

渔民因很难上学堂读书,自幼年就跟着祖辈、父辈学唱渔歌就算是"上学"了。渔民泛宅浮家,除了大船渔家,一般的渔民基本处于一条小舟的活动空间

〔1〕〔明〕郑若曾:《筹海图编》,李新贵译注,中华书局,2017年,第203页。

〔2〕同上书,第219页。

〔3〕〔宋〕欧阳修、宋祁撰:《新唐书·列传第一百四十五》,中华书局,2000年,第4480页。

里,舻枝帆叶逐浪摇,渔民的居住条件与陆居豪门的竹楼宸宸,是两个极端。他们屈身于磕磕简陋的空间中,但生命力旺盛。所以,他们也无法像陆地居民的孩子那样在从幼年到成年的漫长时光里兼顾读书与玩耍,他们几乎没有娱乐活动,所有的时间不得不用于生产劳动。

经济学家认为,一切"资本"的形成都意味着时间的消耗,时间投入多,势必增加产出。而且,渔民生活在狭小的生活空间里,一代一代的渔民自幼耳濡目染学习上一代人的劳动技巧,他们劳动的熟练度、判断力和技巧因为"门里出身"而更加精湛,他们从懵懂幼年就跟着祖父、父亲慢慢学会了结网、观水花、听风、观天象等技巧与知识,渔业生产和陆地农业生产不一样,鱼儿在水底下,常人看不见,必须有长期的实践累积,鱼郎才可独立门户,这也是他们职业上的"比较优势"。

江南的职业渔民和亦农亦渔的渔民人数众多,这在全球独一无二。江南兼有海洋和淡水两部分渔民,所以人数众多。据统计,早在明朝嘉靖年间,苏州府吴江县就有渔户、船户2500多户,以每户平均5人计算,吴江一个县就约有1.25万多名渔民人口。1949年末,据吴县县政府统计,有渔民1.2万多名,由此可以大体推知,整个江南地区淡水渔民人口数量之众。

再看嵊泗列岛的海洋渔民,据调查,20世纪30年代江苏的崇明和嵊泗列岛,"各岛人民百分之八十为业渔"。又据民国时期的统计数字,江苏淡水渔民占全国一半以上。民国时期,江苏全省共有渔民24万人,其中,淡水渔民21万人,后来经历战争,至解放前夕,全省有渔民22万人,其中淡水渔民20余万人,大部分集中在扬子江—太湖流域和东南沿海。

渔业是劳动密集型产业,渔业机械化水平极低,几乎全部靠手工劳动完成,太湖渔民崇尚早婚早育、尽量"多产子",这与"渔业生产"是两股平行和谐的力量,它们环形互动、转毂相轮,合力促进渔文化发展。

近代江南渔民人数众多,生活习俗独特。他们的文化水平虽普遍落后,但是他们有顽强的生命力,他们热爱他们的水上世界。渔民劳动力参与劳动的比例比一般农民的比例更高,妇女、儿童都有充足的时间与足够的技巧、熟练度参与渔业生产和渔产品加工制作,从而促进了渔业生产力的进步。女人参与挡橹、补渔网等环节,儿童很少有时间读书,他们自幼耳濡目染捕鱼、划船、结网、晾晒、腌制等的一切过程,这一系列的劳动技巧会牢牢地刻印在他们的脑海里,以至终生熟练。因为无法像陆地儿童那样有着充足的时间和空间进行娱乐,所以渔家儿童大多会参与轻便的劳动。

在太湖渔谣中常能听到渔民的贫困和无助,这也许蕴含着过早催生渔家儿童担当感的文化基因:

鱼眼乌珠不眨,渔民一世不发。

撒开一丈四,收拢象支笔,网网见现钱,一世不发节。

落雨钻桥洞,吹风搁岸滩。

橹银头摇得雪雪亮,到老无件新衣裳。

一舱烤水三舱通,船头看见船艄火。

烂泥一搭,砖头一压,绳捆篾扎,一摇结夹,摇哉半日,不满百尺。

早吃新鲜米,夜烧活树柴。

划开水面,度张嘴面。

橹板干,铜钿完。

天是棺材盖,地是棺材底,太湖八百里,摇来摇去还在棺材里。

吃的什么菜,麻袋当被盖。

朝天睏,看见天上星;侧转睏,看见岸上走路人。

橹板泼泼水,刚巧度张嘴。

农民买米箩担挑,渔民买米手帕包。

三百日好过,六十天难熬。

十二月初八还好过,十二月十八急似火,十二月二十八无处躲。

一条破网团团牵,早夜饭米勿连牵。

日当衣衫夜当被,落雨还要当蓑衣。

冰有寸把厚,赤脚上船头。

太湖八百里,鱼虾捉勿尽。

湖里有鱼虾,只凭本领拿。

湖水涨一寸,粮价跳三跳。

吃了早顿无夜顿,半饥半饱度黄昏。

今年巴望明年好,明年还是一件破棉袄。

春尴尬,夏讨饭,秋瘪三,冬小开。

渔民头上三把持刀,奸商、地痞和强盗。

一舱点灯三舱亮,祖孙三代宿一舱。

船漏水,网漏鱼,棚漏风。

人多遮眼黑,老大多了打翻船。

头戴帽子开花顶,脚上鞋子无后跟,身穿衣裳经挂经。

吃是个无米汤,睏是睏个无脚床,坐是坐个无脚凳,走是走个暗弄堂。[1]

　　渔民普遍多子,再加上时常遭遇奸商的欺骗,渔霸挤压他们的"生产者剩余",还有强盗直接抢夺他们的劳动所得,这些都是造成江南渔民贫困的原因。在近代市场机制引入江南后,"市场失灵"和"政策失灵"是导致江南渔民贫困的深层原因。

　　水乡的渔民文化水平普遍落后于陆地居民,据民国政府相关部门统计,那个时期的江南各地,"渔民中十个有九个半不识字",他们对自然和社会几乎没有任何的科学认识。渔民经济上赤贫,经常沦落到"食不果腹"的境地,在政治上又处于"孤立无助"的境地,是真正生活在"风雨飘摇"之中的"游民"或"流民"。渔民因为经济生活贫困、政治地位极低、文化知识太少,他们的生活习俗和信仰也因此比较独特。但是他们又是天生的捕鱼能手、造船专家和"歌唱家"。

　　近代,江南渔民因为对现实的绝望,有许多人开始将心灵转向虚幻的世界,企盼从那里找到"幸福"和寄托,比如,有些渔民将命运托付于各种神灵,如水神等和渔业生产有关的神灵,以求丰产和生命的安全。一些渔民皈依了天主教,以求教会势力的政治"庇护",或是为了得到经济上的实惠。还有的渔民甚至信仰邪教,参与欺诈等,也是为了不被他们心中的"恶势力"欺凌。总之,渔民选择自身信仰的原因和目的繁多。[2]

　　太湖的"世居渔民"一部分是原生态渔民,另有一部分是岳飞殉国后岳家后人改造战船为大渔船转化而来的,他们是太湖渔民社会中一个相对孤立的群体。他们因为操持大船,还有堪称"巨无霸"的七桅大船,所以渔业生产能力极强。岳飞后代隐居太湖,他们的祭祀、婚俗和宗教相对独立,也基本不和其他渔民群体或陆地居民往来。他们崇拜岳飞、大禹,祭祀岳王和大禹是他们精

〔1〕《吴县水产志》编纂委员会编:《吴县水产志》,上海人民出版社,1989 年,第 328—331 页。
〔2〕李勇:《近代苏南渔民贫困原因探究》,《安徽史学》,2010 年第 6 期,第 39—40 页。

神生活的重要组成部分。他们的《岳王神歌》唱道：

家住河南汤阴县，岳家庄上长生身。
父亲就是岳员外，母亲李氏称院君。
黄河决口家乡难，洪水凶猛泛成灾。
全家遭殃神灵降，产母婴儿缸中余。
幸有鸟雀来相护，一路余到王家庄。
下人禀告王员外，员外救援受难人。
乡亲邻里议纷纷，大灾不死有后福。
从此安居王家庄，取名岳飞度光阴。
拾柴拾粮孝母心，闲听先生书文教。
回家慈母教子情，沙土练字娘亲授。
背刺尽忠报国恩，师从周侗习武勤。
十八兵器件件行，武艺超群功力精。
北宋末年刀兵乱，县衙考选练武人。
一十三岁去赴考，师徒两人同出行。
贤母收拾衣和被，千补百衲难出门。
娘送儿考泪汪汪，祝愿苦煞得功名。
灵神能开三弓石，艺高中得武举人。
县府配得婚姻事，一举双得回家转。
师父中途得病去，遗言报国尽忠孝。
奠得师父三春秋，孝满县府去投军。
宗泽帐下升将帅，智勇双全威名扬。
冲锋陷阵杀金兵，收复江宁定和局。
夺取建康金陵城，金山一战惊天地。
韩岳二军勇难挡，兀术败退长江后。
康王登记杭州城，国号南宋治天下。
岳飞报国收失地，打败兀术金帮退。
岳家官兵军威盛，九进中原打金兵。
百战百胜岳家军，行军路上军纪正。

不许官兵欺百姓,行军夜宿不进村。

饿死不抢一分粮,冻死不进百姓门。

秋毫无犯岳家军,万民欢呼迎王师。

亲自调药慰兵卒,爱抚将士军心振。

金兵黄河北败退,退至东京无兵卒。

途中相遇奸秦桧,私通金帮卖国转。

东床设计害忠良,诬陷岳飞要谋反。

康王昏庸听谗言,急命王师退兵回。

正当直捣黄龙府,十二金牌招进京。

摘除帅印下冤狱,朱仙镇上百姓哭。

兵将各路尽分散,南宋江山毁一旦。

大理寺卿申案情,无凭无据难断论。

风波亭上动大刑,岳家父子惨遭害。

诬害罪名莫须有,尽忠报国传万代。

秦桧奸贼臭万年,劝君忠正莫为奸。

西子湖畔立忠庙,岳武穆王传千古。

万代香火祭忠魂,不忘岳君保国恩。[1]

　　这是一段口头传承的历史,是岳家的家族史,岳飞的后代因为不满政府的所作所为,选择来太湖当渔民,自此之后基本上不与岸上人有深入的来往。谱写《岳王神歌》的目的是让岳家子孙后代记住自己的源头在哪里。这一面是家族历史的传承,另一面也是渔文化的传承和发展。

　　江南地区的"外来渔民"来源于很多地方,如来自苏北、安徽和两湖地区,"太湖洞庭东山"渔民还留存有洞庭湖的乡音。还有一种"海转湖渔民",因为明清海禁、倭寇侵扰,沿海近海渔民进入太湖谋生。或是"农民转换的渔民",指一部分农民失去土地,然后进入太湖捕鱼为生,或者半渔半农。渔民劳动强度大、飘摇在风口浪尖之上,整个群体的社会地位较为卑微。没有法律保护他们的生命和财产安全,若鱼的价格上涨,他们也拿不到多少好处;若市场鱼价格暴跌,渔民的损失最为惨重。

---

[1]　由太湖平台山第十三代禹王庙庙祝李翰倍提供。庙祝,即寺庙中掌管香火的人。

太湖渔民,特别是大船渔民向来有痛恨或远离政府的心理倾向,传说大船渔民由岳家军及其后代转变而来,岳飞精忠报国却被奸臣陷害而死,所以他的后代对封建政府始终持有不信任和不屑的想法,认为政府除了征收渔税剥削他们,不能给予他们任何好处,更不会动用国家机器比如水警给予渔民人身和财产安全予以丝毫的保障。渔民因终生普遍处于赤贫状态,贫困是强迫他们努力劳动的原始动力和最大动力。渔民的精神需求和心理渴望,从渔民自己唱的歌谣中可窥之一般:

山歌好唱口难开,樱桃好吃树难栽。
白米饭好吃田难种,鲜鱼汤好喝网难结。

一条渔网撒上天,我有山歌万万千。
南湖唱到北湖去,回来还唱二三年。

西太湖里一张橹,扯起黄旗敲金锣。
闲人说是官船过,勿晓得小小将军唱山歌。

就打快船柏木香,一船胡椒一船姜。
胡椒打翻勒姜船里,辣椒豁豁唱一场。

三条鲫鱼六个腮,要听山歌游拢来。
大哥爱唱梁山伯,二哥要唱祝英台。

红娘子来子红娘,埋怨奴家爹和娘。
三百六十行你不给,把奴许配给网船郎。

小小太湖跨三洲,难容渔家一叶舟。
亲爷亲娘眼泪流,我唱山歌解解愁。

郎在船头把网来撒,奴在船艄把橹档,
捉起子鱼来郎去卖,奴在船上补渔网。

水上去,浪里来,披星戴月把网撒。
大鱼、小鱼都上网,明朝上街换米粮。

水上渔霸象豺狼,渔民贫困苦难挡。

勿交荡钿命来偿,算盘一响网上梁。

春二三月暖洋洋,只只大船朝北行,
潭东窑上借米吃,光福气街上当衣裳。

东南风吹来暖洋洋,东北风吹来雨乒乓。
西南风吹来燠糟热,西北风吹来顶顶凉。

船到桥来直苗苗,姐妮在船上摇棉条。
郎看姐妮船撞桥,姐妮看郎断棉条。

姐妮生来气力蛮,洞庭山跌倒手来搀。
划船大桂鱼鱼不出骨,栲栳大杨树当簸箕环。

姐妮生得红堂堂,一心要攀网船郎。
勿嫌穷来勿贪富,贪那乌背鲫鱼泡鲜汤。

姐在船头洗席片,一双鲜鱼游拢来。
鲜鱼成双能容易,姐妮成双多么难。

摇一摇来扯一绑,追着姐妮一同行。
前头姐妮不是孟姜女,回头阿哥亦不是万喜良。

啥绳长来啥绳短,啥绳扯起乘风凉,
啥个绳三岁孩童用,啥个绳陪伴姐舱中?
牵绳长来缆绳短,篷脚绳扯起乘风凉。
吊棚绳三岁孩童用,红头绳陪伴姐舱中。

啥鱼白来啥鱼黑,啥鱼背浪掮枪戈,
啥鱼嘴上带须须,啥鱼脚阔走江湖?
白鱼白来黑鱼黑,桂鱼背浪掮枪戈,
鲇鱼嘴上带须须,甲鱼脚阔走江湖。

啥个弯弯天上天,啥个弯弯水上眠,
啥个弯弯郎手里用,啥个弯弯在姐身边?
月亮弯弯天上天,腰菱弯弯水上眠,
鱼钩弯弯郎手里用,木梳弯弯在姐身边。

啥个圆圆天上天,啥个圆圆水上眠,

啥个圆圆郎手里用,啥个圆圆在姐身边?

月亮圆圆天上天,荷叶弯弯水上眠,

洋钿圆圆郎手里用,油面榻圆圆在姐舱中。[1]

　　江南渔民自古以来都是当地社会的一个重要群体,他们的日常生活习惯、生活习俗、渔俗和宗教信仰诸方面都表现出与其他农民群体的明显不同。渔民群体独特的生活习惯和鱼俗以及普遍信仰天主教的特点,是在特殊的自然环境和渔业经济活动中慢慢形成的,渔民的生活习俗和宗教信仰对太湖渔业经济发展具有巨大的作用力,因为"经济"与"文化"是互动的。

　　江南渔民吃苦耐劳,每天投入渔业生产的劳动时间多,属于人力资源优势。庞大的渔民队伍是太湖渔业生产和渔文化发展的主力军,他们老老小小、老幼妇孺几乎将每天所有时间都投入到了渔业生产中。他们参与捕捞、养殖、加工、贸易等环节。经济学家认为,一切的资本形成都意味着时间的耗费,太湖渔民数量多、他们劳动时间投入多,是太湖渔业经济发展的动力之源,也是太湖渔文化累积的人力资源条件。

　　在渔业经济活动中,江南各地的渔民喜欢结帮经营,这样做一方面是为了维护自身安全,另一方面主要还是因为渔业生产过程的特殊性,各种鱼类在水域中的活动范围、渔汛、生产时间都不一样。鱼类的繁殖和活动习性都具有季节性,如长江鲥鱼、乌苏里江大马哈鱼、长江中华鲟、近海的墨鱼、太湖银鱼、阳澄湖大闸蟹、太湖一号(大虾)、太湖子虾等鱼类活动的季节和空间范围都各不相同,这也是渔民结帮或分工的原因。

　　除了结帮经营,太湖渔民还积极参与组建渔业合作社、渔业公司等,这既是制度的创新,也是渔文化的创新发展。特别是近代市场化兴起,市场机制引入,给太湖渔业发展注入了新的生命力,也一定程度上提升了太湖渔民的生活水平,渔业资源得以优化,渔业生产"效率"因此提高。渔民是最下层的社会群体,在渔业市场化的时代,因渔业生产效率提高,渔民的公平诉求也得到了一定满足。渔民生活习俗和宗教信仰的特殊性,也和渔业经济活动呈互动关系。渔业经济和渔民生活是太湖渔文化整体发展的两个侧面。"科技进步和贸易

---

[1]《吴县水产志》编纂委员会编:《吴县水产志》,上海人民出版社,1989年,第329—332页。

方式的创新”、“渔业生产组织管理的制度创新”与“太湖渔民与渔文化发展”的内容相互融合，又相互独立，它们从不同的环节和角度阐释了太湖渔文化发展特点。

七、江南渔乡风情

蓊蔚高荫笼罩着河堧斜斜上的芦荻茆房一爿一爿，水边渔乡如画。丝网棼棼，晾晒于堧。飖林曼舞，樯燕呢喃。霞光赪赪，朝雾霭霭，撒网泼泼，渔歌互答。阴风怒嚎，棹郎幂幂，樯橹孑孑，敝飖飔飔。春和景明，欸乃辑辑。鹭鸶惊飞翀翀，花鲢舞浪讙讙。这是渔业经济活动的场景，也是休闲文化的体现。开发渔乡闲置的旅游资源，能在一定程度上提升江南经济发展效率。

春来江南，嫩柳夭夭、枝条橤橤、垂髫嫖嫖、燕燕于飞。山环水旋、鱼米飘香的人间天堂之至美辐射至大江之源，便引来雪莲之魂。

渔　乡　情

渔火爚爚，鱼游噂噂。
渔火惔惔，鱼游狷狷。
渔火烶烶，鱼游寋寋。
渔火诜诜，鱼游踅踅。

唐古拉山雪莲的花魂，无惧迢遥万里，怀抱江南之恋，顺着江流婉转，一路望月下江东，化身菡萏夭夭：“江南可采莲，莲叶何田田。鱼戏莲叶间。鱼戏莲叶东，鱼戏莲叶西，鱼戏莲叶南，鱼戏莲叶北。”这里是全球最广袤的蛛网水乡，气候宜人。雪莲花神出游从容，于“江水流沇、渔火冉冉、游鱼妭妭、野鸡雊雊”的田园交响曲中酿制出梦幻般江南渔乡风情。大江，又若一根纆纆粗壮的网绠，牵引水乡泽国。在渔歌起伏声声中，锦鬣汕汕、羓羓鱼干、腥香冉冉、稻花飘香。

庚午岁屏居零陵七月二十日以门掩候虫秋为韵赋五首(其二)

汪藻

暑退潦亦收，潇湘净如染。

时观自跳鱼,冲破青琬琰。

纤纤初弦月,不受薄云掩。

近村应渐寒,已有鸦数点。[1]

"时观自跳鱼,冲破青琬琰。"琬、琰都是美玉,作者将碧绿的水面或水藻、莼菜、菡萏等视作青琬琰,鱼儿喜欢弹跳嬉戏,在作者的眼里,自是一幅画。

渡扬子江
孟浩然

桂楫中流望,空波两畔明。

林开扬子驿,山出润州城。

海尽边阴静,江寒朔吹生。

更闻枫叶下,淅沥度秋声。[2]

诗人搭乘客船于扬子江面顺流而下,望大江两岸灯火,观游鱼逆流伾伾,听秋风潇潇,看寒烟漠漠。在"江寒朔风起"里思故乡,而故乡距离诗人,已是"碣石潇湘无限路"。

夜泊宣城界
孟浩然

西塞沿江岛,南陵问驿楼。

湖平津济阔,风止客帆收。

去去怀前浦,茫茫泛夕流。

石逢罗刹碛,山泊敬亭幽。

火炽梅根冶,烟迷杨叶洲。

离家复水宿,相伴赖沙鸥。[3]

宣城,是江南鱼米之乡的组成部分。孟浩然的这首诗,将宣州的田园山水

---

〔1〕 〔清〕彭定求编:《全唐诗》,中华书局,1960年,第2305页。
〔2〕 同上书,第1654页。
〔3〕 同上书,第1665页。

之美写得清晰流畅。

太湖诗·崦里(傍龟山下有良田二十顷)

崦里何幽奇,膏腴二十顷。风吹稻花香,直过龟山顶。

青苗细腻卧,白羽悠溶静。塍畔起鹡鹁,田中通舴艋。

几家傍潭洞,孤戍当林岭。罢钓时煮菱,停缲或焙茗。

峭然八十翁,生计于此永。苦力供征赋,怡颜过朝暝。

洞庭取异事,包山极幽景。念尔饱得知,亦是遗民幸。[1]

虽然螃蟹喜欢吃腐肉,但水稻花也是螃蟹主要食物来源,"风吹稻花香",稻花是螃蟹的美食,随风落入河谷,螃蟹肥硕味鲜。因为食物总量总是不足,所以螃蟹一般在黄昏时节单个或集体爬行到田间捡食稻谷落花。"青苗细腻卧,白羽悠溶静。"当炎热的夏斟满江南大地,惟有细腻青草能有效地降暑,然后静观鹭鸶被风惊吓群飞,好幽静的心情。"塍畔起鹡鹁,田中通舴艋。"鹡鹁,外形像鸭而体格娇小,飞行若行走水面,一半飞行、一半是踩水,江南水乡到处可见,善于潜水捕食小鱼。舴艋,形似蚱蜢的小船,他们"舟楫为家水作田",此小舟穿行水田间,施肥并收获。这些都是江南鱼米之乡独有的意境。

太湖诗·销夏湾
皮日休

太湖有曲处,其门为两崖。当中数十顷,别如一天池。

号为销夏湾,此名无所私。赤日莫斜照,清风多遥吹。

沙屿扫粉墨,松竹调埙篪。山果红鞅鞴,水苔青髽髻。

木阴厚若瓦,岩磴滑如饴。我来此游息,夏景方赫曦。

一坐盘石上,肃肃寒生肌。小艖或可泛,短策或可支。

行惊翠羽起,坐见白莲披。敛袖弄轻浪,解巾敌凉飔。

但有水云见,更余沙禽知。京洛往来客,暍死缘奔驰。

此中便可老,焉用名利为。[2]

---

〔1〕〔清〕彭定求编:《全唐诗》,中华书局,1960 年,第 7043 页。

〔2〕同上书,第 7044 页。

"京洛往来客,暍死缘奔驰。此中便可老,焉用名利为。"京洛来客,非权即贵,他们虽终日锦衣玉食、饫甘餍肥,却不远千里、饱享迢迢路尘,奔赴水国,宁愿于此终老。或许豪门贵族厌倦了钟鸣鼎食和名利场之喧嚣,渔乡的月夕晨风、鸬鹚蚤鸣摩挲着他们过往的麻木生活,"晓景澹无际,孤舟恣回环"的画卷无意间激活了权贵们的审美神经,饱餍烹宰的生活似乎不如这清欢的刹那足以给予生命以至美。

舟中晓望
孟浩然

挂席东南望,青山水国遥。
舳舻争利涉,来往接风潮。
问我今何适,天台访石桥。
坐看霞色晓,疑是赤城标。[1]

"挂席东南望,青山水国遥"饱含动感。"舳舻争利涉","争利"是渔业经济活动的动力。霞色晓、赤城标,描述的是山青青水漫漫的江南渔乡仙境般的早晨。

又观打鱼
杜甫

苍江鱼子清晨集,设网提纲万鱼急。
能者操舟疾若风,撑突波涛挺叉入。
小鱼脱漏不可记,半死半生犹戢戢。
大鱼伤损皆垂头,屈强泥沙有时立。
东津观鱼已再来,主人罢鲙还倾杯。
日暮蛟龙改窟穴,山根鳣鲔随云雷。[2]

诗歌写出渔乡的劳动场景,诗中有渔具、渔法,基本是文盲的渔民的日常

〔1〕〔清〕彭定求编:《全唐诗》,中华书局,1960年,第1652页。
〔2〕同上书,第2314页。

生产活动,在杜甫的翩翩文采之中,渔民的劳动仿佛变成了艺术创造。

唐诗宋词中也有江南渔乡的至美田园,柳宗元《渔翁》是一首诗,更是一幅画,其中茫茫水乡、渔翁、渔船、青山绿水,祥云叆叇,山巅随风行走的云朵似乎也艳羡渔翁的清欢:

渔　翁

柳宗元

渔翁夜傍西岩宿,晓汲清湘燃楚竹。

烟销日出不见人,欸乃一声山水绿。

回看天际下中流,岩上无心云相逐。[1]

渔翁恍若劳作在山水画中,他不懂美学,却是山水画的组成部分。驾驭一苇轻舟,江水两边是青山重重,陜陜河岸,山间无心的白云似在追逐渔翁。江水、渔夫、小船、青山在柳宗元的笔下变成一幅恬和散淡的山水画,人与大自然如此和谐,似乎灵性互通。山水之秀丽冲淡了诗人被贬官的郁闷。与朝堂的喧嚣嘈杂相比,江南水乡的宁静、恬淡给柳宗元的灵魂送来慰藉。也许,身处逆境的人更能将心境打开,看清大自然之美。如果一个有正义感的文化人在宦海里经历坎坎坷坷、跌跌撞撞,然后回归自然,路过江南渔乡,看到了人间至美,却仍然坚持自己的政治追求,那么这种品德和文采可以说是珍贵的文化财富。

送人游吴

杜荀鹤

君到姑苏见,人家尽枕河。

古宫闲地少,水港小桥多。

夜市卖菱藕,春船载绮罗。

遥知未眠月,乡思在渔歌。[2]

---

〔1〕〔清〕蘅塘退士编:《唐诗三百首》,天地出版社,2019年,第87页。

〔2〕何严、羊春秋等编著:《唐诗三百首》,江苏古籍出版社,1991年,第188页。

　　"乡思在渔歌",渔歌、渔谣是太湖渔文化中最具乡音韵味的歌谣,水乡处处可见游子,他们的思乡之情深深蕴藏在这些歌谣之中。

渔　父

李煜

一棹春风一叶舟,

一纶蚕缕一轻钩。

花满渚,酒盈瓯,

万顷波中得自由。[1]

　　李煜出身皇族,在当上国君以前,为了表明自己不屑于权力争斗,以求自保,他将垂钓作为人生最能充分享受自由的娱乐活动。在江南水乡的万顷波中,李煜在"一棹春风一叶舟"的意境中荡漾着比在朝堂里更轻盈愉悦的心情。他渴望的欢愉摇曳在"一纶蚕缕一轻钩"的春风里,自在地做"一舟之主"。渔夫头顶坋露染染,披着破蓑衣,吞吐朔风,怀揣半葫芦浊酒醪,温水泡剩饭就雪菜芬芳,如此逍遥天地间,无心皇权。

　　落日摇情江边树,河、湖水心百家村渔光艳艳,渔歌互答,这是渔民的语言,他们以渔歌沟通,诉说快乐与苦楚。在那些阳光明媚、水波不兴的日子里,鱼鹰围绕水面下的鱼群盘旋,伴随水面上的点点白帆,小船渔民最喜欢这样的天气,因为在这样惠风和畅、天朗气清的日子里,他们获取的劳动成果会更多。

　　除了鱼群,渔村新鲜的空气和清洁的水是珍贵的资源,是渔乡最美风情的载体。银鱼和白虾的生存对水质的要求较高,旧时的江南渔村,春季银鱼戏水、白虾跳舞,怯怯羞羞。莼菜田田、吴羹鲜鲜,渔歌唱晚、渔火冉冉。扬子江—太湖流域湖、荡、河流中的渔村,每逢三五满是晴光夜,天上皓月当空,湖底水月一轮,让人恍如置身晶宫鲛室;微风摩挲水面,粼粼然皱碧铺纹,好一片田园风光。河湖荡边,芦叶盈翠、遍地粽香,春天的风最先从山野送来嫩绿幽香,沁人心脾。

　　江南渔乡的人地和谐,从沈周与阳澄湖大闸蟹的故事中可见一斑。

　　沈周(1427—1509),明代杰出画家,长洲(今江苏苏州)人。他博学多才,

---

〔1〕〔南唐〕李煜:《李煜词》,三秦出版社,2020年,第70页。

长于文学,亦工诗画,善画山水、花卉、鸟兽和虫、鱼,笔法神妙,即使草草点缀,也极得意趣。他多题诗词于画上,所以被人称为"二绝先生"。沈周画宗黄大疾、吴镇,又别有创新,自成一家笔法。他亦工墨笔花鸟,文征明是他的学生,师徒并称"吴派"两大家。沈周、文征明、唐寅和仇英被称为"明四家"。他还善用粗笔,厚重凝练,圆润英挺。

据说沈周绘画用的是糯米墨汁,着于宣纸上有一股清香,时常会引来螃蟹。阳澄湖畔的三百六十五日,湖光山色野意盎然。艺术家和大自然之间的关系,以墨香为联系的纽带,沈周从早晨绘到晚上,挑纱灯夜作,灯光也引来大闸蟹上岸,甚至爬上他的画架。因螃蟹黑夜里喜欢灯光,人们遂用来作为捉蟹技法之一。传说蒸熟的大闸蟹大壳里面有一滩黑黑的墨迹,即是大闸蟹喝足了沈周冲洗砚台留下的糯米墨汁而成。

皮日休有《太湖诗》二十首,诗篇所含江南渔乡味甚浓。太湖三万六千顷水域,七十二峰浸润其中,诗人以舟为车,飘摇游泛。

太湖诗·孤园寺(梁散骑常侍吴猛宅)

皮日休

艇子小且兀,缘湖荡白芷。萦纤泊一碕,宛到孤园寺。
萝岛凝清阴,松门湛虚翠。寒泉飞碧螭,古木斗苍兕。
钟梵在水魄,楼台入云肆。岩边足鸣𫠡,树杪多飞鸓。
香莎满院落,风泛金霹靡。静鹤啄柏蠹,闲猱弄揾虫奇。
小殿熏陆香,古经贝多纸。老僧方瞑坐,见客还强起。
指兹正险绝,何以来到此。先言洞壑数,次话真如理。
磬韵醒闲心,茶香凝皓齿。巾之劫贝布,馈以栴檀饵。
数刻得清净,终身欲依止。可怜陶侍读,身列丹台位。
雅号曰胜力,亦闻师佛氏。今日到孤园,何妨称弟子。[1]

这是诗人所见的水乡民众生产生活的景象。

江南水乡,渔文化资源与生命科学、环境科学以及相关的现代科学技术成

---

〔1〕　〔清〕彭定求编:《全唐诗》,中华书局,1960年,第7034页。

为一体,催生出独具江南文化特色的休闲娱乐产业群。[1]从实践环节看,世界上有些国家和地区,比如冰岛、马尔代夫、日本北海道等地的渔文化产业,不仅有光辉的过往,而且当前在全球市场占据一席之地。这些国家和地区因渔捞技术和造船技术在全球领先,所以消费市场生机勃勃,不仅能够吸引世界各地游客,而且当地渔文化旅游产业的火爆还能带动其他产业发展。因为消费者和技术才是"市场君主"[2],将先进的科学技术投入渔业,才能促进传统产业不断推陈出新。

经济学家认为,一个产业群的形成与分层,与当地社会分工的扩大和深化之间会进行良性互动,分工的细化必然会活跃江南市场。渔文化休闲产业的市场生命力来源于水乡乡土,将其根植于中国江南水乡文化,产业发展的步履力度才会充足,路途能走得更远。仿制或移植其他国家和地区的类似产业,结果只会是邯郸学步,造成文化资源的巨大浪费。

自唐以降江南一直就是红尘中富庶之地,消费市场潜力巨大。渔业从原始生业发展至今,随着现代化的潮流摇身转变成休闲娱乐产业,即渔文化产业,成了江南文化的特色产业之一,或许这也是江南经济在新的历史时期进一步升级的一个切入点。如果通过实验,计算出这个新的产业投入的边际收益率超过同样的投入在城市的边际收益率,那么,城乡市场发展才会趋于和谐与平衡,乡村的短板才得以加长。根据"木桶原理"中的"短板效应",加长了短板,江南社会经济总量就能获取巨大的增量。

当代,江南城市发展速度比乡村更快,"鱼米之乡"有"反身现代化"的迹象。[3]特别是扬子江—太湖流域的水污染,给城市进一步健康发展带来负面效应,控污的社会边际成本随城市规模扩大而不停递增,农地、水域的污染还可能导致传染病的突发。要想解决江南社会发展中的问题,创新水乡的现代

---

[1] 渔猎产业本来是人类原始生业,先民捕获食物很艰难,随着社会分工扩大和经济发展速度加快,渔业、狩猎却慢慢转变成一部分人的娱乐产业,比如吴王夫差筑"鱼城"。扬子江—太湖流域,4.5万平方公里的地域空间、万年渔文化历程,当今的"鱼米之乡"人口密集、经济繁荣、社会发达,娱乐产业的市场蕴藏巨大的经济潜能,娱乐产业的休闲性、环保和文化品位能形成一股更高层面的生产力。

[2] 〔美〕保罗·萨缪尔森、威廉·诺德豪斯:《经济学》,萧琛等译,华夏出版社,1999年,第2页、第23页。

[3] 现代化带来的每一个便利都要求人类付出对他们仍有价值的其他东西作为代价,比如清新的空气、清澈的水源等。

化发展模式也许是一条重要的路径。江南渔文化休闲产业是一种创新，这里有中国最发达的广袤乡村，人口密度大，市场空间大，宜居宜业，储藏着巨大的投资需求和消费潜力。新时代江南城市群和城乡一体化建设可以传承传统文化，创新的"江南文化"生命力也因此更旺盛。[1]

浪漫水乡，梦里江南在李白的笔下是这样的。

采 莲 曲

若耶溪傍采莲女，笑隔荷花共人语。
日照新妆水底明，风飘香袂空中举。
岸上谁家游冶郎，三三五五映垂杨。
紫骝嘶入落花去，见此踟蹰空断肠。[2]

枯鱼过河泣

李白

白龙改常服，偶被豫且制。
谁使尔为鱼，徒劳诉天帝。
作书报鲸鲵，勿恃风涛势。
涛落归泥沙，翻遭蝼蚁噬。
万乘慎出入，柏人以为识。[3]

这样的"上书"并不会招来灭顶之灾，因为此处浪漫主义的笔法的写作对象，是鱼。

[1] 经济学家认为，经济发展有四个车轮：自然资源、人力资源、资本和技术。牛顿的"苹果砸头"和乔布斯的"苹果咬一口"的文化创新在不同领域对人类社会发展做出巨大贡献。孟加拉经济学家默罕默德·尤努斯的金融创新理论和实践，对发展中国家的乡村振兴、乡村现代化建设有参考价值和现实意义。当城市投资的边际收益相对于农村的投资收益递减，资金流向鱼米之乡的"红尘中一二等富贵风流之地"收益递增，扩大乡村基础设施和不动产投资，就业增加，乡村繁荣，"现代化的鱼米之乡"文化品位提升，"扬子江—太湖流域"的繁荣速度才会递增。
[2] 〔清〕彭定求编：《全唐诗》，中华书局，1960年，第1693页。
[3] 同上书，第1706页。

江 上 吟

李白

木兰之枻沙棠舟，玉箫金管坐两头。

美酒樽中置千斛，载妓随波任去留。

仙人有待乘黄鹤，海客无心随白鸥。

屈平词赋悬日月，楚王台榭空山丘。

兴酣落笔摇五岳，诗成笑傲凌沧洲。

功名富贵若长在，汉水亦应西北流。[1]

"江上游"大概是李白三四十岁客游江夏时所作。不论在思想上还是艺术上，这首诗都是很能代表李白特色的篇章之一。本首诗的主题是"此因世途迫隘而肆志以行乐也"（《唐诗解》卷十三）。虽然这里讲得有点不够全面准确，但指出了诗人因有感于"世途迫隘"的现实而吟出这诗，这点很中肯。读着《江上吟》，很容易使人联想到《楚辞》中的《远游》："悲时俗之迫厄兮，愿轻举而远游。"究其根本，还是浪漫主义。

秋 浦 歌

李白

秋浦田舍翁，采鱼水中宿。

妻子张白鹇，结罝映深竹。[2]

浪漫主义的生活空间，似乎在江南田园里比较多，而不在争权夺利的朝堂之中。

渔歌子·霅溪湾里钓鱼翁

张志和

霅溪湾里钓鱼翁，舴艋为家西复东。

江上雪，浦边风，笑着荷衣不叹穷。[3]

---

〔1〕〔清〕彭定求编：《全唐诗》，中华书局，1960年，第1715页。

〔2〕同上书，第1724页。

〔3〕同上书，第1725页。

这首诗描述了钓鱼翁的生命景象：生在渔乡，终于渔乡，炎炎夏日，以荷为衣，舴艋为家，垂钓为生，逍遥自在。

春泛若耶溪

綦毋潜

幽意无断绝，此去随所偶。

晚风吹行舟，花路入溪口。

际夜转西壑，隔山望南斗。

潭烟飞溶溶，林月低向后。

生事且弥漫，愿为持竿叟。[1]

意思是，我寻幽探胜的心意无法停止，随着一路看见的景色，顺着晚风吹送的行舟，沿着开满鲜花的河岸进入溪口。顶着满天星，又转过西边的山岭，隔山仰望天上的南斗。清澈的深潭，潭底蒸腾着溶溶的烟雾，林中的月亮仿佛落在行舟的背后。人间世事是何等的纷繁渺茫，不如做一名隐居江南水乡的钓叟。

除了鱼类资源，江南水乡的水生植物资源很多，从水底的淤泥到水面的红菱都是食材，也是渔乡风情之一。

江南"水八仙"包括茭白、水芹、茨菇、芡实、荸荠、莲藕、红菱和莼菜。江南各地湖、荡、滩地多，水生经济植物资源丰富，这些植物可分为挺水植物、浮叶植物、漂浮植物和沉水植物四大类以及海藻类。这些水乡食材给江南人以丰富的营养，和渔文化最接近，比如《楚辞》中提到的"吴羹"包括银鱼莼菜羹、鸡头米炖鸡蛋花等美味，也是"江南渔文化"和"江南文化"的组成部分。

从植食性鱼类到肉食性鱼类，摄食与被摄食的链条，构成水生食物链。这条食物链从水生植物、细菌或有机物开始，到鲸鱼、鲨鱼、鹭鸶——大鱼吃小鱼，小鱼吃虾，虾吞水蚤，水蚤食微藻，微藻吸收阳光和无机盐等进行光合作用，产出有机物。

江南水乡的挺水植物有莲藕、芦苇、蒲草等。这些植物和江南渔民的生活很近，比如菖蒲、芦苇就是渔民家里的生活必需品，这些植物为他们遮风挡雨，

〔1〕 邱燮友主编：《唐诗三百首新赏》，北京理工大学出版社，2018年，第48页。

还可以用来制作鱼篓、芦席等。这些挺水植物一般生长在靠近岸边水浅的地方,植株挺立于水中,部分基叶伸出水面。"莲荷之根为藕,长于葑门南塘最佳。干嫩白脆,远近争购。"[1]

当渔家妹子看见游双双、水面上的青荇飘摇,或看见"参差荇菜,左右流之",也会用比兴的手法表达爱意:

> 水面风牵荇飘斜,蒲浪猎猎惊栖鸭。
> 萍床鱼莶接邻居,棹郎何日赘奴家。

大船渔家妹子,喜欢招赘,棹郎因为家贫,也喜欢入赘。据江南民俗调研,陆地上的居民招女婿的也很普遍,即使一个村或隔壁邻居,只要女方家庭条件略好于男方家庭,男方父母及祖辈便丝毫不拘儒家思想的羁绊,相约婚事,皆大欢喜。

江南渔歌内容广泛,包括捕捞技巧、观察天象、渔民爱情等。渔家妹子不识字,但会唱渔歌,唱出的渔歌于旁观者听起来似乎与爱情无关,而四目对视的男女双方却心知,渔歌是青春期的青少年渔民灵魂沟通的工具,这也体现出渔歌重要的文化价值。

江南莲藕主要有红、白两种,红莲腴而甜,莲硬而味淡;白莲嫩而淡,莲莹而甜。传说白莲在江南的种植与白居易有关,他来苏州做刺史,正遇上涝年,洪水成灾,虎丘山塘街一带洪水特别严重,稻田被大水淹没。他调查发现,这里的河道多年没有疏浚,河床堵塞。于是白居易组织民力,兴修水利,分段治理河道,为了防止泥沙顺雨水冲入河流,他在阊门通往虎丘的山塘河筑起七里长堤,即"白堤",堤岸像西湖白堤一样种植桃李,水中种植白莲藕,模仿大禹、李冰父子治水之法,保证水流通畅,水患终止。种下的白莲藕还给苏州人民带来了经济效益,同时使山塘河环境更优美。公元 826 年 9 月,白居易因病卸任苏州刺史,得到了苏州人民的强烈挽留,"苏州十万户,满城尽作婴儿啼"。白莲藕的环保效应极强,"出淤泥而不染",莲藕吸收污泥中的营养,变成甜甜脆脆的美食,绽放芙蓉含羞,结出的莲子清如水。

---

[1] 吴万铭等:《娄葑乡的水八仙》,苏州市地方志编纂委员会办公室、苏州市政协学习和文史委员会编:《苏州史志资料选辑》第 24 辑,1999 年,第 206 页。

江南灯芯草,属灯芯草科,生于水乡沼泽地,具根茎,秆丛生,高30—70厘米,有节,节间有横条纹,叶鞘疏松抱茎,呈圆筒状,叶片细长圆柱形,长10—20厘米,粗0.2—0.3厘米,中空,有鲜明的横膈膜。灯心草在苏南地区及长江中下游地区水沟、池沼中均有生长,茎叶纤维可作造纸原料,秆可供编制草鞋、凉席及蓑衣等用,嫩叶、秆还可做牲畜饲料,全草可入药,有清凉、镇静、利尿的作用。渔民或捞取灯心草编席子,或作为篷橼的原料。

水芹,又名水芹菜、野芹菜、芹菜,属伞形科,为多年生草木,高15—80厘米,茎直立或基部匍匐,节上生根,中空,有棱。[1] 水芹可做菜,水芹炒肉、水芹炒香干、清炒水芹,独具江南水乡春之气息。

江南水乡各地的浮叶植物主要有菱、芡实、莼菜等,浮叶植物根生在水底,茎比较柔软,叶片浮于水面。这些水生植物和鱼的关系最密切,渔民捕鱼有时会顺带采割一些,为自己拓展食材选择面,增加自身的营养补给。

芡实在湖荡、港汊和沤田均有分布。芡实俗称"鸡头"(花苞果实像鸡头)、"鸡头莲"、"刺莲藕",属睡莲科。芡实在苏南地区种植较为普遍,尽管没有确切的种植芡实的亩数统计,但据1930年乔增祥纂《吴县》记载,第十四区(尹郭区)年产鲜鸡头900担。[2] 根据有关资料记载,20世纪30年代时,苏州娄葑一个镇境内就种植鸡头米面积约2000亩。[3]

莼菜,以太湖东山所产最为有名。莼菜又名马蹄草、水案板,属睡莲科,为多年生宿根性的湖沼草本植物,根状茎具叶及葡萄枝,横卧于泥中,茎分枝甚多,细而长,约100厘米以上,莼菜沉浸水中,叶漂浮于水面,椭圆状长圆形,长3—6厘米,宽4—10厘米,盾状着生于叶柄,表面绿色,背面紫色,疏被毛。[4]茎及叶背均有透明的胶质,尤以嫩梢及幼叶上为多,花梗自叶腋抽出,顶生一小花,呈紫红色,果实为革质,具有宿萼,在水中成熟,根状茎、葡萄枝或种子繁殖。

莼菜在清明后及夏季可采摘,通常鲜用。初次采摘的嫩梢涩味重,不宜加工。采摘下的新鲜莼菜需经过杀青、冷却、拣剔、预煮、冷却、装瓶、检查、排气、

〔1〕 文明主编:《长江中下游水域洲滩野生经济植物》,湖南科学技术出版社,1993年,第508页。

〔2〕 乔增祥主纂、梅成分纂:《吴县》,吴县县政府社会调查处,1930年,第103页。

〔3〕 吴万铭等:《娄葑乡的水八仙》,苏州市地方志编纂委员会办公室、苏州市政协学习和文史委员会编:《苏州史志资料选辑》第24辑,1999年,第207页。

〔4〕 文明主编:《长江中下游水域洲滩野生经济植物》,湖南科学技术出版社,1993年,第141页。

杀菌等加工程序方可包装出厂。

旧年的江南,水乡处处,莼菜菁菁,平卧于清波之上。"一夜春风湖雁飞,三高祠冷对斜晖。年年莼菜无人采,喂得芦中野鸭肥。"莼菜银鱼羹是《楚辞》中记载的美味,莼菜又是野鸭的食物,因为食物充足,野鸭因此繁殖旺盛。野鸭也是渔民的食物来源之一,至秋冬季节,野鸭羽丰膘肥,肉质脆嫩,带着莼菜的蚀骨清香。所谓"呦呦鹿鸣,食野之苹",鹿肉之香便来源于野生的苹果,野鸭之味美则来自莼菜嫩红。

渔具诗·射鱼
陆龟蒙

弯弓注碧浔,掉尾行凉汕。

青枫下晚照,正在澄明里。

抨弦断荷扇,溅血殷菱蕊。

若使禽荒闻,移之暴烟水。[1]

渔具诗·种鱼

凿池收赪鳞,疏疏置云屿。

还同汗漫游,遂以江湖处。

如非一神守,潜被蛟龙主。

蛟龙若无道,跛鳖亦可御。[2]

渔具诗·笭箵

谁谓笭箵小,我谓笭箵大。

盛鱼自足餐,寘璧能为害。

时将刷蘋浪,又取悬藤带。

不及腰上金,何劳问蓍蔡。[3]

渔具诗·药鱼

香饵缀金钩,目中悬者几。

---

[1]〔清〕彭定求编:《全唐诗》,中华书局,1960年,第7044页。射鱼,即用弹弓或弓弩射杀浅水里的鱼。

[2] 同上书,第7045页。种鱼,即在河边挖一池,留口与河连通,鱼儿自投罗网。

[3] 同上。笭箵是竹制的鱼篓,存放捕到的鱼,可挂于腰间,也可暂养于河边。

　　盈川是毒流,细大同时死。

　　不唯空饲大,便可将贻蚁。

　　苟负竭泽心,其他尽如此。[1]

　　蛛网水乡哺育的渔乡是一幅天然的山水画卷,被艺术家创作成《姑苏繁华图》《富春山居图》,是"吴水越山"中的泼墨江南。

　　《盛世滋生图》即《姑苏繁华图》,《姑苏繁华图》从太湖开始,分"山前场院""灵岩寻幽""木渎名迹""石湖渔耕""江河相汇""运河舟楫""胥门港埠""万年桥畔""黄鹂坊桥""水陆闾门""山塘商肆""虎丘胜景"12 个部分,至虎丘而结束。

　　石湖渔耕,日光昗昗,鱼游唪缓,菖蒲蔓蔓,鹧鹕惊趂湖面。太湖之水自白杨湾北衍,经过越来溪汇集于上方山下而成石湖。湖中有茶磨山、天镜阁、楞枷山、吴山诸映带其间。九孔的行春桥与越城桥相连,双下的水道连接石湖与大运河。行春桥,即为唐伯虎初遇秋香之处。越城桥,越国筑城攻吴国之水路,连通大运河——胥江,直通姑苏城。石湖地处上方山麓,东面是水,西面是山,有"水清鱼读月,林静鸟谈天"的意境。石湖天镜阁即石湖居士范成大隐居地,而范石湖则是江南文化的杰出创造者。

　　在丰收的季节里,江南鱼米乡常有这样的一番景象:锦鳞游泳,波翻渔火碎,稻穗沉沉,月落村春急。

　　春和日丽的水乡,天朗气清,惠风和畅,白鹭群翔,银鱼泆泆,苇苞蓼茂,岸边青草萋萋,自成"翰墨江南"。

---

〔1〕〔清〕彭定求编:《全唐诗》,中华书局,1960 年,第 7045 页。药鱼,在鱼饵里混入毒药,清流变毒液,附近大小鱼儿莫能幸免。

第三章
渔业科技进步与贸易方式的创新

一、渔网、渔船和渔法之演进

江南渔船,有七桅大渔船、六桅渔船、五桅渔船、四桅渔船,以及小渔船、网船,渔具的大小排序,形如金字塔一般。其中,传统渔具占的比例较大。

"拉鱼",乃是将一般的长草绳、麻绳沉入河床,小河两岸各一人逆流行走,水下游鱼看见绳索若山脉滚动一般,立刻惊跳而过绳索。鱼儿跃出水面,渔夫目测它的体量决定捕捉或者放行。捕捞者以竹制的渔具"罩"住"水花"处,于狭窄的罩中摸鱼儿。

关于传统渔具,皮日休的渔具诗里有提及使用方法,也写得最有文采。

皮日休的《奉和鲁望渔具十五咏》[1],总结出江南渔民的传统捕鱼技巧,文采风华,乡土味浓郁。

射　鱼

注矢寂不动,澄潭晴转烘。

下窥见鱼乐,怳若翔在空。

惊羽决凝碧,伤鳞浮殷红。

堪将指杯术,授与太湖公。

"注矢寂不动",若狩猎一般,不惊动鱼儿。"澄潭晴转烘",春秋天,特别在

---

[1] 〔清〕彭定求编:《全唐诗》,中华书局,1960年,第7043—7046页。

冬天,日出后,水面温度慢慢上升,鱼儿对水温的变化较敏感,因此,渔民能以此定位水底游鱼的位置或活动路径。鱼类的趋光性和避光性,使鱼类会在水下泛出"水花"或"水纹",这些都能给予捕捞者以准确判断的根据。

罩

芒鞋下菿中,步步沈轻罩。

既为菱浪颩,亦为莲泥胶。

人立独无声,鱼烦似相抄。

满手搦霜鳞,思归举轻棹。

此诗唯"步步沈轻罩"最妙,因为鱼类的活动不仅和光有关系,鱼儿对岸边的捕捞者或水面上船舷发出的声音都很敏感,以此来判断逃跑的路径,比如鲤鱼顺水往下游走,若倒车一般,尾巴在前,头在后,万一感应到水中有网罟设立,即立刻逆流而上,形若飞行。

钓 筒

笼籞截数尺,标置能幽绝。

从浮笠泽烟,任卧桐江月。

丝随碧波漫,饵逐清滩发。

好是趁筒时,秋声正清越。

钓筒植于笠泽烟、桐江月的时空中,捕捞效果最好,这也是江南渔民高超的劳动技巧之一。笠泽、桐江即太湖、江乡。

钓 车

得乐湖海志,不厌华轴小。

月中抛一声,惊起滩上鸟。

心将潭底测,手把波文袅。

何处觅奔车,平波今渺渺。

作者如果没有目睹这种"境界",就不可能把渔民的辛勤劳动变成文字弹跳若群鱼撒欢、旋律起伏似清波泻玉的诗篇。作者作为"观察者",渔夫是"被观察者",二者对"渔文化"的理解各不相同,渔夫注重的是"物质",诗人看见的是浪漫潇洒的"抽象表现"。

渔　梁

波际插翠筠,离离似清籞。

游鳞到溪口,入此无逃所。

斜临杨柳津,静下鸬鹚侣。

编此欲何之,终焉富春渚。

叉　鱼

列炬春溪口,平潭如不流。

照见游泳鱼,一一如清昼。

中目碎琼碧,毁鳞殷组绣。

乐此何太荒,居然愧川后。

鸣　榔

尽日平湖上,鸣榔仍动桨。

丁丁入波心,澄澈和清响。

鹭听独寂寞,鱼惊昧来往。

尽水无所逃,川中有钩党。

种　鱼

移土湖岸边,一半和鱼子。

池中得春雨,点点活如蚁。

一月便翠鳞,终年必赪尾。

借问两绶人,谁知种鱼利。

药　鱼

吾无竭泽心,何用药鱼药。

见说放溪上,点点波光恶。

食时竞夷犹,死者争纷泊。

何必重伤鱼,毒泾犹可作。

舴　艋

阔处只三尺,翛然足吾事。

低篷挂钓车,枯蚌盛鱼饵。

只好携桡坐,唯堪盖蓑睡。

若遣遂平生,舻艎不如是。

　　渔船,既是生产工具,又是渔民的交通工具,随浪起伏,渔民泛宅浮家,延续着江南渔文化。

　　诗篇中还提及了近代江南水乡的渔网及渔法。渔网总称为网罟,各种网罟是我国最重要的捕鱼工具,也是古老的渔具渔法。渔网、渔法与渔民的社会组织、所处的社会层次、拥有的渔业资本等有关,比如太湖渔民结帮经营,就和各自持有的渔具和渔法关系密切。不同的渔具、渔法连接起不同的渔民群体,他们渔具、渔法各有不同,生活习俗、信仰、婚丧嫁娶等习俗也略有差异。[1]

　　我国渔网的种类繁多,在原始社会的渔猎时代,渔网已经开始出现了,宋代时有文字记载。在距今六千多年的陕西西安半坡遗址出土的陶器图案中,就有方形网和圆锥形网,这两种渔网捕鱼的功能不一样,捕鱼的种类也不一样。

网

皮日休

晚挂溪上网,映空如雾縠。

闲来发其机,旋旋沈平绿。

下处若烟雨,牵时似崖谷。

必若遇鲲鲕,从教通一目。[2]

　　晾晒渔网,即俗语"三天打鱼两天晒网",这样,渔民操持渔网作业,入水更快、出水也清爽利索。若用鸡蛋清溜一遍网衣,再晒干,加上磨刀锋利,这样更便于渔业生产。

---

〔1〕 太湖渔民使用的渔具种类繁多,因为太湖包含 107 种鱼类,且分布深度各不相同。捕捞的鱼类不同,需要的渔具肯定不同,渔民、渔具、渔法在渔业生产过程中"三位一体"。
〔2〕 〔清〕彭定求编:《全唐诗》,中华书局,1960 年,第 7043 页。

观打鱼歌

杜甫

绵州江水之东津,鲂鱼鱍鱍色胜银。

渔人漾舟沉大网,截江一拥数百鳞。

众鱼常才尽却弃,赤鲤腾出如有神。

潜龙无声老蛟怒,回风飒飒吹沙尘。

饔子左右挥双刀,脍飞金盘白雪高。

徐州秃尾不足忆,汉阴槎头远遁逃。

鲂鱼肥美知第一,既饱欢娱亦萧瑟。

君不见朝来割素鬐,咫尺波涛永相失。[1]

在江南水乡的考古发掘中,三山岛等地都有网坠等捕鱼工具出土。以后随渔业生产的进步,各种类型的渔网渔具不断出现。网罟原来有麻网和丝网两种,到宋代产生了刺网和张网。发展到明代又产生了拖网。清初,我国东南沿海渔民又创造了围网。

自古以来,太湖渔民使用渔网的方法有很多,"洳澱江浦之间,民多以渔为业,取鱼之术亦备。其结网持网者,总谓之网。有注网、丝网、塘网之流。曰罛、曰罾、曰罩、曰罟……"。[2]

江南近海海洋的渔民使用的网具主要有对网、摇网、翼网、抄网等。小兜网、银鱼网、飞机网、牵丝网、张丝网的应用比较广泛。外洋捕捞的网具有推花网、网仓、牵兜网、大捕网、安康网、桁网、拖网、打洋网、轻拖网、灯光围网等。如 30 年代的《嵊泗列岛视察团报告书》记载,嵊泗列岛渔民捕鱼的渔具大致可以分为大对渔业的渔具、抛顶张网渔业的渔具、打桩张网渔业的渔具、墨鱼拖网渔业的渔具、墨鱼照网渔业的渔具等多种。

大对渔业的渔具为网具,网由囊网及翼网两部分合成,囊网长度为 75 尺,翼网长度为 115 尺,网身全长为 190 尺,网的价值约为 400 元。据记载,此网可载重 500 担左右的渔船,备囊网正副各一具,待渔船驶至东海水深处,等潮上来时敷网于海底,借助于潮水而开张,鱼群(黄花鱼)顺潮流而入网中,等潮

---

[1]〔清〕彭定求编:《全唐诗》,中华书局,1960 年,第 2314 页。

[2]《嘉庆松江府志》(一),《中国地方志集成·上海府县志辑一》,上海书店,1991 年,第 155 页。

水平静时起网,收获甚多。[1]

抛顶张网渔业的渔具,形状与打椿张网相同,只是网具略大而已。这种网具所使用的木锚在当地俗呼为"顶",故网又名"抛顶",其价值与打椿张网无分上下。

打椿张网渔业的渔具,实际是张网。所谓打椿,就是以竹杆打入海底,然后再把网具固定在竹杆上,成为定置渔具,这在当时的嵊泗列岛中,只有泗礁一岛的渔民使用。

墨鱼拖网渔业的渔具,"起源极早,至今仍然沿用旧法",网长 4 寻(每寻 8 尺),用麻线编结,线粗 2 厘米,分为背网与腹网两个部分,背网全长 4 寻,腹网全长 3.3 寻,网的价值约 40 元。此外还有墨鱼照网渔业,因为墨鱼具有趋光的生物习性,捕捞墨鱼者,多在夜间燃光以诱墨鱼集合于一地,然后捕捞,此种方法名为"照网"。这种渔具极其简单,只有大抵网一张以及内装火柴的钢网丝一张而已。墨鱼罩网的价值,大抵网约 12 元,钢丝网约 10 元。[2] 由此可见,20 世纪 30 年代下半期,在东海的嵊泗列岛,渔民依然使用麻织的旧式网具和传统的捕捞方法。

拖网,是以渔船或人力托拽网具达到渔获目的的渔具,尺寸有大有小。人力操作较小的拖网形状一般为方形,长宽不过三尺,也有的呈长带形,稍微似囊,是一种以捕捞底层鱼类为主的渔具。大的拖网如上海的牵网,也称地曳网,今名大拉网,作业时将网具放入沿海近岸或内陆湖荡的冰下水域,人在岸滩或冰面上曳行起网捕捞。民国时期,太湖流域地区较大的水域普遍使用拖网,如《民国宝山县再续志》记载:"(拖网)放在河中逆流拖行,每数百步拉起一次以取鱼。"[3]

流网,也叫淌网,长 10 寻,由麻线制成,二股右捻,用猪血浸透,干燥后变成茶褐色,在水中异常坚固。太湖流域各地都有渔民使用这种网具,这种网在外江可以淌银鱼、白虾,内江淌虾、螺蛳等。[4]

张网,太湖流域沿海地区的黄花鱼张网比较有名,张网有大张网和小张

---

〔1〕《民国宝山县再续志》,《中国地方志集成·上海府县志辑九》,上海书店,1991 年,第 694 页。

〔2〕《嵊泗列岛视察团报告书》(1936 年 12 月 31 日),上海市档案馆档案,全宗号 Q464,目录号 1,案卷号 568。

〔3〕《民国宝山县再续志》,《中国地方志集成·上海府县志辑九》,上海书店,1991 年,第 694 页。

〔4〕同上书,第 694 页。

网,30 年代使用的较普遍。[1] 其中的双碇张网最适于固定在潮流较急且有往复流向的海域,借助于辅设网具,可以根据水流流向的转变随时调整碇位,以使网口对准水流,达到利用水的激流捕获鱼类的目的。张网在捕捞渔具中算是比较大的网具了,网口网目七厘米左右,向后逐渐缩小至三四厘米。长度有的可达到四十米左右,囊底有上下鱼门,网口纲长五六十米。宽网形如同囊状,网具多为方锥形,有的具一囊两翼。一般有固定的网架装置。使用方法一般是四个渔夫分开搭乘舢板,各自取出事先准备好的绳索,绳索任水流驱使,等流到适当的地点再投下大小各锚,然后将张网系于右船投入水中。根据定置方式,可分桩(樯)张网、抛碇张网、船张网三种。桩(樯)张网以木桩或木樯将网固定于一定水层,以拦截随潮而来的鱼虾,苏南的深水张网就是桩张网。抛碇张网又称锚张网,网口长方形,无翼网,大多采用一船一网作业,主要使用于流急、鱼虾集中的产卵场,著名的如苏南沿海的小黄鱼张网。船张网,网口呈长方形,一般一船双网作业,船首装一横杆,船抛锚,网分别带于两舷。著名的有桃网,苏南渔民捕捞青虾、小白虾和梅童鱼等都使用这种网具。

旋网,即撒网,这种网尺寸较小,一般用于捕获小鱼类及虾蟹。旋网捕捞的方法操作方便,"随走随撒,随撒随起",[2] 这种方法空间适应性强,可在岸边一人操作,也可以将船划到离岸稍远处,凭经验选定合适的位置撒网。这种网的网角以铜、铁或锡作坠子,以铁坠为多,因为渔民认为,铜坠在水中发亮,鱼见了会发抖,所以多用铁坠,且铁坠使用成本较低。

插网,"备长网数十丈,未涨潮时围插于渔场滩地,涨潮时鱼随潮入,落潮时鱼不能突围而出,涸于滩上,渔者即可任意拾取,入有水潭等处,可再用手操网捕获之。主要适用于在石洞口、石头沙等处滩涂捕捉青鱼、白鱼、鲢鱼、鳊鱼等"。[3] 插网有帐子插、提篙网、串洋网、稀伏网、长稀网、高稀网、密眼网、翻纲网等多种。[4]

探网,一种轻便式的浅网,适用于较小的内河中捕捞小鱼及贝壳类螺蛤等。此种网以竹竿缚装线眼网布,捕鱼时将它伸入河中,如爬虫式的探撩,这

〔1〕《派员调查江浙沿海渔业实况》(1937 年 2 月),中国第二历史档案馆档案,全宗号 422(8),案卷号 58。

〔2〕《民国宝山县再续志》,《中国地方志集成·上海府县志辑九》,上海书店,1991 年,第 694 页。

〔3〕同上。

〔4〕上海市南汇县县志编纂委员会编:《南汇县志》,上海人民出版社,1992 年,第 355 页。

种方法渔获量较小。

牵网，"张网于曲屈之细竹杆，作四方形，四杆之中央系以长杆，并坚实之绳索，将网置之中流，涨潮时渔者静侯于河中干，随时举网以取鱼，网之大者并用竹架以支之"。[1]

太湖地区的渔船及渔法多样。太湖渔民的捕捞工具和方法有很多，虽然在进入 20 世纪以后，西方机械渔具的引入使渔捞业的近代化历程加速了，但在太湖流域的大部分地区，特别是在淡水渔业生产区，传统的渔船、渔网等捕捞工具依然承袭沿用至今。

船只何时开始用于渔业捕捞，已无确切考证。古代，船的叫法很多，比如艨、舫、艋等。有文字记载的是在春秋时代，《吴地记》中有吴王捕捞黄花鱼的记载，说明那时在太湖流域已经开始使用船只进行捕捞了。

在近代，长江、东海近海以及太湖渔民使用的主要还是传统的木帆渔船和手动渔船。如清末，上海县有渔民用木帆船进入长江捕鱼。[2] 民国时期，东海海域上的嵊泗列岛"各岛渔民捕鱼之船，均为旧式帆船"。[3] 民国年间所修《宝山县再续志》记载："邑境渔民多贫苦，小民乏巨大渔船及设备完全之渔具。大都恃一叶扁舟操作生息于其中，至简陋也。"[4] 当时的主要渔船有滚钩船、刺网船、挑船、白划船、水鸭船等，用于捕捉鲴鱼、青鱼、鲢鱼、白鱼、子鮹、白虾、鳗头鱼等。滚钩船用长约二丈、宽六尺左右之小船，备空钩五百枚至八百枚，平潮出港。到渔场后，船头逆内潮流，将附有浮筒、碇石的一端用钩索投入水中，或者使橹借风力斜内潮流横向行驶，然后逐渐将钩放出，末端系于船尾，数小时后即可起钩取鱼。刺网船，以流刺网三十具至五十具，需要渔夫三四人用长三丈宽八尺的帆船，落潮时出港奔赴渔场，平潮下网，需横切潮流而下，鱼则溯潮逆游刺入网目。挑船用长四丈、宽一丈左右的渔船，备巨型木锚和囊网二具装置于挑竹，分挑于船腹的两侧。涨潮则网张开，等到潮水退落，水力迟缓时再取鱼，则满藏于囊中。白划船，因鱼性喜白色，这种船全部漆成白色，月晦时放于中流，鱼儿看见白色，则喜而跳跃，自入船中，至次日早晨，渔民可不劳

〔1〕《民国宝山县再续志》，《中国地方志集成·上海府县志辑九》，上海书店，1991 年，第 694 页。

〔2〕上海县县志编纂委员会编：《上海县志》，上海人民出版社，1993 年，第 575 页。

〔3〕《嵊泗列岛视察团报告书》(1936 年 12 月 31 日)，上海市档案馆档案，全宗号 Q464，目录号 1，案卷号 568。

〔4〕《民国宝山县再续志》，《中国地方志集成·上海府县志辑九》，上海书店，1991 年，第 694 页。

而获。水鸭船,这种船长一丈四五尺,狭小灵便,在船上,渔民畜养水鸭七八只或数十只不等,以豆腐喂食水鸭。捕鱼之前,先用细绳系住水鸭颈项,潮水上来时将水鸭驱赶至河流,使它们捕捉鱼类,如有所获,渔民用杆驱起水鸭,执颈以取出捕获的鱼类。水鸭随取随放,渔民往往可以收获很多。"惟难得较大之鱼类,且不甚新鲜,不能售善价也。"[1]

这些旧式木帆渔船又分为张网(亦名抛顶张网)、海蜇张网、拖网等数种,据《嵊泗县志》记载,1949年以前,嵊泗有木帆渔船1922只,其中张网船329只,小对船918只,舢板(划子)655只,大捕船18只,大对2只。[2] 木质沙飞船也是一种传统的渔船,清末,南汇的外洋捕捞仍然使用木质沙飞船。[3] 总之,近代太湖流域主要的捕捞工具还是传统的风帆船和手动渔船。

传统的渔具和渔法因为受天气影响较大,所以渔民对风、雨来去信息的判断和掌控也属于"渔业生产力"的内容。太湖渔歌、渔谚中就含有渔业"生产技术"的内容,这是生产领域的"渔文化",本书第一部分的"太湖渔歌、渔谚中的'生产技术'"有阐述。本节太湖渔民的传统渔具、渔法,在太湖渔歌、渔谚中还有很多相关内容,这些科学的渔谚至今还很有用,本节再补充一些气象谚语中的传统"渔法":

> 云交云,雨淋淋。
>
> 热极生风,闷极落雨。
>
> 风急雨落,人急客作。
>
> 天浪鱼鳞斑,大水翻过山。
>
> 鱼鳞天,下雨也不颠。
>
> 东风急,备蓑笠。
>
> 春风踏脚报。
>
> 春风头一隔夜,要吹十七、廿八夜。
>
> 既吹一日南风,必还一日北风。

---

[1] 《民国宝山县再续志》,《中国地方志集成·上海府县志辑九》,上海书店,1991年,第694页。
[2] 嵊泗县志编纂委员会编:《嵊泗县志》,浙江人民出版社,1989年,第103页。
[3] 上海市南汇县县志编纂委员会编:《南汇县志》,上海人民出版社,1992年,第354页。

南风吹到底,北风来还礼。

西南早到,晏勿动草。

南风尾,北风头。

东北风,雨祖宗。

天浪云头鲤鱼斑,明朝晒鱼不用翻。

西南转西北,搓绳来绊屋。

半更五更西,天明拔树皮。

日落乌云涨,半夜听雨响。

日落西风止,不止刮倒树。

日落胭脂红,无雨便刮风。

日西夜东风,明朝好天空。

南耳晴,北耳雨。

日生双耳,断风截雨。

日头碰云障,晒杀老和尚。

日落云里走,雨浪半夜后。

日出三杆,不急便宽。

恶风随日没。

日晚风和,明朝再多。

半日见断虹,飓母破篷风。

日枷(晕)三更雨,月枷午时风。

今夜日打洞,明朝晒得背皮痛。

天浪起哉炮台云,不过三日雨霖霖。

云行东,雨无踪,车马通。

云行西,马溅泥,水没犁。

云行南,雨潺潺,水涨潭。

云仰仰,水漾漾。

旱年只怕松江跳,水年只怕北江红。

旱要天顶穿,暮要四边悬。

有虹浪东,有雨是空。

有虹浪西,出门带蓑衣。

半日见断虹,飓母破篷风。

东鲎(虹)日头西鲎雨。

东鲎晴,西鲎雨。

对日鲎,不到昼。

朝霞不出市,暮霞走千里。

朝霞暮霞,无水煎茶。

春雾雨,夏雾热,秋雾冷风东雾雪。

秋风怕夜晴,夜晴还要阴。

黄梅天星光,不久雨更狂。

连起三场雾,小雨落不住。

早浪地罩雾,笃定汰衣裤。

三朝迷雾发西风。

霜后暖,雪后寒。

一年三季东风雨,独有夏季东风晴。

雨雪年年有,不浪三九浪四九。

小雪封地,大雪封船。

天黄有雨,人黄有病。

冬冷多晴,冬暖多雨。

重阳无雨一冬晴。

干净冬至邋遢年,邋遢冬至干净年。

一个星,保夜晴。

夏雨北风生。

雨打五更,日晒水坑。

一点雨似一个钉,落到明朝也弗晴。

一点雨似一个泡,落到明朝弗得了。

天下太平,夜雨日晴。

夹雨夹雪,无休无歇。

快雨快晴。

千日晴不厌，一日雨便厌。

卯前雷，卯后雨来催。
当头雷无雨，卯前雷有雨。
南闪千年，北闪眼前。
北辰闪三夜，无雨蟹大怪。[1]

　　太湖渔民根据农历二十四节气中的"四立"、"四分"和"四至"，然后再"微分"太湖流域的"小气候"，总结出"八风"：

立春到春分，基本是东风。
春分到立夏，多吹东南风。
立夏到夏至，南风吹为主。
夏至到立秋，多吹西南风。
立秋到秋分，基本是西风。
秋分到立冬，多刮西北风。
立冬到冬至，北风吹为主。
冬至到立春，多刮东北风。

　　渔民观察、预测、判断风雨的来去规律，是渔法的组成部分，是渔民在长期的经验积累中总结出来的，也是"渔业科技"。
　　太湖流域的渔船在明清以后种类渐渐增多，有帆罟船、边江船、厂稍船、小鲜船、剪网船、丝网船、划船、辋网船、江网船、赶网船、逐网船、罩网船、鸬鹚船等。
　　网船又分为拖网船、张网船、抢网船、旋网船及摇网船等多种。网船的资本，少的不过七八十元，或五六十元，最多一二百元；大网船则有的达数千元，每年的生产均有结余。网船多为深底船，一般渔船长约四五丈，宽度大概一丈许；有四道樯，或者三五道樯；载重量三百担至六百担不等。大的摇网船长度达六十余尺，载重量可达上千担，渔夫七八个至十几个人。一般比较大的张网船长七八十尺，宽度二十余尺，深十几尺，载重量在一千五百担以上；还有更大

―――――――――――

〔1〕　资料来源：太湖三山岛、镇湖、吴江、宜兴周铁等地老渔民口述，然后整理记录。

的张网船载重可达两千担,乘载渔夫十七八个,有樯五六道,这种船船体笨重,难以人力驾驶,只能靠风力行走。这种巨型张网船内部分成十一二个舱,舱有专门收放绳索的郎斗头、包头、三包头、桅舱、太平舱、二舱、专门放置渔获物的三舱、漕舱、客舱及卧舱等部分,这种大船是渔船群体中的"航空母舰",一般不能靠岸,人或货物上岸只能借助于小船完成。[1]

太湖渔船大小不等,有五桅、六桅、七桅等若干种。清代以前,"其最大者曰'罛船',亦名'六桅船',因为太高大、排水量大,所以不能傍岸,不能入港,篙橹不能撑摇,专候暴风行船,借助风力航行,故其祷神有'大树连根起,小树着天飞'之语。当夫白浪滔天,奔涛如驶之时,商民船只不敢行,而罛船则乘风牵网,纵浪自如。若风恬浪静,行舟利涉,罛船则帖伏不能动"。[2]

近代以来,太湖又出现更大的渔船——七桅大渔船,七桅从此以后变成太湖中最大的渔船。经常停泊在石公山附近湖畔的原蒋林法的大渔船,长 26.9米,宽 4.85 米,重 55 吨,船舱深 1.75 米,全船由招樯、头樯、大樯、二樯、七樯、四樯、小樯共七道樯构成。头樯 16.7 米,大樯 17.7 米,二樯 18.5 米,在船中间,统称三大樯,是动力帆,因此终年常竖不眠。其余四根樯是信号樯和辅助帆,帆的面积为 44 平方米,总共要用 100 丈布。船楼在中间,甲板双层,前后贯通。平基密封,舱内滴水不漏,舱面却排水畅通。全船分隔成尖船头、玫瑰舱(贮藏工具)、头樯舱、(四个铺位,供看风、挡橹、下肩舱,半粒头住宿)、大船头(藏鱼)、大樯舱(藏鱼)、网舱、大舱(门楣上刻有玉帝、玉母、如来、观音几个字,祈求诸神保佑,一般为船主夫妇卧室)、二樯舱(子女住宿)、夹舱(长辈住宿)、大艄(客房)、火舱(厨房)、大船艄(柴房间)、小船艄(备用舱)共 13 个船舱。上下舱配有固定的舷梯,上下方便,船楼四周有活络挡板,前后有移门,冬暖夏凉,是船员日常活动的中心,船艄还有向外挑出的"踏桥",两侧有坑棚和小棚,这是船上的卫生设备。船上无橹无桨,航行全靠风帆,风小扯满蓬,风大落半蓬,六级风时速达 20 公里以上,是最佳状态。因为两舷各有一块披水板,增加了船的稳定性,在遇到九级十级大风时,白浪滔天,商民船只停港避风不敢航行,它却能乘风牵网,纵浪自如,可谓"八面威风"。

除上述外,还有一些其他的渔具和渔法。有些渔具、渔法起源很早,直至

---

〔1〕 原载《工商半月刊》,1930 年第 5、6 期合刊,见无锡地方志编纂委员会办公室编:《无锡地方资料汇编》第 5 辑(1985 年内部发行),第 69—70 页。

〔2〕 金友理:《太湖备考》,江苏古籍出版社,1998 年,第 565 页。

近代还在使用,如罧、籪等。罧,"柴水中以聚鱼也,从网林声。"[1]实际上就是在认为有鱼地方的水域中积柴薪为荫以引诱鱼类集中于其下,然后捕捞,所以《说文通训定声》云:"'罧'者扣舟,鱼闻舟声藏柴下,雍而取之。"[2]罭,"鱼罟也,从网瓜声。罟,网也"。[3] 这种捕鱼方法是利用鱼类的习性进行捕捞,捕捞成鱼,漏掉幼鱼,是一种有利于保护渔业资源的科学方法。[4]

还有的捕鱼方法如敲惊、籪箔、扳罾、虾笼、以鱼鹰或鸬鹚捕捞、撮鳊粿等,起源较早,近代苏南渔民继续使用。

海豚是胆小善良的动物,渔民用锣鼓在海上围打,追赶海豚到预置好的海湾,等到潮水退出海湾,韩屯便暴晒在海滩上,任凭渔夫收获或晒死。[5]

籪箔,是一种定位捕捞方式。"编竹为篱,横置于河中,篱之一端置一方形之器,其名曰籪,籪开方洞,有门,上下活动如闸然。置避风之灯火,蟹见灯光则上篱而趋入籪中。"[6]苏南渔民用籪箔在当地江、河、湖、荡定位捕鱼,此种方法不受季节的限制,所以一年四季都可进行,而以夏季汛期为最佳。他们还用籪箔围成一个大的活鲜鱼库,一旦有需要,随时都可以捕捞供给。用籪捕蟹效果更佳,据说渔民每年头一次下籪时要戴帽作业,否则当年一年捉不到鱼。

扳罾,一口罾由罾衣(网)、罾爪(四根扣罾衣的竹竿)、罾补水(支撑罾网起落的竹竿)组成。罾衣一般由8块三角形网组成为"八卦",中间一圆块为"太极图",能避邪,这样渔民在野外或深夜捕鱼便不怕妖魔鬼怪侵扰。扳网捕鱼是用人力扳动渔网捕鱼的,罾衣较大,所以捕鱼地点相对固定。这种渔网一般在小水面或者内河才能方便使用,捕捞方法是,先选择水面平缓流动地点或者有河流有支流交叉处,用竹竿或长木棒支撑网的三个角,另一只角以长绳系于岸上一个固定的类似辘轳的可以旋转的工具上。一般两个人即可,一人撑小船入河,另一人每十几分钟摇岸边的辘轳,渔网抬起,河中一人即可尽得网中之鱼。扳鱼,是太湖流域的尚湖渔民用搬罾捕鱼的一种古老方法,在江南水乡已经流传了千百年。

[1] 〔汉〕许慎撰,〔清〕段玉裁注:《说文解字注·七篇下》,上海古籍出版社,1981年,第356页。
[2] 〔清〕朱骏声编:《说文通训定声》,中华书局,1984年,第99页。
[3] 〔汉〕许慎撰,〔清〕段玉裁注:《说文解字注·七篇下》,上海古籍出版社,1981年,第355页。
[4] 中国淡水养鱼经验总结委员会编:《中国淡水鱼类养殖学》,科学出版社,1972年,第7页。
[5] 林清玄:《人生最美是清欢》,北京十月文艺出版社,2016年,第99页。
[6] 《民国宝山县再续志》,《中国地方志集成·上海府县志辑九》,上海书店,1991年,第694页。

虾笼,外形如圆枕,竹子制成,两头有竹丝门,虾易进但难逃出。这种工具长约一市尺,内径三四寸,中作丁字形。[1] 使用虾笼前,于笼中放置香糟或熟的食物,然后用小渔船将几十甚至上百只虾笼用细绳连起,傍晚投入小河底,至第二天凌晨牵绳收拾。

除去这些手工创造的捕鱼工具,渔夫还用小鱼赏赐善捕的鱼鹰,以激励其志。鱼鹰,捕鱼水禽,俗名"鱼鸭",也称"鸬鹚",体大如鹅,颈项较长,颈下有皮囊,可以伸缩,嘴长,末梢稍微弯曲,两爪锋利,巧于潜水捕食鱼类。因为鱼鹰身体散发出的气味能使鱼体麻木一时失去知觉,故而鱼鹰天生擅捕鱼,它的潜水深度可达 10 米,能在水中停留 30—40 秒,有时甚至可以达到 70 秒。[2] 饲养鱼鹰的方法是,"冬天吃得好,换毛换得早"。喂食黄鳝豆腐或其他鱼肉,可使鱼鹰羽毛丰满稠密,肌肉力量大增。盛夏时节船舶靠岸修理时,老鱼鹰会被剪掉羽毛,在浜内乘凉休息,养精蓄锐。饲养鱼鹰有很多规矩:(1)鱼鹰作标记。每家鱼鹰都用家鸭的羽毛插在鱼鹰头部,各养鹰户互相认识彼此的鹰。(2)拾鹰归主。鹰户之间若有拣到别人家迷途忘返的鱼鹰,一定设法归还原主,不取分文。(3)入伙分份子。在较大的多鱼水域里,往往聚集若干鹰船群捕。几十或成百只鹰混在一起捕鱼叫"打官堆",结果无论谁家的鹰捕获多少,统一按鹰的头数分配劳动成果。(4)养鹰户相信运气。每年正月初一那天,无论天气好坏,养鹰户都要将鱼鹰引到水边活动,再放三个鞭炮,今年才有好运。(5)拜关公。渔人认为关公是保护神,所以平时供奉关公,遇到风险也求助于关老爷保佑。依照习俗每年的五月十三日鱼鹰不下水捕鱼,因为这天是关公的生日,养鹰户必须到关帝庙去拜谒。鱼鹰的价格,根据其捕鱼能力的大小而确定,较强的可以卖到七八块至九、十块银元,或者一至两担白米(每担白米大概五块银元)。

鱼鹰捕鱼依天时不同而变化,春秋时节多在大的水域捕鱼,冬季多选择在内河作业。捕捞以前,只能稍稍喂食鱼鹰,以诱引它勤奋捕鱼;还要用专门的细绳索在鱼鹰颈下段缚住,目的是使之无法吞咽。船上的渔民有专门的唱词,鼓励鱼鹰下水作业。在较大的水域捕捞时,往往数只鱼鹰船结伴而行,遇到大鱼则几只鱼鹰合力围攻,以尖爪利嘴挖啄鱼目,最终大鱼丧失视力而被擒获。

---

〔1〕《民国宝山县再续志》,《中国地方志集成·上海府县志辑九》,上海书店,1991 年,第 694 页。

〔2〕 杨升南:《商代的渔业经济》,《农业考古》,1992 年第 1 期,第 274 页。

　　无锡西郊有个地方叫"老鸦浜",通梁溪河。民国时期浜上全村共有50余户,以张姓居多,内有40余户是靠鹈鹕捕鱼的渔民。鹈鹕又称塘鹅,体大如鹅,颈项较长,颈下有皮囊,可伸缩,嘴甲尖锐,略带弯钩形,两爪亦锐利,性喜食鱼,有天生的捕鱼性能,渔民也常利用它捕鱼。因它黑如乌鸦,无锡人惯称它"老鸦",久而久之,连同这些用老鸦捕鱼的渔民居住处也称为老鸦浜了。

　　这些渔民驾驶着长一丈六尺,身狭而头尾尖的底弧型小舟,舟如梭形,轻便灵活,左右两旁船沿较宽,上装栖架,"老鸦"缩颈屈足,停栖船沿上。每只船,首尾各站一人,两旁船沿歇立二三十只"老鸦",任凭扁舟荡漾,泰然自若。[1]

　　撮鳊棶,是小网渔民在捕鱼上水平最高的技能之一。这种方法的适用时间在每年的冬春交换时节,因为此时天气由寒转暖,冰冻融化,风吹到河湖水面,鳊鱼体形扁平,抵抗风浪的力量弱,在大风浪中身体会摇晃不止,于是常常钻到石孔、石头堆中藏匿不动。它们聚集在石孔、石堆中的群体如塔形,渔民捕捞以前会先用细竹于石臼轻拨,如果触感柔软,则说明有鱼,于是换用网捕捞。这种捕捞方法有时一网可以打捞200来斤。据老渔民李翰倍口述,1939年,渔民沈根仁用撮网捕鱼,在太湖平台山傍下网,一网捕获鳊鱼多达420斤。[2]

　　外海渔业所用的渔具也大多采用传统的方法制作和使用,据《民国川沙县志》记载,川沙地区所用的渔具主要有大网、网索、网仓、网篦、滚钩、檑车、簖等。其制作和使用方法如下表:

表3-1　川沙地区外海渔业所用渔具渔法[3]

类别	制造法	使用法
大网	用粗麻线结成,以红桍树皮煎水浸坚。	张列海中,网口顺承潮流,以捕鱼鲜。
网索	用稻浆,中和篾丝,合绞成索。	为系网之纲领。
网仓	用竹敲椿,并以大竹数根,扎成四方形。	以竹套仓侧,口向东南流,俾鱼得随潮而进。

---

〔1〕 胡子舟:《解放前的太湖渔民》,中国人民政治协商会议江苏省无锡市委员会、文史资料研究委员会编:《无锡文史资料》第21辑,1989年,第97页。

〔2〕 袁震:《太湖渔俗考察》,《苏州大学学报·哲学社会科学版》,1993年吴文化研究专辑,第65页。

〔3〕 《民国川沙县志》,《中国地方志集成·上海府县志辑七》,上海书店,1991年,第81页。

类别	制造法	使用法
网笼	用竹丝编成，深如袋。	安放海中，于潮平时取起，解去笼底之绳，鱼即由笼卸出。
滚钩	用小铁钩数百，磨极锋利，以绳联络。	条列海中，侧着鱼身，一经游泳，众钩毕附。
檑车	用木或树制成，下装四轮。	架以水牛，出没海中，载运鱼鲜。
簖	—	用竹帘插入河中，围城方桌形，中开帘缝，上搭草棚。

该志在上表后有备考云："表列渔具，均系旧式；其新式渔具，尚未有发明。"凡此都说明传统的渔具为当时主要的渔业工具。

传统的渔具、渔船和渔法，不会对江南水乡的环境造成破坏，因为这些生产工具的生产能力有限，渔船大多都很小，渔获范围受限。鱼有"鱼龄"，有生命周期，而江南渔民世代以这片水域为生，他们懂得如何合理捕捞而不至于让水乡生态失衡。

观察者的乐趣就在于观察渔民如何用传统渔具捕捞，从杜甫的《又观打鱼》中，诗人看到的是，一塌糊涂的泥塘中的风采与锋芒，以及乡土中国文化中储藏的爱国主义情怀与美学灵感。渔民于波涛汹涌或水藻泥潭中展示的劳动技巧、熟练度与判断力，是当地特色，更是力量与美的彰显。

二、江南渔文化的近代创新

机器渔轮的引进是中国渔业经济发展的转折点，而新式渔业率先在江南开始，促成了江南渔文化发展的近代创新。传统的捕捞方式被传承下来，新的渔业生产工具，也随着近代中国国门洞开而登陆中国，为中国渔文化发展注入活力。

工业革命以后，西方主要工业国家的渔业行业内部逐渐掀起了一场技术革命，将工业革命以来出现的动力机器应用于渔业生产，从而推动渔业向工业化迈进。近现代兴起的自然科学，包括力学、化学、物理学、海洋学、湖沼学和生物学等，也开始应用于渔业技术的创造和更新之中。

　　清朝末年,张謇等一批追求新知识、头脑新颖的知识分子,开始积极引进这些西方的科学和技术,使我国的渔业科技出现传统科技和近现代科技相结合的局面,而这一革新首先是从地处江浙渔业区的上海开始的。

　　上海具有明显的地理位置优势,其位于东海之滨,既是长江入海的门户,又临近东海渔场,因此使用机器渔轮捕鱼最为便利。所以,这里是西方近代化的渔业机械应用于中国渔业之始,使太湖渔业发展首先沐浴到了这一股近代科技革命的曙光。

　　新式渔业也称为“现代渔业”,主要是指以机器渔轮为工具的捕捞作业,以及与之相适应的现代渔业科学技术。[1] 也有的学者认为,我国的近代渔业,包括机轮渔业、群众渔业、水产养殖业、水产品加工业以及水产学校、水产试验场等,[2] 内涵和形式更丰富。但一般意义上的新式渔业首先是指机器渔轮业。我国渔轮业以上海为最早,[3] 具体说来,这一事业开始于江浙渔业公司购置德国福海渔轮这一事件。[4] 所以新式渔业的发展以江南为最早,居于全国的最前列。

　　机轮渔业是利用柴油机或蒸汽机为渔船动力进行的捕鱼生产,这种生产方式1865年开始于法国。机轮渔业扩大了渔业生产的规模和作业区,使捕捞生产得以从沿岸走向外海。而且机器渔轮拖网生产突破了渔业生产的季节性的限制,可以常年进行海上作业,受海况的影响越来越小。总之,机轮渔业的引进,大大地节省了人力和时间,提高了生产效率,增强了渔业抗御自然灾害的能力,是渔业生产上的一次革命。

　　清朝末年我国引进机轮渔业,首先在江浙渔业区付诸使用。光绪三十年(1904年),南通实业家张謇有感于机器渔轮业的巨大生产力,于是会同江浙官商,经清政府同意,于上海创办江浙渔业公司。

　　光绪三十一年(1905年),由苏松太道拨公款购进一艘德国的蒸汽机拖网渔船“万格罗”号,并更名为“福海”号。[5] “福海”号渔轮船长33.3米,宽6.7米,功率367千瓦(500马力)。[6] 此后,“福海”号以上海为基地,进行单船舷

---

〔1〕丛子明、李挺主编:《中国渔业史》,中国科学技术出版社,1993年,第81页。

〔2〕郭文韬、曹隆恭主编:《中国近代农业科技史》,中国农业科技出版社,1989年,第601页。

〔3〕屈若搴:《上海之渔轮业》,《水产月刊》,1934年第1卷第2期,第3页。

〔4〕侯朝海:《我国渔业概况与渔政设施方案》,《水产月刊》,1934年第1卷第3期,第38页。

〔5〕沈同芳:《中国渔业史》,上海江浙渔业公司,1906年,第23页。

〔6〕《上海渔业志》编纂委员会编:《上海渔业志》,上海社会科学院出版社,1998年,第175页。

拖网作业,于每年的春、秋两季,在东海进行捕捞生产,这是我国机轮拖网渔业的开始,也是我国海洋捕捞迈向近代化的标志。

中国新式渔业大致可以分为轮船拖网渔业和汽船手操网渔业两种,轮船拖网渔业也可以分为单船拖网渔业和机轮双拖渔业两种,在生产操作上借助于机械的传导。

拖网渔业的渔轮,是"蒸汽和新的工具机"的结合,是 20 世纪上半期渔业生产工具的尖端。拖网渔轮,"其吨位普通在二三百吨左右,然世界上最大之拖网渔轮,亦有达一千五百吨以上者",[1]这种渔轮是木帆渔轮吨位的几倍甚至十几倍。

单船拖网按船上拖曳网具的部位不同分为桁拖、舷拖和尾拖渔船等类。

近代的拖网渔轮,最早采用的是以舷拖方式进行作业的渔船,作业时要使放网舷受风,网具按网囊、网身、网翼的顺序慢慢投入水中,等到网具漂离船舷时,依次投放前网板、后网板和曳纲,最后将两条曳纲锁在船尾一侧,进行拖曳。起网时,用绞纲机收绞曳纲和网板,通过引扬纲将网囊拉到舷一侧,然后,用吊杆将网囊吊到甲板上,同时解开网囊,倒出渔获物,结束作业。

后来又采用了桁拖渔船,这种渔船的主桅两侧设有象吊杆一样的桁杆,分别连接网具进行捕捞。近代苏南地区的桁拖渔船主要在近海和内陆浅水区作业,以捕捞虾、蟹为主。尾拖渔船在生产中使用较晚,船身较长,功率很大,有的甚至达到上千马力。它的渔捞甲板设在船尾处,拖曳作业和起放网具都在船尾部进行,捕捞效率最高。

1905 年"福海"号渔轮引进以后,因为船上的技术人员少,只雇佣到有经验的胶州水手 4 人,其余都是商轮驾驶员,[2]稍有风浪,就要避风,所以即使在渔汛期,"福海"号的生产时间也很少。又因为"福海"号渔轮每年只能在秋、冬两个季节捕捞,在东海外海的浪岗海面生产亏损很大,最后不得不停止生产,改为"护洋"之用,收归实业部江浙区海洋渔业管理局所有,1933 年 5 月 21 日因船员驾驶不善,"福海"号渔轮搁浅于沈家门附近的荷叶湾地方,以抢救不及遭致倾覆。[3]

民国初年开始,一些主要由中小民族资本家经营的渔业公司相继成立,它

---

〔1〕 李世豪、屈若搴:《中国渔业史》,上海书店,1984 年,第 152 页。
〔2〕 徐荣:《上海机轮渔业的起源与发展》,《古今农业》,1991 年第 1 期,第 77 页。
〔3〕 同上。

们添置渔轮,以上海为基地,进行捕捞生产,各自的渔捞技术也有一定进步。

1914 年,浙海渔业公司在上海成立,从欧洲购入"府浙"渔轮一艘。由于渔轮间互相竞争,并争相改进捕捞技术,渔业生产一时间兴旺发达。不久后,第一次世界大战爆发,煤价大涨,浙海渔业公司因开支浩大,难以为继,遂将这艘渔轮售于航商,改为商船。1921 年,浙海渔业公司又从美国购来退役的军用轮船一艘,改装为"富海"号渔轮。"富海"渔轮经历多次出海捕捞,渔获颇丰。

1923 年,宁波商人在上海组织成立"海利渔业公司",从英国购入渔轮一艘,取名"海利",于舟山群岛附近的海域进行捕捞。同年,"集美"号渔轮从法国购入,为集美公司的实习船,这艘渔轮后来参与了 30 年代最具轰动的反映渔民生活的电影《渔光曲》的拍摄。

二十世纪二三十年代,机轮渔业由单拖开始逐渐走向机轮单、双拖渔业并重。机轮双拖渔业又名手操网渔业,1919 年起源于日本岛根县,二十世纪二三十年代,上海的手操网渔业逐渐发达。[1] 近代太湖渔民所使用的双拖渔船船形较小,多数在 50—130 吨左右,船长在 25—30 米之间,主机功率为 45—300 马力。

这种捕捞方式,最初以一艘机器渔轮曳网,后来经过若干次改良,并参照我国旧式的大对渔业的作业方式,改进为使用两艘柴油发动机渔船共同拖曳一项网具。双拖渔轮的作业甲板在船的中前部,上层建筑在船的中后部,鱼舱在前。

进行捕捞作业时,借助两艘渔船保持一定的水平间距,使网具在深水底水平张开。而后又在所拖拽的网具上安装上若干数量的浮力和沉降设备,以保持网口垂直张开,还在这种网具上添加天井网和漏斗网等,以防止已经入网的鱼类逃逸。起网设备也比较简单,一般只有两只机动摩擦鼓轮绞收曳纲,网衣要靠人力拉上甲板,故而又称为手操网渔船。这种捕捞方法因为简单易行,捕鱼效率又很高,所以很快得以推广。

1925 年"海利渔轮局"在上海成立,开始了手操网渔业即双拖机轮渔业的捕捞作业。海利渔轮局于 1925 年从日本人手中购买海轮一对,定名为"海光"和"利祥"号,聘用日本人为渔捞长、司机。1926 年,海利渔轮局又购入"祥利"和"海骥"号渔轮。后因股东之间发生矛盾冲突,"祥利"和"海骥"号渔轮从海利渔轮局分出,另外组织海利渔业公司。这些从日本人手中购买的渔轮,因为

---

〔1〕 屈若搴:《上海之渔轮业》,《水产月刊》,1934 年第 1 卷第 2 期,第 3 页。

设备陈旧,机器多故障,严重影响了捕捞效率。[1]

1926年,振兴渔业公司成立,新造"振新"渔轮一艘,后改名为"黄海"。

1927年,中华轮船渔业公司成立,建造"中华"渔轮一艘,载重134吨。同年,三兴渔业公司也宣告成立,建造"海兴"渔轮一艘,至1934年租给江苏省渔业试验场作为试验新式渔网、捕捞方法及海况调查之用。同年,在上海的宁波源源公司建造"镇宁"渔轮一艘,至1930年9月也租赁给江苏省渔业试验场,1931年触礁沉没。

1928年,永胜渔轮局成立,购进"永茂"渔轮一艘,载重161吨。

1929年,永顺渔轮局成立,将一艘拖驳改建成"海顺"渔轮,载重167吨。

1930年,联兴渔业公司新造"联丰"渔轮一艘。

1931年7月,上海共有拖网渔轮8艘,为"中华""海兴""永茂""集美""海顺""永丰""茂丰"等。而当时全国共有拖网渔轮10艘,[2]太湖流域的渔区占有当时全国拖网渔轮的80%以上。1934年,上海的拖网渔轮增加到10艘。[3]

至1934年,以上海为根据地的渔业公司拥有的新式渔轮如下表所示:

表3-2　1934年以上海为根据地的渔业公司拥有的新式渔轮[4]

公司名称	经理名	资本额(元)	创立年月	渔轮名称	地点
永丰渔业公司	乐苞东	6万	1926年	永丰	南市关桥存善里七号
中华渔业股份有限公司	龚汝霖	60万	1927年	中华	南市老太平卫如意里十号
三兴渔业局	周梅庭	5万	1927年	海兴	小东门仁义坊一号
永胜渔业公司	陆锦堂	8万	1928年	永茂	南市关桥洞庭山卫
永顺渔业公司	忻梵僧	7万	1929年	海顺	十六铺公大鱼行
联兴渔业公司	水福祥	6万	1930年	联丰	南市老太平卫如意里十号
福生渔轮局	苏有祥	—	1931年	福生一、二号	现已停办

〔1〕 王铭农、李士斌:《张謇与近代江苏渔业》,《中国农史》,1990年第2期,第83页。

〔2〕 丛子明、李挺主编:《中国渔业史》,中国科学技术出版社,1993年,第83页。

〔3〕 耘圃:《上海渔轮业的鸟瞰》,《水产月刊》,1934年第1卷第7期,第19页。

〔4〕 屈若搴:《上海之渔轮业》,《水产月刊》,1934年第1卷第2期,第3—4页。

续 表

公司名称	经理名	资本额(元)	创立年月	渔轮名称	地点
志达渔业公司	忻梵僧	—	1932 年	达富、达贵	十六铺公大鱼行
茂丰渔业公司	陈益璋	6 万	1932 年	茂丰	南市关桥洞庭山卫
泰兴渔业局	张序笙	—	1932 年	泰兴一、二号三号	南市关桥洞庭山卫三号
华东渔业公司	叶映辉	—	1933 年	华东一、二号	南市关桥恒心里七号
复兴渔业局	江连成	—	1933 年	复源、复利	十六铺源利鱼行
集美水产学校	—			集美	南市关桥恒心里七号
江苏渔业试验场	姚永平	10 万	1934 年	连云	南市中华路七百四十七号
大华渔业公司	何世鲲	—	1934 年	华利一、二号华生一、二号	法租界永安卫永安八号

可以看出自 1905 年至 1935 年的 30 余年间,上海的单双拖渔轮业有了较快的发展,渔轮共有 20 多艘,其中单拖渔轮 10 艘,双拖渔轮 11 艘。[1] 因为从国外购买的渔轮设备比较陈旧,使用中又经常维修不善以及海上遇难等原因,渔轮时有严重损毁甚至沉没,至 1935 年底,以上海为基地的单拖渔轮仅剩余 8 艘,分别是"海顺""联丰""连云""海康""中华""永丰""集美""永茂"。

上述这些单拖渔轮,均系直艏、圆舷型,钢质船体,主机为三联式蒸汽机,兹举几艘渔轮的主要参数,如下表:

表 3-3 渔轮主要参数[2]

船名	船长(米)	船宽(米)	船深(米)	总吨位(吨)	主机类型	主机功率(马力)	自由航速(海里)	船员数(人)
富海	30.48	6.10	3.05	180	蒸汽机	200	9	23
海兴	47.37	9.72	4.57	150	蒸汽机	360	9	26

---

〔1〕 耘圃:《上海渔轮业的鸟瞰》,《水产月刊》,1934 年第 1 卷第 7 期,第 19 页。
〔2〕 郭文韬、曹隆恭主编:《中国近代农业科技史》,中国农业科技出版社,1989 年,第 590 页。

续　表

船名	船长（米）	船宽（米）	船深（米）	总吨位（吨）	主机类型	主机功率（马力）	自由航速（海里）	船员数（人）
集美二号	38.65	6.71	3.66	190	蒸汽机	450	9.5	26
连云	38.81	6.86	3.95	230	蒸汽机	400	9	24

　　这一时期以上海为根据地的单拖渔业的经营者，一般来说资本都比较薄弱，其中，资本额最大的是中华渔业股份有限公司，资本额为60万元，其他的渔业公司、渔轮公司资本额较小，一般从几万元到十万元不等。因为资本额太小，资金周转困难，一旦亏损，公司往往不得不另行改组和招纳新股，否则难以继续经营。渔轮主机类型都为蒸汽动力，而柴油机动力机性能更加优越。

　　1936年是我国机轮渔业最盛的时期，抗日战争全面爆发以前，以上海为中心的机轮渔业一度蓬勃发展。上海沦陷以后，机器渔轮损失惨重。抗战胜利后，我国南方的机轮渔业仍集中在上海，国民党政府在接收敌伪"华中水产株式会社"的基础上，成立中华水产公司，联合国善后救济总署也在上海成立了渔业管理处，在政府的支持下，战后苏南渔业逐渐得以恢复。

　　战后，国民政府渔管处投入的拖网渔轮很多是新型的，且多为美国制造，美式渔轮船体较大，为尾拖式，以200—300马力的渔轮为主。有的船体是钢壳的，大都改装上了性能比蒸汽机优良的柴油机。船上的导航、助渔设备有测探仪、测向仪、无线电话收发机等。柴油主机的操纵设在驾驶室，所用的拖网结构大小，依渔轮马力而定，有300目、360目、400目、450目和600目等8种，通常250马力以下的渔轮使用400—300目的网具。这种网具的特点是翼网长度对网身长度的比例较小，不用漏斗网，而是使用纵目网衣剪裁缝合，其拖曳阻力较小，能增加拖速。起放网操作在船尾进行，船尾装有横向滚筒，以便于网具和曳纲的上下滑行。投网前将网具顺序放在船尾甲板上，投网时先投囊网，随后投出身网、左右翼网、左右手纲，网板、曳纲按顺序滑出，由渔轮拖行一定时间后起网。起网时开动卷扬机，收绞曳纲至网板出水后，挂在支架上，将网袋用起重吊杆吊至船上，最后吊起囊网，解开系绳，倒出渔获物。尾拖渔业敏捷省时，是近代机轮拖网渔业上的一项重大改革。

三、养殖业中的渔文化经典

养殖业中遗存的经典渔文化，主要是指近代江南"养殖技术进步"和"养殖制度创新"——养殖业中"股份制"引入，优化资源组合，提升经济效率。作者曾在江南各地调研渔业经济和渔文化发展，发现现存的碑刻以及国学经典中储藏了大量渔文化，科学性强，渔民鲜活的智慧可以转化成现实生产力，达到古为今用的目的。[1]

《庄子·齐物论》记载："……民食刍豢，麋鹿食荐，蝍蛆甘带，鸱鸦嗜鼠，……麋与鹿交，鳅与鱼游。毛嫱丽姬，人之所美也；鱼见之深入，鸟见之高飞，麋鹿见之决骤。"[2]其中暗藏了绿色发展的自然科学方法，可以将之推广到当代养殖业。这一段文字若移用到渔文化，那么可以看到，江南渔民在日常的生产生活中，逐渐发现以鸡鸭排泄物是一些鱼类的食物，若是岸边养鸡、鸭、大鹅，为养鱼提供美食饵料，这样就能节约成本、经济效益倍增。江南渔民在养鱼池塘边一个微观的生态系统中，成功做到了"帕累托最优"，创造了经典的渔文化。

范蠡在吴国教民众养鱼，水乡民众因此得利，所以渔民极为尊重他。在长期的养鱼实践中，江乡的吴人创造了一套行之有效的养鱼经，具有很强的科学性：

"凡凿池养鱼必以二有三善焉，可以蓄水，霽时可去大而存小，可以解汛，此池汛可入彼池。鱼遭鸽粪则氾，圊粪解之。池不宜太深，深则水寒而难长。鱼食鸡鸭卵之黄，则中寒而不子，故鱼秧皆不子。鱼之行游，昼夜不息，有洲岛环转，则易长。池之旁，树以芭蕉，则露滴可以解乏。树楝木则落子池中，可以饱鱼。树葡萄架子于上，可以免鸟粪。种芙蓉岸周，可以避水獭。鱼食杨花则病，亦以粪解之。食蟋蟀、嫩草、食稗子。池之正北，后宜特深，鱼必聚焉，则三面有日而易长，饲之草亦宜此方，一日而两番，须有定时。鱼小时，草必细饲，

---

[1] 旧年江南的池塘养殖法，虽然产量不高，但是绿色环保，品质优良。当今的江南养殖业，比如阳澄湖大闸蟹的养殖，据渔民子弟口述，都是用药物刺激螃蟹生长，成本低，产量高，充分利用"信息不对称"的存在，还有以固城湖、洪泽湖、骆马湖等地大闸蟹冒充阳澄湖大闸蟹，如此做法的诱惑力之源，是"暴利"的驱使。

[2] 《庄子》，方勇译注，中华书局，2010年，第35页。

至冬则不食。凡鱼嘯子,必沿水痕,虽干涸十年,遇水即生,其长甚易。其嘯子也以五月,鲤鱼以五月下,惟银鱼、鲙残鱼,嘯子于冰,冰解三日乃生也。饲鱼之草,不可撩水草,恐有黑鱼、鲇鱼等子在草上,是能食鱼。黑鱼者,鱧鱼也,夜则仰首而戴斗。鲇鱼者,鰊鱼也,即鯷鱼也,大首方口,背青黑而无鳞,是多涎。池中不可着碱水、石灰,能令鱼……"[1]

这养鱼史料中满满的养殖科学知识,是江南民众智慧的结晶,也是江南灿烂渔文化的重要内容,里面的数理知识十分精妙。

在捕捞技术更新进步的同时,养殖业也在不断向前推进。

进入近代,特别是在南京国民政府建立以后,"京—沪—杭"三角地带城市化速度加快,从而对水产品形成了巨大的消费需求,汇聚成了江南水产养殖业发展的巨大拉动力。

据《中国实业志》记载,江南,特别是苏南经济发达的地区,如无锡、吴县、昆山、太仓、丹徒、丹阳、江宁、高淳、句容、江阴、金坛、宝山、奉贤、南汇、川沙、嘉定等县,均有鱼池,并普遍进行养殖,其中以苏州的吴县为最多,金坛、吴江、无锡等地次之。

一般鱼池多为人工开掘,但是,在丹阳等地区,利用天然的湖荡养鱼的例子也有很多。近代苏南地区饲养的鱼类以青鱼、草鱼、鲢鱼、鳊鱼等淡水鱼为主。[2]

江南渔民对于鱼苗的培育和贩卖,有自己的特色。近代江南各地,养殖户畜养家鱼所需鱼秧主要从浙江吴兴菱湖镇及江西的鱼贩手中购买,如无锡;青鱼苗多购自浙江菱湖;鲢鱼、草鱼苗则购自九江。[3] 吴县洞庭东山的鱼苗多来自浙江吴兴的菱湖,常熟、丹阳、昆山等地的鱼苗也多来自浙江和江西九江两地。

每年的农历二月,沿长江溯流而上的抱卵大鱼,往往滞留在洞庭湖或鄱阳湖等长江中游水流较为缓慢且水草丛生的广阔水域中。大约在惊蛰时节,初次雷响时,鱼听到雷声便会惊恐跃起,卵便随即从体内排出。

随着水温升高,孵化的鱼卵逐渐发育成幼鱼,顺流入长江往下游动,而九

〔1〕 杨晓东:《灿烂的吴地鱼稻文化》,当代中国出版社,1993 年,第 10 页。
〔2〕 华东军政委员会土地改革委员会编:《江苏省农村调查》,1952 年内部出版,第 295 页。
〔3〕 朱羲农、侯厚培编纂:《中国实业志·江苏省》第 6 编《水产及渔业》,上海实业志国际贸易局,1932 年第 23 页。

江、湖口两处是自然生成鱼苗的必经之地,所以在这两地捕获鱼秧的鱼贩子最多。鱼秧从孵化到游至九江地区,大约需一星期时间,如游至较远的鄱阳湖水域,则需两三个星期,鱼秧在江岸浅水处顺江而游,既可以避免湍急的江水,又可以觅食近岸的食物,因此易于被捕获。渔民捕获鱼秧的工具为囊网式,用麻线制成,漂染上猪血,网目非常密集,如同纱布一般。将网口向水流展开放置,网后部有一囊,鱼秧随流水而入网中,集结于囊底而不能出,用这种方法捕获量较大。这种鱼秧在立夏时节最盛,芒种后开始减少。[1]江西于是成为江南鱼苗的主要来源地。

江南养殖业的鱼苗来源有来自天然捕捞的,也有的来自人工放养。

如南京就盛产鱼苗,早在宋代,南京的长江捕捞鱼苗业就已相当发达。清代起,南京玄武湖每年鱼秧分四、五、九月3期蓄放。1933年,曾放鱼种8万尾,产鱼60吨,产值1.2万元。南京渔民捕捞天然鱼苗,使用硬弶、软弶网具,每年谷雨出弶,立夏捕捞,小满最盛,至夏至后结束。张弶的地点,有大胜关、双闸、棉花堤、新河口、北河口、三汊河、江心洲、八卦洲等江沿水口,捕捞的鱼苗品种有青鱼、草鱼、鲢鱼、鳙鱼等,这些鱼苗的成活率可达30%—40%。

二十世纪三十年代,南京城区有专业捕捞鱼苗的渔民七姓八家,他们在长江捕捞的鱼苗均以出售为主。[2]民国时期,溧水养鱼主要采购长江鱼苗培育鱼种,但技术落后,成活率只有10%左右。[3]

在镇江地区,很久以前就有经营捕捞天然鱼苗养殖业务的渔户。民国时期,镇江渔民靠捕捞长江天然鱼花来繁殖鱼苗、鱼种。镇江是长江流域鱼苗的三大出产地之一,以高资左闸口、谏壁雪沟、大港三水口产量最高。每年谷雨、立夏时节捕捞,小满最盛,夏至后结束。1933年,镇江县有9户渔民全年共捕捞鱼苗25万尾。[4]

1942年,扬中新坝乡丰乐桥居民王忠贵下弶网110条,捕获鱼苗300万尾。1948年,扬中永胜乡胜利村居民徐君林在天生套下弶网60条,捕鱼苗

―――――――――

〔1〕　原载《工商半月刊》1930年第5、6期合刊,见无锡地方志编纂委员会办公室编:《无锡地方资料汇编》第5辑,1985年内部发行,第61页。

〔2〕　南京市地方志编纂委员会办公室编纂:《南京简志》,江苏古籍出版社,1986年,第478页。

〔3〕　溧水县编修县志委员会编:《溧水县志》,江苏人民出版社,1990年,第160页。

〔4〕　镇江市地方志编纂委员会编:《镇江市志》,上海社会科学院出版社,1993年,第995页。

360 万尾。[1]

鱼苗俗称"鱼花子"或"花子",因为非常娇嫩,所以死亡率极高,江南素有"救苗如救火"的说法,也证明了鱼苗的难能可贵。

鱼苗在运输过程中不能随便耽误时间,否则,渔民和贩运者的经济损失会很大。每年立夏至小满期间,长江上有日夜兼程的花子船,船上插三角小红旗作记号,无论官船、商船或其他船只,每见到鱼花船都要远远让开航道。

鱼贩在贩得鱼秧的运输过程中需时时换水,同时需用煮熟的鸡鸭蛋黄研碎成粉末饲养鱼秧,以此保证鱼苗的营养摄取,如同饲养婴儿。

鱼秧运抵菱湖,滞留数日以后便以活水船运抵江南各处销售。活水船运输过程中保证鱼苗生命安全的第二种办法是在船舱中凿有孔穴,用细细竹帘挡住小孔,以防止鱼秧逃逸,而船中之水与河流中的活水相通,运输方法颇为科学。因为当时船只行进速度较慢,鱼花子运输时间长,还可能遇到种种人为的刁难或盘剥,于是政府依靠"法律规范"便利了鱼苗的贩运,这些都丰富了江南渔文化的内涵。

《严禁需索留难鱼花船只碑》,是江苏巡抚部院于清同治八年(1869 年)二月公布的一则告示碑,此碑的内容具有法律意义。[2]

鸦片战争之后,大清帝国税收制度混乱,各地兵勇、地痞、棍徒、差役各自为政,纷纷设立关隘收税。太湖流域一带,渔业经济是一大部分民众的生计产业,在鱼苗运输途中,渔户或鱼贩常常遭遇人为干扰,"沿途索扰,敲诈留难",致使民怨沸腾。鉴于此,江苏巡抚部院颁发告示,要求(育苗运输)"沿途营汛、关卡、弁兵、勇役及商贩人等,一体遵照",明文规定,凡鱼苗船只经过的地方,无分昼夜,随到随放,不准延误,若有延误,立即查拿,依法惩治。

该碑为青石碑身,宽约六十厘米,高一百四十余厘米,行文楷书,碑文十二行,共六十六字,至今保存完好。这是雕刻在石头上的渔文化,乃全国罕见的珍贵"文物"。

江南鱼苗出售的价格,因鱼苗种类而不同,以青鱼苗最贵,每千尾青鱼苗约三四元到五六元不等。草鱼出售价格次之,每千尾约三四元。鲢鱼鱼苗价格比较便宜,每千尾仅售价三元。鱼苗价格还因时而异,二三月间的鱼

---

[1]　扬中县地方志编纂委员会编:《扬中县志》,文物出版社,1991 年,第 154 页。
[2]　此碑原立于"浒墅钞关"火神庙旁,现在吴中区浒关镇庄家桥弄 5 号居民户家东强内。

苗为春货,鱼秧小,饲养难,所以价格低;初夏以后鱼秧已较长大,称为夏货,饲养相对容易,故价格更高。根据《江苏省农村调查》记载,无锡张存区所培育的鱼秧,是从长江中捞取鱼卵,培育 45 天后即可出售,每百条价约米三四升。[1]

江南渔民从菱湖及江西鱼贩手中购买到鱼秧,然后放入池中饲养;鱼贩或是趸售鱼苗给鱼行,然后鱼行再转售到养鱼户手中;还有的池户直接从活水船的鱼贩手中购买鱼秧,如民国时期,川沙县农民零星养鱼所需的鱼苗都由江浙两省鱼贩贩运供应。[2] 购买鱼苗的付款方式多样,若付现款,则买卖双方议价后以 70% 付款,鱼行转卖亦然;若赊购到夏至节前付款的,仍然可以按 70% 算;但夏至以后,需八折付款;重阳节后需九折付款,过冬至则需付全款。[3] 付款方式、集约度、生产成本、经营利润及规模比以前都有很大的改进。[4]

江南鱼池的使用和占有,也体现了水乡特色。江南各地鱼池密布,民国时期吴县就有鱼池 36 794 亩,江宁县有鱼池 11 137 亩,吴江县有鱼池 13 867亩,[5]无锡开原乡和扬名乡有蒋大池、沙池、长池、大新池、荷花池、陈大池、白水塘等 30 余个,[6]由此可见一斑。

江南鱼池分天然和人造两种,天然鱼池大多为占地千余亩的公塘,如丹阳的缴塘,无锡的白水荡等,也有在官河两头筑坝养鱼的。这些天然的鱼池多为当地封建势力把持,一般渔民无权使用。[7]

江南人造鱼池的前身大都是芦滩或沼泽,经过人力开发或者筑圩而成。

根据吴县新潦乡调查,这种鱼池又有里荡和外荡之分,里荡鱼池是指开凿几百年的老鱼池,因其靠近村庄,池塘内有积肥甚丰,所以经营更加便利,获利较厚。

外荡鱼池是指最近几十年来新开发的鱼池,多半位于江南各地,比如太湖

〔1〕 华东军政委员会土地改革委员会编:《江苏省农村调查》,1952 年内部出版,第 105 页。

〔2〕 上海市川沙县县志编纂委员会编:《川沙县志》,上海人民出版社,1990 年,第 208 页。

〔3〕 原载《工商半月刊》1930 年第 5、6 期合刊,见无锡地方志编纂委员会办公室编:《无锡地方资料汇编》第 5 辑(1985 年内部发行),第 66 页。

〔4〕 夏世福:《论我国淡水养殖业经济调查研究》,《新渔》,1935 年总第 3 期,第 4 页。

〔5〕 华东军政委员会土地改革委员会编:《江苏省农村调查》,1952 年内部出版,第 295—296 页。

〔6〕 原载《工商半月刊》1930 年第 5、6 期合刊,见无锡地方志编纂委员会办公室编:《无锡地方资料汇编》第 5 辑,1985 年内部发行,第 67 页。

〔7〕 华东军政委员会土地改革委员会编:《江苏省农村调查》,1952 年内部出版,第 296 页。

之滨比较集中。但是,这种鱼池,不但照顾起来比较困难,易遭失窃损耗,而且一旦洪水侵扰,因其地势低洼,所养之鱼往往会流失。

里外荡鱼池的价格相差较大,里荡鱼池每亩最高者可值米 10 石,一般的也值 7—8 石,最低的也有 5—6 石;外荡的鱼池最高价格也不过 5—6 石,一般的 3—4 石,低的仅 2 石。

江南各地的人造鱼池有大小深浅之分。鱼池的大小差异很大,如无锡开原区仙蠡、开原、湖山等三个乡,养鱼者有 350 户,大小鱼池总计 584 个。其中,鱼池最大的 20 亩,一般的 10 余亩,最小的仅 5 分。

吴江的大鱼池每个 30 余亩,小鱼池 2—3 分,一般的 7—8 亩。深浅方面,吴县鱼池最深的 6 尺,一般的 4—5 尺,最浅的鱼池仅 3 尺。大而深的池塘能养大鱼,浅而小的鱼塘只能做秧池或用来养小鱼。

江南社会各阶层对鱼池的占有、使用情况有一个变化的过程。

明清时期,江南各地鱼池的占有还不是很集中,自池自养比租池养鱼的人多。

民国时期,随着土地集中程度的加剧,贫民失地严重,所以江南渔民租池养鱼的数量逐渐增多了,由此导致江南各地各阶层对鱼池的占有情况参差不齐。

下面是解放初期苏南农村调查时对吴县保安乡、东山区新潦乡、无锡开原区 3 个乡的典型调查,按各阶层占有鱼池的百分比列表如下:

表3-4 苏南的吴县、无锡若干乡、村占有鱼池百分比比较表(单位:%)[1]

地区		吴县浒关区保安乡三个村	吴县东山区新潦乡	无锡开原区三个乡
户口	地主	9.18	0.23	4.21
鱼池占有		36.49	8.40	2.25
户口	富农	37.76	7.69	12.85
鱼池占有		40.39	34.22	16.44
户口	中农	39.80	13.40	28.27
鱼池占有		19.92	22.42	20.79

---

[1] 华东军政委员会土地改革委员会编:《江苏省农村调查》,1952 年内部出版,第 297 页。

续　表

地区		吴县浒关区保安乡三个村	吴县东山区新潦乡	无锡开原区三个乡
户口	贫农	13.26	54.84	7.94
鱼池占有		3.20	33.65	2.55
户口	雇农	—	17.52	—
鱼池占有		0	0.53	0
户口	工商业者	0	0	35.51
鱼池占有		0	0	36.47
户口	其他	—	6.32	2.22
鱼池占有		0	0.76	12.23

从上表可以看出,本地区的鱼池,地主、富农以及中农占有大部分。只有无锡地区工商业者占有最多,是个特例。贫农、雇农占有鱼池较少,如吴县东山区新潦乡,贫农占有总户口的比例为54.84%,而鱼池占有总数的33.65%。贫农和雇农的人均占有率就更低了。

再看当时本地区各阶层出租鱼池与所占有鱼池的比例情况(表3-5):

表3-5　苏南的各阶层出租鱼池与所占有鱼池的比例情况(单位:%)[1]

地区		吴县浒关区保安乡三个村	吴县东山区新潦乡	无锡开原区三个乡
地主		69.33	100.00	76.53
富农		25.16	22.06	47.67
中农	出租鱼池占占有鱼池百分比	18.49	0.36	26.73
贫农		0	0.53	10.39
雇农		0	0	0
工商业者		0	0	97.14
其他		0	99.73	100.00
合计		39.14	16.99	70.18

---

〔1〕　华东军政委员会土地改革委员会编:《江苏省农村调查》,1952年内部出版,第297页。

从上表可以看出,江南地区的地主、工商业者将所占有的鱼池的69%—100%出租出去。而中农、贫农出租的鱼池仅占其占有总数的27%以下。

表3-4、表3-5为近代苏南各地各阶层对鱼池的占有情况,下面列表显示各阶层对鱼池的使用情况(表3-6):

表3-6 苏南的吴县、无锡若干乡、村使用鱼池百分比比较表(单位:%)[1]

地区		吴县浒关区保安乡三个村	吴县东山区新潦乡	无锡开原区三个乡
户口	地主	9.18	0.23	4.21
鱼池使用		13.61	0	2.64
户口	富农	37.76	7.69	12.85
鱼池使用		39.140	26.549	25.32
户口	中农	39.80	13.40	28.27
鱼池使用		38.12	28.907	40.49
户口	贫农	13.26	54.84	7.94
鱼池使用		9.13	43.921	12.05
户口	雇农	—	17.52	—
鱼池使用		0	0.621	0
户口	工商业者	0	0	35.51
鱼池使用		0	0	1.23
户口	其他	—	6.32	2.22
鱼池使用		0	0.002	18.27

从上表可见,地主依靠占有鱼池多而使用较少,说明地主通常靠鱼池出租进行剥削,与土地所有者的做法类似。富农和中农自己使用的比例较高,占25%—40%。

再将当时苏南地区各阶层佃入鱼池占其使用鱼池的百分比列表如下(表3-7):

---

[1] 华东军政委员会土地改革委员会编:《江苏省农村调查》,1952年内部出版,第298页。

表3-7　苏南地区各阶层佃入鱼池占其使用鱼池的百分比比较表(单位:%)[1]

地区		吴县浒关区保安乡三个村	吴县东山区新潦乡	无锡开原区三个乡
地主	佃入鱼池占其使用鱼池的百分比	29.81	0	0
富农		34.08	15.99	47.93
中农		63.64	35.93	63.50
贫农		70.07	36.27	81.09
雇农		—	28.37	—
工商业者		—	—	14.85
其他		—	—	100.00
合计		48.05	30.85	66.01

从上表可以看出,佃入鱼池占本阶层使用鱼池比例最高的是贫农,高达 81.09%,最低也有36.27%,中农次之,富农又次之。这种情况与近代苏南农村社会阶级关系的整体面貌是一致的。

江南池塘养殖业的发展和获利状况。江南池塘养鱼历史悠久,本区域一直是我国著名的池塘养鱼产区。根据《无锡文史资料》记载,梁溪河两岸的渔民聚落很早就有原始的养鱼方式,后来随着商业和市场的繁荣,梁溪河两岸开始挖池养鱼。

据梁溪河岸的老渔民沈林艺的口述资料记载,其家族一直以养鱼为生,"我家池塘养鱼世代相传,已逾300年"。[2] 在无锡郊区,据称至清嘉庆十九年(1814年),"池户占去河面统计六七百亩。可见当时养鱼业已发展到一定规模。当时人们在河滩上建造鱼池的方法,据说是筑埂垾池,逐渐垾成一口口方形的鱼池。据当地的民间传说,在明末清初,(梁溪河)鱼池一带也就取名为'河埩口'"。[3]

清同治年间,池塘养鱼的逐渐发展,促进了无锡南门外渔民养小鱼的兴起。初时,有人去长江边贩运鱼苗,获利甚厚,故称之为"水花财"。一些鱼商、

---

[1] 华东军政委员会土地改革委员会编:《江苏省农村调查》,1952年内部出版,第298页。
[2] 沈林艺:《池塘养鱼五十春》,中国人民政治协商会议江苏省无锡市委员会、文史资料研究委员会编:《无锡文史资料》第21辑,1989年,第103页。
[3] 窦厚培:《解放前无锡郊区的池塘养鱼》,中国人民政治协商会议江苏省无锡市委员会、文史资料研究委员会编:《无锡文史资料》第21辑,1989年,第99页。

鱼贩,春末夏初兼营鱼种、鱼苗,租船雇工去长江边贩运鱼花,运至南门大坟上附近,再利用小塘发花,培育成夏花或养鱼成冬片、春片,分别运销本地或外地。无锡南门养小鱼,在同治年间已经很盛行。当时章、祝两家是经营小鱼的大户,每年要购买长江花子100万尾左右(花子即长江的天然鱼苗),用80多亩池塘培育成夏花或鱼种出售。

到了民国年间,梁溪河两岸的养殖业已经相当发达,据国民政府实业部在1932年编纂的《中国实业志》中记载:"无锡鱼池密集,其地自仙女墩至大渲口,沿梁清溪两边,居民类多养鱼,共有六七百家,鱼池栉比。所养鱼类分为青鱼、草鱼、鲢鱼、鳊鱼、鲤鱼五种。青鱼种多购自浙江菱湖,鲤鱼、草鱼等苗购自九江,惟鲤鱼苗则于附近芙蓉圩购之。鱼苗初来时,即放于小池内育之,经若干时日,青鱼长至重约十数两,草鱼长至五六两时,然后分配于大池。青鱼约两年,草鱼、鲢鱼约一年,即可出池贩卖。鲤鳊均于整理池底时出售。"[1]在其他地方,如在张村区,"鱼池分布面积较广,各乡均有,以堰桥乡最多,约有大小鱼池七十个……养鱼有养大鱼及育鱼秧两种"。[2]

民国时期,无锡还出现了一批渔业富户和渔业资本家,他们原是渔业经营者,占有数十亩鱼池和较多的生产工具。荣巷的一个姓荣的渔业资本家曾说:"荣德生开厂21爿,我有鱼池21只。"这个人占有近百亩水面,常年雇工3人,每年干池还得雇短工,备有1.5—3.5吨木船三条。[3]

据《江苏省农村调查》的统计数字,1950年前后,无锡自梁溪河两岸自蠡桥迄太湖沿岸一带,仅据开原、新渎、湖滨三个区的不完全统计,就有鱼池2358.48亩。[4]又据《无锡市志》记载,解放前夕,无锡市有连片鱼池2500多亩,专业渔民和专营养鱼的有1200多户,养成鱼的鱼池每亩放鱼种可以达到50余公斤。[5]

吴县养鱼素称发达,清末,吴县唯亭就有归家港等村的鱼塘养鱼业,归家港人最早在沙湖东滩开始养鱼。而东山养鱼则向河港、外荡发展,池塘养鱼已

〔1〕 朱羲农、侯厚培编纂:《中国实业志·江苏省》第6编《水产及渔业》,上海实业志国际贸易局,1932年,第23页。

〔2〕 华东军政委员会土地改革委员会编:《江苏省农村调查》,1952年内部出版,第105页。

〔3〕 窦厚培:《解放前无锡郊区的池塘养鱼》,中国人民政治协商会议江苏省无锡市委员会、文史资料研究委员会编:《无锡文史资料》第21辑(1989年3月),第100页。

〔4〕 华东军政委员会土地改革委员会编:《江苏省农村调查》,1952年内部出版,第296页。

〔5〕 无锡市地方志编纂委员会编:《无锡市志》,江苏人民出版社,1995年,第499页。

具相当规模。"民国初期,池塘养鱼由粗放到精养。"[1]鱼塘有人工开挖的,也有利用河浜围堵的。据记载,浒关区保安乡,鱼池占有耕地面积的 8.64%,合计 1183.17 亩。[2]吴县每年收获的鱼除供应本地市场外,部分销往苏州、上海等地。[3]据《中国实业志》记载,民国时期,吴县养殖面积总计 2000 余亩,养殖户 333 户,以洞庭、东山、横泾、湘城、南北桥、黄埭等处为最盛。"洞庭东山面积一万九十二方里,河港错杂,外通太湖,水利既便,食饵尤饶",所以太湖东山养鱼业之兴盛,为江苏全省之冠,"鱼池约有千数百口"。鱼苗多来自浙江的菱湖,经鱼贩转售到养殖户手中。每亩池塘放养鱼苗的数量虽然没有确切的数字,但是大体上,普通的 10 亩池塘,约可放养草鱼 3000,花鲢 600,白鲢 200,鲤鱼 100,鳊鱼 100,青鱼 20—30 尾。[4]这样根据鱼类的生活习性实行分层放养,有利于提高池塘的养殖效率,提高单产。吴县是当时苏南养殖渔业最发达的地区,至解放初期,全县鱼池增加到 36,794 亩,占耕地面积总数的 2.18%。

昆山的养殖业多集中在第十区(周墅区)内,全县养殖面积达 1500 亩上下,其中公司经营占有二分之一,其余为个人经营。如德新公司占有 160 亩,大盛公司占有 120 多亩,永成公司占有 70 亩等。[5]各公司鱼池的构造和养殖方法多沿用旧法。1924 年,江苏省水产职业学校在鸡碗村(今长胜村)创办养殖试验场,占地 74 亩,建有新式鱼池 6 口,面积 20 亩,实验新法养鱼。抗日战争时期学校及养殖场屋舍被日军拆毁殆尽,至 1948 年因经费不足停办。[6]1940 年浙江人鲁成祥,在昆山县北潢乡三官堂开设鲁家公司,在抗战时期仍然经营水产养殖业。该公司占地 39,960 平方米(合 60 余亩),建筑面积 576 平方米,职员 12 名。公司经营成鱼、鱼苗,年产成鱼 1.05 万公斤,亩产 175—200 公斤(系调查数)。[7]

在常熟,养殖业以何市乡、支塘乡、贺家桥、横泾乡等处为最盛。所养的鱼

〔1〕《东山镇志》编纂委员会编:《东山镇志》,东南大学出版社,2002 年,第 334 页。
〔2〕华东军政委员会土地改革委员会编:《江苏省农村调查》,1952 年内部出版,第 171 页。
〔3〕《唯亭镇志》编纂委员会编:《唯亭镇志》,方志出版社,2001 年,第 136 页。
〔4〕朱羲农、侯厚培编纂:《中国实业志·江苏省》,第 6 编《水产及渔业》,上海实业志国际贸易局,1932 年,第 23 页。
〔5〕同上书,第 25 页。
〔6〕《周市镇志》编纂委员会编:《周市镇志》,广东人民出版社,2002 年,第 133 页。
〔7〕《城北镇志》编纂委员会编:《昆山市城北镇志》,上海科学技术文献出版社,1995 年,第 65 页。

类有草鱼、鲢鱼、鲤鱼、鳊鱼等,鱼苗多来自菱湖和常州。[1] 1915年春,李云章、张叔颖、石东虞等集资2万银元,买下虞山镇内小东门外徐家浜荒田600亩,开辟鱼池,养鱼20万尾,当年即盈利10万银元。[2] 1923年,新镇水产场和新镇村4组创办德新公司,经营池塘养鱼,有池塘32口,总面积295亩,主要养殖鲢鱼、鳙鱼、草鱼、青鱼。至解放前夕,池塘养鱼面积扩大到650亩,年产成鱼5万公斤。解放初,常熟的养殖鱼塘分给农民个人经营,鱼苗依赖于从外地进口。[3]

抗日战争前,上海县龙华、新龙华地区甚至还有不少农民饲养金鱼销售,这种特殊的养殖业的发展主要归因于当时有闲阶层的存在,但同时也是当时上海养殖渔业发展的一个表现,日军入侵后金鱼养殖随即停止。[4]

如上所述,近代,太湖流域各地养殖的淡水鱼大多是草鱼、青鱼、鲢鱼、鳊鱼、鲤鱼等等,这些鱼自鱼苗养至成鱼至少需时2年,青鱼、草鱼等得需3—4年。农民购入的鱼苗分两种:一种是夏花(才自鱼卵孵出不久);一种是春花(即将夏花养至第二年春天的鱼种),夏花需放在小秧池内(吴县称为花子池),喂以豆浆、糖糟,稍大可喂菜饼、豆饼或碎螺蛳,待养到每条4—5寸长后,即称为春花,便可以放到大成鱼池中喂养了。也有的渔民直接购入春花放在成鱼池中饲养的。成鱼池分两种,一种是青鱼池,以养青鱼为主;一种是草鱼池,以养草鱼为主;两种池塘都连带养殖若干鲢鱼、鳙鱼(花鲢)、鲤鱼、鳊鱼等。青鱼需喂螺蛳,据吴县黄桥乡北庄基调查,一爿鱼池一年需要喂养螺蛳值60担米,所以成本较大;草鱼池则仅需要割水草、秧草喂养,本钱小但是比较费工,多为中、贫农饲养。[5]

池塘养殖的获利情况如何呢?据记载,民国时期,江南各地普通每池养鱼的耗折比例,较高的能得十分之九,较次的能得到十分之八。如果一个鱼池5亩之大,每年租金支出约40元,再加上挖掘一丈深的池塘工钱,平均算起来每亩工钱和租金合80元支出,5亩池塘共开支400元。如果养鱼3200尾,其中,

[1] 朱羲农、侯厚培编纂:《中国实业志·江苏省》第6编《水产及渔业》,上海实业志国际贸易局,1932年,第24页。
[2] 《虞山镇志》编纂委员会编:《虞山镇志》,中央文献出版社,2000年,第148页。
[3] 汤大明、陈德明主编:《新镇镇志》,广东人民出版社,2002年,第63页。
[4] 上海县县志编纂委员会编:《上海县志》,上海人民出版社,1993年,第574页。
[5] 华东军政委员会土地改革委员会编:《江苏省农村调查》,1952年内部出版,第299页。

草鱼 1000 尾，鲢鱼 1000 尾，鲤鱼、青鱼、鲫鱼等 1200 尾，大鱼苗每 8 尾约合 12 两称 1 斤，3200 尾总重量约合 4 担。从农历二月养到腊月共 10 个月，池租等费计 80 元。鱼苗长成鱼的周期一般不过一年，如鲢鱼周期较短，当年即可长到鱼苗重量的 10 倍，年底卖出时每条有 1 斤多。即使每尾去掉 20％的水分，以 8 折计算也一般能超过 1 斤。若平均估计每斤 0.10—0.12 元计算，那么 1000 尾鲢鱼可得 100 元以上，即使鱼贩子以整个池塘买入，则至少付给池户不低于 80 元的买价，当年才可不亏本或者还可赚有微利。青鱼养 2 年才有 8—9 斤重，草鱼则有 5—6 斤重，所以 1 年只能达到半数。青鱼、草鱼等 400 尾，若以 8 折计算，每尾约有 2.4—3 斤，平均每尾可以售价大洋 2.5 角，共有 220 元左右的收入。虽然到第三年养鱼的饲料需增加，但据当时的统计算，每月连人工费也不过 6 元。全年连同池租金银元 40，总共开支 110 元，还有利润 120—130 元。到第三年再售草鱼 400 尾，青鱼 400 尾，每尾平均售价大洋四角，可收入 350 多元。饲料和池租金全年约 150—160 元，盈利 200 余元。三年中若无水灾鱼病等灾害侵扰，5 亩之池可得 300 元的净利，每亩每年 20 元，利润比种植粮食要高，所以有"养鱼种竹三分利"的俗语。此外还有池塘边的桑树蔬菜等项收入，每亩每年也可得额 2—3 元。[1]

另据中共苏州地方委员会调研室 1950 年春天的统计资料记载："青鱼一般养三四年方可出池；草鱼要养两三年出池。以一条鱼作单位来说：青鱼三年后能有八、九斤；草鱼养两三年约有三斤多至六斤；白鲢养二年能有二斤左右；花鲢养二年能有一斤半至三斤；鲤鱼养二年能有三四斤；鳊鱼养二年约有一斤左右。青鱼池如轮次换养，照顾得当，十亩的鱼池每年产鱼可售米二六〇石左右，除去鱼秧、饲料九〇石米，可盈余一七〇石米左右（按：雇工工资及修池床、干池等费用均未除去）。草鱼池每年所产也可售米六〇石，除去二〇石秧本外，可盈余四〇石左右（自己撩草等所化人工未除去）。"[2]

不过，真实的收益还要视资金是否充足、饲养是否得当、气候状况是否良好等因素决定。下面以吴县北庄基、吴江南广乡、吴县新潦乡三个乡为例，说明鱼池的工本及产量和获利情况（表 3-8）：

〔1〕　无锡地方志编纂委员会办公室编：《无锡地方志资料汇编》第 5 辑，1985 年内部发行，第 68—69 页。
〔2〕　华东军政委员会土地改革委员会编：《江苏省农村调查》，1952 年内部出版，第 304 页。

表3-8　吴县、吴江三个乡养鱼工本、产量比较表(以1亩为单位)[1]

乡名	池别	养鱼数(条)	工本折米(石)	每年产量折米(石)	盈余折米(石)
吴县北庄基	青鱼	青鱼　150 鲤鱼　100 白鲢　100 花鲢　30 鳊鱼　40	鱼种　3.0 饲料　6.0	26.0	17.0
吴江南广乡	草鱼	草鱼　60 鲢鱼　240 鲫鱼　480 鲤鱼　60	鱼种　1.7 饲料　1.4	8.5	4.8
吴县新潦乡	草鱼	草鱼　250 鲢鱼 鳊鱼　}240	鱼种　0.6	4.5	3.9

　　这是池塘养殖获利的大概情况,总的来讲,养鱼利润还是比较高的。但到了近代,土地私有现象加剧,池塘大都被地主或富农占有,一般的农民或渔民只能靠出卖劳动力或与别人合租饲养,利润大都被地主、富农拿去了。所以,虽然池塘养鱼获利甚丰,但是一般的渔民或农民还是只能年复一年地维持简单的再生产。

　　发展至近代,江南渔民民间经营方式的进步主要表现在股份制模式的引入。渔民或半渔半农的农户,积极组织养鱼社、养鱼股份有限公司等,促进了太湖流域养鱼业的近代化进程。

　　股份制产生于18世纪的欧洲,19世纪初开始被世界更多的国家采用,这种集资方式在渔业经济领域比较适宜,可以将小资本组合起来,组织生产。

　　在采用此项经营方式以前,江南渔民因为资本少,许多渔民根本无法进行养殖,只能靠天然池塘或河沟养鱼,如20世纪40年代,青浦县渔民即利用天然池塘和河沟养鱼。[2]嘉定养鱼,原本多利用天然河川,设籪养鱼,这种养鱼方法比较落后,鱼苗放养后任其自然成长,无人工供给饲料。据嘉定地方志记载,本县本无外荡养鱼,只有个体连家渔船,以小船小网内河捕捞,农村有少量

────────────

〔1〕　华东军政委员会土地改革委员会编:《江苏省农村调查》,1952年内部出版,第300页。
〔2〕　上海市青浦县县志编纂委员会编:《青浦县志》,上海人民出版社,1990年,第242页。

池塘养鱼。[1]

　　近代江南鱼池经营方式有两种,一是自养,自养又分自池自养和租池自养两种,一般以自池自养为多,如吴县新溇乡自池自养的鱼池占总使用鱼池的69.14%,黄桥乡北庄基占41.1%。[2]这种"制度创新"也是一种"渔文化创新",对于当代的江南文化发展颇有启发之意。

　　自养鱼池需要投入数额较大的资本用于鱼食、肥料,所以一般的渔民无力负担,因此,自养鱼池大都为地主、富农所经营,这种鱼池的面积也较大,所以还会雇有雇工。

　　其他阶层自池自养鱼池的情况较少,而租池养鱼的情况很普遍。第二种是合养,也有自池合养与租池合养之分。地主经营鱼池除雇工自养以外,还采取合养的方式,即地主出池塘,渔民出劳动力,鱼本双方对半出,收益平均分。

　　也有的地主将鱼本贷给渔民,在收鱼时,先将鱼本加利息提取,然后再与渔民平分利润。渔民在租取地主或富农的鱼池后,因为资本和劳动力有限,往往选择与他人合养,或者两人共同承租合养,这是一种经济合作,是一个进步。

　　江南渔民合股经营池塘养鱼很普遍,如民国时嘉定(时属江苏)的养鱼业中出现了组织性较强的养鱼社,这种养鱼社是一种股份制的生产组织,由农民集资共同饲养,当时嘉定的养鱼社有戬滨养鱼社、陆家宅养鱼社、新民养鱼社等。[3]采用这种方法,有利于扩大资本积累,也有利于提高养殖效率。至1949年前后,嘉定县池塘养鱼面积约5000亩,一般都是合股放养。[4]常熟福山内河养殖的个体农户大都合股放养,春放冬捕成鱼按股分益。[5]无锡张村区的池塘养鱼有独资和合股两种,均需雇人专管。[6]江宁县可利用的养鱼资源丰富,1940年,在今龙潭附近建有一个养鱼股份有限公司,以曹金山、东西曹、前后荡、孙家巷等5个大荡约2070亩水面为养鱼基地。[7]除了合股经营,还有采取地主、富农出资金,中农、贫农出劳力的方式的,如在吴县保安乡,

〔1〕　上海市嘉定县县志编纂委员会编:《嘉定县志》,上海人民出版社,1992年,第206页。

〔2〕　华东军政委员会土地改革委员会编:《江苏省农村调查》,1952年内部出版,第299页。

〔3〕　朱羲农、侯厚培编纂:《中国实业志·江苏省》第6编《水产及渔业》,上海实业志国际贸易局,1932年,第25页。

〔4〕　上海市嘉定县县志编纂委员会编:《嘉定县志》,上海人民出版社,1992年,第207页。

〔5〕　福山镇人民政府:《福山镇志》,东南大学出版社,1992年,第194页。

〔6〕　华东军政委员会土地改革委员会编:《江苏省农村调查》,1952年内部出版,第105页。

〔7〕　江宁县地方志编纂委员会编纂:《江宁县志》,档案出版社,1989年,第175页。

民国时就有此种合股的方法,[1]这种方法对一般中、下层的渔民而言,比起直接受地主或富农雇佣,是一个大的进步。

为了适应养殖业不断发展和股份制引入养殖业等新形势的需要,民国政府除了采用行政手段设立养殖试验场,对养殖业进行技术指导外,还采取立法的手段,规范养殖业。其中,重要的渔业法令、规章有 1929 年 11 月 11 日颁布、1932 年修改的《渔业法》,[2]这是民国时期有关渔业的最重要的法律。

关于养殖渔业的法令有 1941 年 5 月公布的《保护淡水鱼类产卵区亲鱼卵鱼苗暂行办法》、1941 年 6 月的《农林部淡水鱼养殖场组织规程》、1942 年 6 月公布的《农林部淡水鱼养殖场工作站组织通则》等。这些措施的制定和实施必然有利于太湖渔业的发展。江苏省农矿厅曾经有提倡水产养殖事业的分区计划,将江苏的溧水、金坛、武进、常熟、太仓、宝山、上海、松江、金山等县设为第一区,以无锡为中心,省立养殖试验场即设立于此。注重池塘养殖,对于太湖流域淡水养殖业的发展意义重大。

农林部"为繁殖淡水鱼类设置农林部淡水鱼养殖场"而公布《农林部淡水鱼养殖场组织规程》,规定淡水鱼养殖场的职责有六:关于淡水鱼苗之采集、卵化及推广事项;关于淡水鱼类之人工养殖事项;关于饲养鱼类之疾病及敌害防除事项;关于养殖区域之调查及利用事项;关于自然水面之淡水鱼类之繁殖保护事项;关于农林部之委办事项。养殖场设厂长 1 人荐任,设技正 1 人荐任,技士 3 人,技佐 4—8 人,事务员 3—5 人,出纳 1 人均委任。另设会计员 1 人,依国民政府主计处组织法之掌理岁计会计事宜等。[3]

《农林部淡水鱼养殖场组织规程》的内容是关于造池养鱼稻田养鱼及推广事项的,规定比较具体。[4]

农林部为保护鱼卵鱼苗繁殖淡水鱼类起见,依《渔业法》第 20 条、第 33 条、第 41 条、第 42 条及同法施行规则第 34 条、第 35 条之规定制定《保护淡水鱼类产卵区鱼卵鱼苗暂行办法》。《办法》规定:"凡淡水鱼类集中产卵之公用

---

[1] 华东军政委员会土地改革委员会编:《江苏省农村调查》,1952 年内部出版,第 172 页。
[2] 《渔业法》,《(渔管处)渔业法令规章》,上海市档案馆档案,全宗号 Q460,目录号 1,案卷号 846。
[3] 《农林部淡水鱼养殖场组织规程》,《(渔管处)渔业法令规章》,上海市档案馆档案,全宗号 Q460,目录号 1,案卷号 846。
[4] 《农林部淡水鱼养殖场工作站组织通则》,《(渔管处)渔业法令规章》,上海市档案馆档案,全宗号 Q460,目录号 1,案卷号 846。

水面经本部认为必须保护或地方行政官署呈准主管官署划定范围公布为保护鱼类产卵区者由当地行政官署原则管理之。"《办法》还规定在鱼类产卵区保护期间，由各地方行政官署按照各种鱼类应保护产卵期之不同分别划定保护范围，设置标帜，公布禁渔期及应取缔渔具的种类；鱼类产卵区的水草、石砾等在保护期内一律禁止采挖，违者处 5 元以下罚金；保护鱼类产卵区，禁止施用鱼爆及投掷毒害鱼类的药物，违者依渔业法从重处罚；保护鱼类产卵区内之标帜及其他设备，禁止迁移毁坏，违者责令赔偿外，并依渔业法处 50 元以下的罚金；鱼类产卵区在保护期内有认为商业轮行驶有妨害鱼类繁殖者，该主管行政署得商请当地航政主管官署转饬商轮酌减速率；凡在保护鱼类产卵区内采捕鱼卵鱼苗等以供学术研究者，须事先将采捕鱼卵鱼苗之种类数量向该区行政官署申请，经核发许可证方可采捕；在保护鱼类产卵区内之鱼苗涉及采集鱼卵鱼苗之渔业人要从该区行政官署领到证照才能采捕鱼苗鱼卵，未领有证照而从事采捕者依渔业法处 50 元以下罚金；凡违犯本办法之处分应由保护鱼类产卵区所在地之地方行政官署执行之，涉及司法部分者，移送法院审理等。[1]这些法令、规程的颁布和实施，一定程度上改善了渔业经济领域中的一些不合理的状况，有利于渔业的可持续发展，有利于保护环境，有利于维护太湖流域以及全国各地的渔业经济的健康发展。

民国时期，政府和民间社会促进江南渔文化发展的创新还有很多，这些制度保障，至今仍然具有很高的经济文化价值。

四、鱼类保鲜和加工技术的进步

随着捕捞和养殖业的技术进步，渔获物的产量不断增加，而为了保证不断增多的渔获物的质量，市场又对水产品加工业提出了新的要求。近代江南的水产品加工业除了继续沿用传统的简单加工方法外，还借助于近代科技革命的一些成果进行技术革新。

余秋雨认为："经济发展在本质上是一个文化过程。"[2]经济活动的起点

---

[1]《保护淡水鱼类产卵区鱼卵鱼苗暂行办法》，《(渔管处)渔业法令规章》，上海市档案馆档案，全宗号 Q460，目录号 1，案卷号 846。

[2] 余秋雨：《何谓文化》，中国友谊出版公司，2013 年，第 179 页。

和终点都是文化,这里的"起点"和"终点"之间可以是一个历史时段,也是一个压缩的"微分","起点"和"终点"之间的"距离"几乎为零,即"一切的渔业经济活动同时也是渔文化的创制过程"。所以,渔业经济发展过程中的鱼类保鲜、加工等技术,也属于"渔文化"范畴。

近代,江南水产品保鲜业在全国率先开始采用机器制冰,上海、苏州等地的机器制冰业在全国比较发达。机器制冰能随市场的需要而随时制作,而且较人工冰藏更有技术保障、更清洁卫生。渔业发展和水产品加工业的深化和进步,势必需要具有更高素质的渔业劳动者即渔业科技人才,这又促进了近代水产教育机构的纷纷设立。

苏南的"江苏省立水产学校"就是比较早的渔业专业教育机构。[1]之后,为适应渔业不断发展的要求,以及加速新的渔业技术转化为现实的生产力的需要,同时为了从根本上改变渔业的落后局面和渔民文化知识水平太低的状况。二十世纪二三十年代,民国政府大力发展水产教育和科研事业,"渔业指导所""渔业试验场""渔轮船员讲习会""渔业练习生班""改进渔业宣传会"等渔业教育和指导机构,放眼全国江南地区数量最多,也最为集中。

渔业教育机构的开办,提高了江南渔业劳动者的专业素质,在一定程度上加速了江南渔业经济的近代化,从而促进了江南渔文化的发展。民国政府还曾组织专门机构创办专业性的水产期刊,如《水产》(月刊)、《上海水产经济月刊》、《渔况》、《水产经济》(月刊)专门介绍了鱼类捕捞、养殖和水产品加工方法以及水产品贸易等科技知识,这些都是江南渔业进步和渔文化发展的亮点。

近代江南水产保鲜技术也越发进步。江南传统的水产品保鲜办法主要是采用天然冰储藏,即冰藏,这种方法最为简单、最方便,具体做法是将鲜鱼埋藏于天然冰或人造冰中,用以保存鱼类在短时间的新鲜。

明清时期,江南各地的渔业经济活动中已经出现较大规模的专业冰厂。清代顾禄《清嘉录》引《元和县志》记载:"冰窨在葑门外,设窨二十四座,以按二十四节气。每逢严寒,戽水蓄于荡田,冰既坚,贮之于窨。盛夏需护鱼鲜,并以涤暑。"

《清嘉录》还录有尤仲的《冰窨歌》:"我闻古之凌阴备祭祀,今何为者惟谋利。君不见,葑溪门外二十四,年年特为海鲜置。潭深如井屋高山,潴水四面

---

〔1〕 丛子明、李挺主编:《中国渔业史》,中国科学技术出版社,1993年,第85页。

环冰田。孟冬寒至水生骨,一片玻璃照澄月。窖户重裘气扬扬,指挥打冰众如狂,穷人爱钱不惜命,赤脚踏冰寒割胫。槌春撞击声殷空,势欲敲碎冯夷官。乒乓倏惊倒崖谷,淙琤旋疑响琼玉。千筐万篓纷周遭,须臾堆作冰山高。堆成冰山心始快,来岁鲜多十倍卖。海鲜不发可奈何,街头六月凉冰多。"[1]

　　康熙《江南通志》记载:松江府"每夏初,贾人驾巨舟,群百呼噪网取"黄鱼,都是"先于苏州冰厂市冰以待"。康熙吴县人沈朝初《忆江南》一词中就描写了贩食冰鲜的盛况:"苏州好,夏日食冰鲜,石首带黄荷叶裹,鲥鱼似雪柳条穿,到处接鲜船。"小船插上三角形红旗,鸣锣集市,曰贩冰鲜,吴俗最尚此鱼,每尝新时,不惜重价,故有典账买黄鱼的谚语。同治《苏州府志》记载,吴地有谚云:"栀子花开石首来,笥中被絮舞三台。"言典卖冬具以卖鱼也。[2]

　　明清时期,江南各地虽已出现较大规模的专业冰厂,有利于渔业的发展,但在清代后期以前,其在渔业生产上的应用仍不普遍。因为资金短缺,专业冰厂未能大规模普遍兴建,又因为冰鲜成本较高、数量少而价格昂贵,故成本上升。上述吴地典卖冬具以买黄鱼即为一证。又如同治《苏州府志·物产》记载:"石首鱼,俗名大黄鱼。今惟出海中,味绝珍,夏初则至,吴人以栀子花时为候。此时已渐热,鱼多肉败气臭,吴人既习惯视之,故有忍臭啖石首之讥。二十年来沿海人家始藏冰,悉收冰养鱼遂不败。"可见,在清道光以前,藏冰养鱼者尚少。[3]

　　到清咸丰、同治年间,江南渔获物冰藏保鲜法渐盛。自此之后,江南产鱼区的天然冰厂逐渐增多,地域也扩大了,势头良好。民国《川沙县志·实业志》中的一段记载清晰地反映了这一变化,云:"冰厂,夏获鱼鲜,须用冰制。向因购自上海,殊形不便。自清宣统年间,周兰村等集股,在八团北一甲白龙港南,租地建造冰厂一座。年来销路日广,在横沙各渔船,多向购用,获利颇丰。民国四年,复有人集资设厂,以谋扩张营业。十一年九月,邑人家曾等,又在八团南三甲海滩,股设冰厂,呈准县知事严森出示保护。"[4]

　　早在宋代,上海已经采用天然冰保鲜了。清初,当地渔业经济规模的扩

〔1〕陈忆萱:《苏州的天然冰行业》,苏州市地方志编纂委员会办公室、苏州市档案局编:《苏州史志资料选辑》总第9辑,1988年,第22页。
〔2〕丛子明、李挺主编:《中国渔业史》,中国科学技术出版社,1993年,第67页。
〔3〕尹玲玲:《明清长江中下游渔业经济研究》,齐鲁书社,2004年,第253页。
〔4〕《民国川沙县志》,《中国地方志集成·上海府县志辑七》,上海书店,1991年,第81页。

大,催生了专门在黄花鱼汛期到海上收购鲜鱼的冰鲜船。这些冰鲜船主人很精明,他们一般在渔民出海前到天然冰窖比较集中的苏州地区和舟山地区,满载天然冰去海上或港口收购鲜鱼,然后再运回埠市出售,俗称"贩冰鲜"。

至 19 世纪 40 年代,上海开始设立冰鲜鱼行。清光绪六年(1880 年),在浦东的白莲泾和杨思港的天然冰厂总容量已超过 700 吨。至 1930 年,上海的天然冰厂已发展到 160 家,大部分集中在浦东,尤其以高桥和六里桥为多,这里是上海鱼市场所在地,水产贸易繁荣。当时的上海,一般大厂每冬藏冰 750 吨,小厂约 500 吨,每年销冰在 3.5 万至 4 万吨之间。1936 年以后,上海鱼行用的天然冰几乎都来源于浦东一带的天然冰厂。[1]

值得一提的是,明清时期南京和镇江规模巨大的鲥贡,即进贡至京城、皇城的长江鲥鲜,也是用冰块长途护运的。为此,在南京燕子矶建有皇家专用冰窖和冰厂,主要就是用于鲥贡的运输和保存。鲥鱼等冰鲜贡品,陆路运输,按 15 公里一站,由 300 余匹驿骑接力飞奔传递,自长江边至北京 1250 余公里,限 22 个时辰(约 44 小时)送达。这种方法很有意思:保鲜的办法是尾部用铅匣盛装,中间填以冰块,泼上浓油密封,再以箬叶遮护。水路途中,则由快船日夜兼程沿京杭大运河北上,各船上都载冰护航,沿途并设有冰库,以源源不断地补充冰块,保证运送的贡品到达京城还很新鲜,不会变质。

到近代,江南各地的冰厂还有很多,如创建于 1907 年的苏州的公兴冰厂,经理为林佑发,此外江南共有 10 个天然冰厂。

民国年间,苏城四郊到处可见一个个冰库,屹立田头村边。在钱万里桥附近,还有一条冰厂街,可见当时冰厂之盛。可能由于冰厂大多远设在郊外,设备较为简陋,既不是长年生产,又无需多大资金,[2] 故解放前的档案中,未发现有天然冰行业的同业公会之类的记载,仅有几家天然冰厂加入饮食业同业公会。公兴冰厂在 1936 年易主,改称公兴盛冰厂。1949 年 10 月,公兴盛曾在《苏报》刊登召盘启事:"兹因各股东无意经营,愿将所有生财房屋厂基田地全部召盘……。"

天然冰厂,创建于 1920 年,由程梦辛独资经营,有冰库 4 座,大小送冰船各 1 只,后因在 1934 年 12 月遭遇火灾,烧毁 3 座冰库,无力恢复生产而歇业,

————————————

〔1〕 上海渔业志编纂委员会编:《上海渔业志》,上海社会科学院出版社,1998 年,第 153 页。
〔2〕 陈忆萱:《苏州的天然冰行业》,苏州市地方志编纂委员会办公室、苏州市档案局编:《苏州史志资料选辑》总第 9 辑,1988 年,第 22 页。

工人被阳澄冰厂雇用。阳澄冰厂,系蒋伯年、蒋仲川开设,开设年月不详。据说规模较大,冰库先是建在娄门外的坝基桥,后又在胥门外泰让桥、虎哨塘和横塘等地建库。1932 年 8 月下旬,阳澄冰厂曾在本地报纸刊登召盘广告,声称因为同业竞争,连年亏损,业务无法维持,愿将全部财产与库存数万担天然冰一起出盘,但在 1936 年 10 月的报纸上,有一则"阳澄冰厂厂主蒋仲川驾驶汽车肇祸"的新闻,说明 1932 年的召盘未成事实。天兴冰店,1931 年 8 月 22 日,《苏州明报》刊有一则"天兴冰店开幕预告:现已集资置地在……黄瓜桥浜筹建冰库,一俟手续就绪……择吉开幕"的通知,但未发现开业后的其他资料。[1]常州的天然制冰厂,20 世纪 40 年代有"周顺成"的"北极"、"合新顺"的"华成"和"合兴"的"振祥"三家。[2]

　　由上述可知,清代后期,江南渔业生产在夏季已采用冰镇技术保鲜,在宣统元年以后,各地集资建造人工冰厂,其营业规模呈扩大趋势,冰厂的管理也日益严密,这是冰鲜保鲜技术进步的一大标志。

　　与利用天然冰相比,使用机器制冰显然是一个历史性的进步。机器制冰起源于 19 世纪,它是利用冷媒蒸发吸热,以降低盐水的温度,使放置在盐水中的容器里的水冻结成冰。制冰设备分为制冰池、蒸发器、搅拌器、冰桶、融冰池、注水装置、滑冰台等。机器制冰业在近代以江苏为最早,而江苏又以苏南为先。据《江苏乡土志》记载,光绪三十三年(1907 年),吴县胥门外即设有公兴冰厂有限公司,资本 2000 元。1937 年,苏州曾有一家北极冰厂,专事生产机制冰。[3] 又据《上海渔业志》记载,上海机冰生产,始于光绪六年(1880 年)由英国人开办的"上海机器冰厂"。当时生产的机冰都用于食品工业,鱼类的保鲜仍然以用天然冰为主。

　　1933 年 5 月,中国商人集资在十六铺小东门外洋行街(今阳朔路)开设"恰茂冷气股份有限公司",生产的机冰用于鱼类保鲜。抗战期间,日本侵略者垄断上海的渔业,在上海开设 4 处用渔业冷藏保鲜的冷冻工厂,生产的机冰都用

---

[1] 陈忆萱:《苏州的天然冰行业》,苏州市地方志编纂委员会办公室、苏州市档案局编:《苏州史志资料选辑》总第 9 辑,1988 年,第 23 页。

[2] 常州市水产公司编:《常州市水产供销史》(审核稿),常州市水产公司编史办公室,1984 年内部编印,第 2 页。

[3] 陈忆萱:《苏州的天然冰行业》,苏州市地方志编纂委员会办公室、苏州市档案局编:《苏州史志资料选辑》总第 9 辑,1988 年,第 25 页。

于来沪日本渔轮的鱼类保鲜。[1] 1936 年,上海复兴岛的鱼市场建造了专供渔业用的冷藏库,容量 1000 吨,主要设备有氨压缩机、起重机、碎冰机和自来水塔。

中日战争结束之后,国民政府于 1945 年 8 月在上海接收"日伪华中水产株式会社";其他一些日商在我国创办的制冰厂,都由新成立的中华水产公司经营,统一管理;并将日本在上海的 4 个冷冻工厂分别更名为华浦冷藏厂、华海冷藏厂、华江冷藏厂和华济冷藏厂。

1946 年,国民政府在上海复兴岛设立渔业善后物资管理处,先后接受了联合国救济总署调拨的 75 套制冰设备,每套制冰能力 15 吨/日,贮冰能力 200吨/次,其中 35 套是美国约克公司的产品,冰桶规格为 300 磅;40 套是澳大利亚戈登公司的产品,冰桶规格为 220 磅。渔业物资管理处设有厂务部,负责建造这些制冰厂,曾在上海复兴岛修建了日产冰 90 吨的制冰池,1 200 吨/次贮冰库,和冻结能力 40 吨/日、冷藏能力 500 吨/次的冷藏制冰厂,但直至 1949年 5 月上海解放,这些工厂仍未投产。[2]

从依靠天然冰藏到使用机器制冰,是水产品保鲜在技术上的一次飞跃,在此过程中,江南堪称一马当先,在渔业经济活动中处于"冠军"的地位。[3]

在改进保鲜技术的同时,水产品加工技术也在提高。在前近代,水产品的加工方法当然有很多,有腌制、糟制、干制、提炼鱼油、加工鱼鳔胶水、天然冰冷藏等。腌糟鱼主要有鱼鲊和盐腌法防腐两种,鱼鲊制作的历史很悠久,制作鱼鲊的方法最早见于《齐民要术》,后来不断发展,至明清时期,制作工艺日趋精细,如荷包鲊的制作,"吴中作鲊,多就溪池中荷叶包为之,后数日取食,比瓶中者气味特妙。"又记载有:"乡间取大鱼切作片,用米屑、荷叶三重包之,谓之荷包。"[4]

腌糟制鱼的方法还有直接用食盐腌制,有两种方法:一种是用一定浓度的盐水浸渍,藉以防腐;另一种是用食盐遍洒鱼体内外,以防鱼类腐烂,这种腌制

〔1〕 《上海渔业志》编纂委员会编:《上海渔业志》,上海社会科学院出版社,1998 年,第 154 页。
〔2〕 郭文韬、曹隆恭主编:《中国近代农业科技史》,中国农业科技出版社,1989 年,第 604 页。
〔3〕 据第二历史档案馆《1947 年中国渔业统计》资料显示,当时全国有制冰厂 33 个,苏南有 14 个,河北、广东各有 6 个,山东 4 个,浙江、福建、台湾各 1 个。参见中国第二历史档案馆档案,全宗号23,案卷号 1431。
〔4〕 尹玲玲:《明清长江中下游渔业经济研究》,齐鲁书社,2004 年,第 247 页。

鱼类方法古老但被普遍使用。

　　干制法也很普遍，"干制之法最古，易噬腊肉，周礼腊人，掌干肉脯腊朊之事"，[1]说明商周时代人们就开始采用干制方法了。苏南渔民也采用日光晾晒鱼干，同治《苏州府志·物产》记载："鲚鱼，出太湖，一名刀鱼，俗呼为刀鲚，又名湖鲚，别于江产也，出常熟海道者尤大，四五月取其子曝干名螳螂子；小者日黄尾鲚，鲞之可致远；银鱼，出太湖，色白，无鳞，鲞之可致远。"所谓"鲞之"，即压制晒干。鱼卵又称鱼子，所谓螳螂子即取鲚鱼之子晒成干。

　　进入近代，传统的水产品加工技术依然延续，而新技术，尤其是罐装技术，在江南落地生根。罐装水产品始于19世纪，方法是将水产食品装入马口铁罐或玻璃罐内，经过抽气、密封、杀菌等工序制成罐头。由于抽气密封，与外界空气隔绝，又经高温杀菌，鱼体中各种酶类被破坏，罐内细菌被杀灭，罐内鱼体的自溶分解、腐败变质及脂肪氧化等因素被消除，因此罐头能长期保藏，并能保持食品原有的色、香、味。制罐的主要零件分为空罐和实罐两部分：空罐部分有切板、去角、成形、卷边、焊接、加盖、封罐等机件；实罐部分有调煮釜、排气杀菌釜及锅炉汽管等。制品有油炸、红烧、茄汁等。加工时先将鱼类去鳞、尾、鳃、鳍，洗净内脏，依罐之大小，切成适当的块，然后用预制调煮液（香料、酱油、酒等）浸渍，稍干后，用油炸（油炸品）、调味料煮（红烧品）或蒸煮去其皮骨另加调味（茄汁或油渍品）。

　　我国最早的水产品制罐厂建于清末，为江苏南通的通州颐生罐头食品合资公司。

　　由于水产品的生产带有明显的季节性，因此该厂的水产品罐头的产品品种，各月有所不同：正月为蛤蜊、车螯（一种贝类）；二月为银鱼、蛏；三月为蛏、小黄鱼、刀鱼；五月为白鳝、鲥鱼；六月为甲鱼、白鳝；七月为甲鱼；八月为甲鱼；十月为蛏、蛤蜊；十二月为银鱼、蛏、蛤蜊、车螯；九月与十一月一般不生产罐头。

　　上海生产鱼类罐头制品始于民国初年，当时，冠生园、泰康等食品厂利用各种海水和淡水鱼类制作罐头，品种主要有五香凤尾鱼、鱼松等，制品颇具特色，深受消费者欢迎。1933年，上海各罐头厂生产五香凤尾鱼16.63万罐，鱼松5.5万罐，黄花鱼8320罐，五香熏鱼4870罐，四腮鲈446罐。然而这些远

---

〔1〕　沈同芳：《中国渔业史》，上海江浙渔业公司，1906年，第110页。

不能满足当时上海市的内需,鱼类罐头还部分依靠进口,据史料记载,1933 年进口 160.8 吨,1934 年进口 481.57 吨。

1936 年 10 月,上海鱼市场的鱼类食品制造部,曾经试制过鱼茸罐头,当年 12 月开始投产,产品除市销外,还销往内地和出口。1937 年"八一三事变"后,各厂停止生产。1946 年底,农林部中华水产公司接管日本人在上海的加工制罐设备,成立华品罐头厂,继续生产鱼类罐头。主要生产五香凤尾鱼罐头,同时生产凤尾鱼罐头的还有泰康、梅林、伟大、开林等食品厂。1948 年初,由于制罐材料的主要机械设备、铁桶、玻璃瓶等全部依赖进口,成本较大,至 1948 年底不得不停止生产。[1]

当然,鱼类的加工领域广阔,提炼鱼肝油就是前景大好的产业。鱼肝油中蕴含丰富的维生素 D,而维生素 D 又是人体必需的营养元素。[2]鱼肝油是利用鱼类肝脏炼制的油脂。炼制方法是将肝脏自鱼体剖出,洗净,放入绞碎机内绞碎,再放入搅拌器内搅拌,取出放入锅内煮沸,注入分离器分离,最后经过滤而成。我国鱼肝资源丰富,含肝油丰富的鱼类有鳕、鲨、赤红、马鲛等,但当时肝油制造业落后。抗战前,市上供应的鱼肝油全是由挪威和美国进口。抗日战争期间,日本因军队所需,在我国兴办了一批鱼肝油厂,如华中水产株式会社制药部,由伪华中水产公司与日本三生制药株式会社合办,地点在上海,有制油及制丸两种设备。制油部分主要机械有分离机 2 具,煮热锅 4 只,每日能产油 150 公斤,制丸 2 万粒。[3]可惜的是,鱼肝油产业在近代苏南没有发展起来,此中原因固然很多,但技术上的瓶颈难以突破,在当时是最主要的原因。

五、渔业科技进步和渔民培训

江南渔文化发展的人力资源优势,还表现在政府积极开展水产科研、培训新式渔业劳动力上。水产科技的进步,离不开渔业劳动者素质的提高,兴办水产教育即着眼于人才培养的一大举措。19 世纪以前,中国没有专门的水产教育机构,近代水产教育机构在清末才开始创立。19 世纪下半期,一些头脑清醒

---

[1]《上海渔业志》编纂委员会编:《上海渔业志》,上海社会科学院出版社,1998 年,第 162 页。
[2] 淡中:《鱼肝油制造法》,《水产月刊》(复刊),1946 年第 1 期,第 48 页。
[3] 郭文韬、曹隆恭主编:《中国近代农业科技史》,中国农业科技出版社,1989 年,第 604 页。

的封建官吏,开始提倡新学,随后在全国掀起了一股学习西方的热潮,并通过清政府向英、美、日、法等国派遣大批留学生,水产教育也是在这种历史背景下开始的。具体讲来,中国近代水产教育兴起的原因主要有以下几点。

首先,"清末海禁打开,外患频繁仍,一般有志之士,均悒然于民生凋敝,国运之多艰,知非兴学不足以救亡"。[1] 在外患已成为民族灾难的情况下,一些开明之士认为渔业与海军关系密切,要维护领海权,必须兴办水产学校,学生学成之后,以渔轮为练习,推而至于商船及兵舰,借此可巩固海防。

其次,1905 年江浙渔业公司购得德国拖网渔船后不久,即暴露出技术人员短缺的矛盾。这艘我国最早的机动渔船"福海"号,只雇到 4 位有经验的胶州水手,其余的都是商船驾驶员,他们技术较差,对渔场不熟,稍遇风浪,就要避风,结果亏损很大。这种情况表明,中国渔业急需培训技术人员。

又次,日本兴办水产教育的成功经验,也促进了我国的水产教育事业。日本机轮渔业初兴时,驾驶与轮机一方面借材于欧美,一方面自己兴办水产学校,不出几年,所需人才几乎全是本国所培养的。

最后,兴办水产教育已是大势所趋。有鉴于此,1904 年,张謇在给清政府商部呈递的有关兴办江浙渔业公司的报告中,率先提议设立水产学校,但限于当时条件,并未实现。1905 年,山东省渔业公司在烟台开了一所渔民小学,招收渔民子弟。由于该公司不久停办,学校解体,但此仍为我国近代水产教育的先声。

我国近代正式的水产教育始于 1910 年创立的直隶水产讲习所。1906 年,直隶提学使卢靖兼任直隶渔业公司总办,他热心水产教育,以开滦煤矿和京师自来水公司两项股票计白银 7 万两作为创立水产学校的基金,同时派人赴欧美考察水产业行业经验和现状。不久卢氏去职,直隶渔业公司又于 1909 年派孙凤藻去日本考察水产教育。1910 年孙氏回国,即着手筹建学校,借天津长芦中学为校舍,招收高小毕业生,分渔捞、制造两科,开学授课。次年 3 月,新校舍落成,学校迁入新址。这是我国近代水产教育的开端。

江南最早的水产教育机构是江苏省立水产学校。1904 年,张謇就条陈设立江浙渔业公司后,"复条陈商部复咨南洋大臣,就吴淞江浙渔业公司隙地与空闲官房,拨作学校校舍,设立水产学校和商船学校各一所,选取渔业小学毕

---

〔1〕 李士豪、屈若搴:《中国渔业史》,上海书店,1984 年,第 125 页。

业生,以聪明体弱者学水产,体壮者习驾驶,学校成立之后,以渔轮为练习,推而至于商船"。[1]

辛亥革命后,江苏省政府临时会议决定将水产学校正式纳入国民技术教育范畴,专门在政府预算中开列这项教育的预算,计划每年拨款 19,688 银元,并拨专项筹办费 3 万元在上海开办江苏省立水产学校。在张謇的大力支持下,毕业于日本东京水产讲习所的张公镠于 1912 年借用上海求志书院等处为临时校舍,建立江苏省立水产学校。学校设有预科班,招收中学及十年制小学毕业生。首次录取新生 68 人,不分科,学习基础课和英、日两门外语。

1913 年 3 月,江苏省拨吴淞炮台公地 60 亩,专款建筑校舍,新校舍落成后,即从原地迁到新校舍。学生分渔捞、制造两科上课,每科各有 30 余人,教学采取课堂讲授和野外实习相结合的方法进行。其中渔捞科主任李士襄、制造科主任曹文渊、实习主任胡浚泰均毕业于日本东京水产讲习所。

1916 年,江苏省立水产学校建造淞航号实习船 1 艘,并派第一届学生分赴江苏、山东和河北等省调查渔业。该校的学制、课程均仿照日本东京水产讲习所,学制为 3 年。

1920 年,学校建造石油发动机渔轮"海丰"号 1 艘。

1921 年,学校增设养殖科,并设编网职工科和贝扣职工科,在昆山周墅建造淡水鱼养殖场,这时,学校主要有制造、渔捞和养殖 3 个学科。

1923 年,张公镠辞去校长之职,冯立民继任校长。

1924 年,因冯立民赴集美水产学校任职,侯朝海代理校长。

1925 年,学校增设远洋渔业及航海两专科,学制仍为 3 年,招收高中或十年制小学毕业生入学。

1927 年,南京国民政府变更学制,改为正式专门学校,该校归民国高等教育处管辖。

1928 年,学校隶属国立第四中山大学农学院,当年,该学院改组为国立中央大学农学院,仍附设水产学校,属教育部高等教育处管辖,该校设远洋渔业、航海、渔捞、制造四科,校长冯立民。

1929 年以后,学校由江苏省教育厅管辖,校名恢复为江苏省立水产学校,设渔捞、制造两科。至此,江苏省立水产学校已拥有渔轮 1 艘、实习船 2 艘、实

---

〔1〕 李士豪、屈若搴:《中国渔业史》,上海书店,1984 年,第 125 页。

习工厂2所、养殖试验场1座。该校的设备在当时居于全国之冠,已具相当规模,受到社会各界的重视。

1932年"一·二八事变"中,学校迁出,原校舍全部毁于日军的炮火,"仪器标本,甚至一草一木,俱为毁损","二十年来惨淡经营之所得,未曾遗留一物"。《淞沪停战协定》签字后,江苏省教育厅拨给学校4万元从事修复,但1937年抗战开始后又遭战火,校舍再次被毁,学校不得不停办。

该校自1912年开办至1937年停办,共培养21届毕业生800余人,他们后来大都成为中国水产及海事部门的高级专业人才,也是中国渔航两业早期的骨干力量,受到海内外的赞誉,被外国人称为"WOOSUNG COLLEGE",即吴淞专科学校,也是现在上海水产大学的前身。

抗日战争期间,民国政府教育部在四川省合川国立第二中学成立水产部,由教育部分派战区学生入学,部主任陈谋琅。水产科学制3年,兼习制造和养殖。

1943年,国立二中划出水产专科,独立为四川水产职业学校,校长陈谋琅。学校设有制造、养殖两科,后增设渔捞科,学制仍为3年。

1944年5月,陈谋琅去职,由王刚任校长。抗战胜利后,该校奉命搬迁。原在国立四川水产职业学校的江苏、浙江籍的教职工和8个班级学生迁到江苏省崇明县,定名为"江苏省立水产职业学校",隶属于江苏省教育厅,江苏省政府于1946年7月派王刚任校长。

1947年,该校在上海、崇明两地招收新生7个班,全校新旧共有15个班,[1]仍分设渔捞、制造两科,学制均为3年。因在崇明交通不便,1948年,该校迁至闵行,校名仍然为"江苏省立水产职业学校",但制造科主任、生物学教师等坚持在崇明授课,校部最后决定不愿意去闵行者,留在崇明分校。上海解放后,该校改称为"崇明水产学校"。[2]

除此以外,随着社会的进步,渔民认识到教育的重要性,他们开始将孩子送到一些渔民小学,如1934年创办的私立嵊山渔民小学,[3]说明渔民对教育有着迫切的需求。

近代,在太湖流域,政府设立的水产教育机构除了上述的几所学校,还有

〔1〕　王刚:《我国战后水产教育重建问题之商榷》,《水产月刊》(复刊),1946年第1卷第5期,第3页。
〔2〕　《上海渔业志》编纂委员会编:《上海渔业志》,上海社会科学院出版社,1998年,第372页。
〔3〕　程梯云:《江苏外海山岛志》,《江苏研究》,1932年,第1卷第6期,第6页。

渔业人才的培训机构,如"渔管处渔业技术人员训练所""中央训练团水产技术训练班"等。

抗日战争胜利后,国民政府农林部成立"渔业善后物资管理处"(渔管处),它"是基于联总捐赠我国新式渔业器材而建立的物资管理运用机构,他的性质含有国际意义","组织与性格:渔管处的性格,因为基于执行联总国际救济关系,和本国其他机关团体相比有着许多不同现象。他没有行政机关的行政管理权,事业机构的企业运营形态,教育机构的训练体系,慈善机构的纯粹救济形式,宗教团体的传教精神,外人洋行的事业措施,生产建设机构的积极建设,但是在某些推展阶段上,他都有着上述各种机构的部分精神和任务,所以渔管处是具有多角性的混合组织,在运营的性格上很难确定其规律性"。[1]

该处除了负责接收联合国善后救济物资以外,还设立渔业技术人员训练机构以培养渔业人才,复兴渔业。据《农林部善后救济总署渔业善后物资管理处三十五年度九月份工作报告》称:"本处是一新的机构,行政与技术指导并重。为确保执行工作,争取成效,特拟定本处办事细则,规定各工作单位职权及工作联系办法,并为救济计划周详起见,经再三修订,另案呈核";"本处工作着重渔业复兴理论之研讨及实践之指导,为预计美国渔船到港,亟须筹设一渔事管理所,以办理有关渔事之繁琐事务,特拟定本处直辖上海渔事管理所组织简则呈核在案,并为实际开展工作,特于本年八月一日先行成立该所。又渔业技术人员需求迫切,因应事势,特接收中华水产公司练习生一批五十七人,拟定渔业技术人员训练所组织简则呈核在案,一俟奉准并筹备就绪,即可开始训练并培养新式渔业技术人才,借以利用联总授我之全部渔业物资发展我国渔业。"[2] 又根据渔管处组织规程第9条之规定,设置渔业技术人员训练委员会和渔业技术人员训练所,分别简称渔训会和渔训所。渔训所是实施训练的行政部门,下设渔捞科、制造科,其训练方式有直接训练和分科训练两种。

中央训练团水产技术训练班于1947年9月成立,班址设在上海市水电路,班主任宣铁吾(后为张君嵩)、副主任王宏谟、陈谋琅、屈均远。该班受训期为1年,教程分渔捞、制造、养殖3组。渔捞组分渔捞、通讯、轮机、渔业管理4

---

〔1〕《渔业善后物资管理处工作检讨及改进意见》,《渔管处工作报告》,上海市档案馆档案,全宗号Q460,目录1,案卷号1178。

〔2〕《(渔管处)三十五年度九—十二月工作报告》,上海市档案馆档案,全宗号Q460,目录号1,案卷号1174。

系;制造组分食用、工用品 2 系;养殖分淡、咸水 2 系。受训学员 871 人,教官 80 余人。1948 年 4 月,学员考试完毕,分发渔管处及所属各单位参加实习学员 270 人。渔管处于 1948 年 10 月分配实习学员,上海本部 23 人,其余分给台湾、定海、青岛等分处。中央训练团水产技术训练班于 1948 年 10 月 15 日结束,该团 11 月训令学员分发渔管处报到,听候分派工作。1948 年 10 月至 1949 年 4 月派遣学员共 48 人。[1]

在兴办水产教育的同时,传播水产养殖技术知识、开办水产试验科研基地的工作也在推进之中。

近代水产科学知识是在清末从西方传入中国的,1898 年《农学报》译载日本水产学会报的《养鲤法》,接着又译载日本竹中邦香的《水产学》,为我国期刊最早介绍近代水产科技著作的例子。此后,报刊译载外国的水产著作逐渐增多,与水产科学有密切关系的学科如海洋学、气象学、湖沼学、水生生物学等,也在同一时期被介绍到我国来。从外国留学回来的知识分子,积极倡导建立水产试验机构,以调查我国的水产资源,试验和推广水产科学技术,从而试图改变我国水产事业的落后面貌。

水产科学实验机构在我国正式建立是在 20 世纪 20 年代前后,到 1936 年,沿海城市先后建有 4 个水产试验场。然而,这些试验场因经费困难、军阀骚扰等原因,存在的时间都不长,但由于科学技术人员的努力,还是做出了一定成绩。

江南水产试验场是 1930 年设立的“江苏省立渔业试验场”。[2] 该试验场 1930 年成立于江苏嵊山(今属浙江省),并在上海设立办事处。1931 年,嵊山改为附设的指导所,试验场迁往上海。试验场研究工作分为技术、推广、事务三部分,重点是海洋调查和海洋渔业试验。该场原计划在场内另设一海洋调查所,但因为资金不足而作罢。水产试验场建场后进行不少海洋调查,如对嵊泗列岛渔业进行调查等。该场有蒸汽机渔船一艘,用作海洋调查兼事捕鱼生产。该场主要日常工作有:(1)渔业调查。先后进行的有嵊山墨鱼渔业调查,嵊山螟蜅鲞调查,泗礁渔业调查,嵊山带鱼渔业调查,小黄鱼渔业调查以及江苏外海各岛渔业调查。(2)捕捞试验。主要有墨鱼渔业试验,单拖网加高网口

〔1〕《上海渔业志》编纂委员会编:《上海渔业志》,上海社会科学院出版社,1998 年,第 382 页。
〔2〕 程梯云:《江苏外海山岛志》,《江苏研究》,1932 年第 1 卷第 6 期,第 6 页。

试验,网板改良试验。江苏省立渔业试验场使用的船只,最初是租用海兴、镇宁渔轮,后来从英国买到一艘蒸汽渔轮,改装重油发动机,命名为"连云"号。(3)渔业技术推广,指导渔民改进旧式渔业,了解渔民组织和渔业经济等。该场实际进行过的海洋调查还有以长江口外铜沙灯船为起点,向正东90海里及以嵊山为起点向东北方向的海洋横断观察。1937年,因为日本发动战争而被迫停办。

总的说来,民国时期的水产教育及科研,虽然步履维艰,但仍然取得了一定的成绩。

除了创办水产科研、教育机构以外,还有一些专业性的水产期刊出现,如上海鱼市场的《水产月刊》、上海渔业指导所的《上海市水产经济月刊》、江苏省渔业试验场的《渔况》、上海市渔管处的《新渔》等刊物,这些刊物也是近代渔业科技进步的表现。

《水产月刊》创办于1934年6月,于抗日战争期间停刊,1946年复刊,1948年底因解放战争而停办,上海解放后又出版了几期,该刊前后共出版50余期。《水产月刊》的内容主要涉及鱼类学、渔具渔法、渔业行政、渔业资源调查、水产知识普及、上海鱼市场的营业统计、国内外渔业新闻等,是一种渔业科普性的读物。

《上海市水产经济月刊》创办于1932年,至1937年停刊,共出版60期,是民国时期出版期数最多的水产刊物,主要内容为上海鱼市场鱼价变动、鱼市场的吞吐量等水产品交易的统计数据,也有一些水产业务相关的论述。

《渔况》于1931年6月创刊至抗战开始后停刊,共出版50余期,内容主要是江苏省的渔业情况、渔政设施、渔业政策法令、渔业生产经验报告、水产市场简报、水产新闻等。《新渔》于1948年7月创刊,至1949年停刊,总共出版10期,该刊物宗旨是"为增进国人对新式渔业的认识""积极推进机轮渔业的发展",[1]所以内容基本上都涉及这些方面。

总之,这些水产期刊向民众介绍了大量有关捕捞、养殖、水产品加工方法、水产品贸易等渔业专业知识,是近代太湖渔业文化发展在渔业劳动力资源教育培训领域的一个巨大进步。

---

[1] 《〈上海市社会局〉〈新渔〉杂志月刊、新沪通讯社等》,上海市档案馆档案,全宗号 Q6,目录号 12,案卷号 128。

六、"看不见的手"与渔文化发展

"看不见的手"即市场,近代,江南渔业生产方法的改进和渔业科技的进步,促进了社会分工的扩大,提高了渔业经济活动的效率,推动了渔文化进一步走向繁荣。而在贸易领域,渔获物贸易方式的近代化即"市场机制"的引入是江南渔文化发展的另一个亮点。

传统的贸易方式主要通过鱼行和鱼市进行,江南各地的集镇里,各种农、鱼产品的交易都有"分区"。明清时期,江南各地渔获物交易普遍通过"鱼行""鱼市"完成。"鱼行""鱼市"密布集镇,交易规模小、分散经营,它们"各立门户,各自为政",这是由封建社会小农、小手工业者和小商、小贩的生产条件和生活环境决定的。然而,直到 20 世纪 30 年代以前,"鱼行(或鱼市)的设备和交易方法依然按照百年以前的成规",[1]经营方式比较落后和低效,因为鱼类产品难以保鲜,容易变质。鲜活的水产品具有"市场的完全竞争性",无法像钻石、古董等商品那样可以待价而沽,或是选择性收藏。

鱼行是鱼类贸易的场所,"行"具有专业性,也内含行业内规定的交易程序和方法等内容。

鱼行作为水产品交易性场所产生于 17 世纪中叶,当初建立的使命是"代客买卖","代理"也是贸易分工的一种特殊方式,能节省渔民的劳动时间,也能增加相关市民的就业。"鱼市"和"鱼行"产生后,在江南各地生命力旺盛。如明清时期,南京自镇淮桥口至沙湾饮马巷口之间,鱼盆夹道。

康熙六年(1667 年),上海地区已经有了鱼行。乾隆年间,上海的海味行在小东门一代开设,专营海味水产品。上海的鱼行起源地在十六铺小东门大街,这里后来有了"鱼行街"之称。道光三年(1823 年),上海瞿长顺淡水鱼行开设,从此,上海的海味鱼行和淡水鱼行开始分开经营。

苏州鱼市俗称鱼摊,据顾禄《枫桥倚棹录》称:"(苏州)鱼市,亦谓之鱼摊。日过午,集于虎丘山门之大马头、二马头,谓之'晚鲜'。""同善桥,在普济堂东,俗呼'庄前浜路',又名小普济桥……桥内多卖鱼妇,聚族而居。"[2]同一时期,

---

〔1〕 严慎予:《一个集体营业的实验》,《水产月刊》,1937 年第 4 卷第 5 期,第 1 页。
〔2〕 转引自苏州市水产公司编:《苏州水产供销史》(内部),1990 年,第 4 页。

因为商品经济的发展,在水产品市场,牙行遍布,牙人的活动十分活跃,苏州至今还保存有天聪元年(1627年)苏州府永禁南濠牙户截抢海味鲞货客船的碑刻。据《古今图书集成》记载:"货物店肆,充溢金阊……远方贾人,挟资以谋厚利,若枫桥之米豆、南豪制鱼盐药材,东西江之木排,云委山积"。

清末,太湖流域各地鱼行鼎盛,渔文化发展进入一个繁荣期。上海有鱼行20—30家,南京有鱼行50—60家,苏州已经拥有规模较大的鱼行20余家,无锡城内光鲜鱼行就有10余家。清末民初,太湖流域各地鱼市场营业趋于繁荣,如常熟福山港有"鱼市"之称,这里不仅鱼类产品交换频繁,而且捕捞业兴盛。[1] 常熟梅李集贸市场上,"水产品由鱼摊代销,收取手续费"。[2] 在吴县胜浦的前戴墅集市,农民把自产的蔬菜、瓜果上市出售,渔民也将鱼、虾等水产品上市出售。[3] 昆山内河渔民千家渔船日出湖港,夜归集镇,清晨在乡镇或县城出售。昆山的鱼行、鱼贩拥有实力的大户不少。当时,鱼行、鱼贩遍及各乡镇,尤以玉山镇为中心。

近代,江南渔文化发展的重要表现是水产品市场化程度的不断提高,交易效率提升,各地鱼市场可谓"遍地开花"。至民国时期,各地的"鱼行""鱼市"发展更为迅速,许多比较大的城市纷纷建立鱼市场。如在嵊泗,据有关资料记载,20世纪30年代上半期,崇明县属嵊泗列岛中仅嵊山一地就有鱼行14家,外有沈家门帮鱼行4家,福建帮鱼行5家,台州帮数家,渔汛过后则各回原籍。本岛鱼行开设地点、行主姓名如下表所示:

表3-9　20世纪30年代初期嵊泗列岛各鱼行开设情况[4]

鱼行牌号	开设地点	行主姓名
颜德兴行	西嘴头	颜友法
魏万成行	水坑	魏永顺
万昌	水坑	程梯云
夏春记行	龙眼山潭	夏春茂

〔1〕 福山镇人民政府:《福山镇志》,东南大学出版社,1992年,第194页。
〔2〕 梅李镇人民政府:《梅李镇志》,古吴轩出版社,1995年,第312页。
〔3〕 胜浦镇志编纂委员会编:《胜浦镇志》,方志出版社,2001年,第169页。
〔4〕 资料来源:江苏省立渔业试验场编:《嵊山渔村调查》,上海市立图书馆藏,1935年,第73—74页。

续　表

鱼行牌号	开设地点	行主姓名
万春	龙眼山潭	何阿林
吴茂兴行	龙眼山潭	吴阿毛
王万茂行	龙眼山潭	王钦玉
年丰	一粒珠	徐林生
公益	一粒珠	吴梅有
邱万兴行	南沙角	邱阿宝
合利	南沙角	锺锡坤
顺利	裹百步	夏杏表
朱顺利行	水坑	朱传品
大同	南沙角	沈高亭

至 30 年代后半期,崇明县属嵊泗列岛中的嵊山和泗礁两个小岛就有鱼行36 家。[1]

"八一三事变"爆发前夕,上海共有鱼行 80 多家。因为经营规模较大,每天渔获物的吞吐量也很大,上海的鱼行又分海水鱼行和淡水鱼行,鱼行主要集中于十六铺的小东门大街及附近一带。中日战争期间,上海鱼行增加到 230家。至 1949 年末,上海本地还有鱼行 200 多家。

民国时期,苏州鱼类批发商(牙行)分鲜鱼行和腌腊鱼行(咸鱼、海水鱼和咸肉)两个行业,行业分工促进了贸易效率提升。苏州鱼类零售业务咸鱼有腌腊鱼店和摊贩,鲜鱼只有摊贩没有鲜鱼店,节省了交易时和店铺的房租成本。民国年间,苏州的鱼行变化较大,1933 年 10 月 12 日以前,全市共有洽升泰、正大、万康、洽大、协兴祥、人和昌、公泰源 7 家腌腊鱼行,而到 1947 年,仅山塘一条街的咸鱼行就多达 43 家。[2]

上海宝山县吴淞镇也是上海著名的鱼市,这里每年春夏之交,因为有黄花鱼渔汛,沿外马路有鱼行一二十家,专业经营黄鱼等海鲜。货源有来自吕泗洋面一带的北海鲜(咸黄鱼),渔户以山东、苏北一带的渔民为主,他们共有渔船

[1]《嵊泗列岛视察团报告书》,上海市档案馆档案,全宗号 Q464,目录号 1,案卷号 568。
[2] 苏州市水产公司编:《苏州水产供销史》,1990 年,第 4 页。

200 多条;有来自浙江舟山等地的南洋鲜(冰黄鱼),渔户有本县渔民,也有江浙渔民,共有渔船 100 多条。每年谷雨季节以后,三个汛期每半个月左右往返一次,黄鱼集中在吴淞销售,转销市区、本县和邻县各市场。向吴淞渔户交售黄花鱼的渔户,一般在出洋前,向鱼行租用船、网,借贷伙食等费用,所获鱼货归鱼行承销,交纳行佣,抵还贷款和利息。[1]

1949 年以前,上海县和新泾区、龙华区及纪王地区有私营鲜鱼行 60 家、咸鱼行 12 家,闵行设有 7 家,北新泾 6 家、新庄 5 家、纪王 4 家,其他乡镇各二三家、一二家不等。[2] 青浦城厢、朱家角、练塘、金泽、白鹤、重固 6 个镇上设有鱼行 27 家,方家窑有一鱼市场,为本县和江浙渔船的集散点,所产水产品大部分运往上海市区。[3]

上海迅速崛起成为中国第一大都市之后,昆山 30% 水产同其他农副产品一样涌进上海市场。民国年间,昆山水产经营商分鲜鱼行和腌腊鱼行(咸肉、咸鱼和海水鱼)两个行业,而以鲜鱼为主,价格以水产品的质量、等级、规格为依据,活鱼活价,死鱼死价。鲜鱼以青鱼为基价,青鱼与米比价,或鱼跟猪肋条肉价跑。1936 年,青鱼每担 49 元,折粳米 2 石半,草鱼每担 42 元,折粳米 2 石,等于 100 斤猪肋条肉,鱼价基本稳定。1942 年,昆山全县鲜鱼行共有 34 家,资本为 6575 元,职员 90 人,工人 38 人,其中规模较大的,陈墓 2 家、月墅 3 家、茜墩 6 家、石浦 4 家、巴城 2 家、陆家桥 2 家、新镇 1 家、陆家浜 3 家、张浦 1 家。当中以玉山镇的 6 家资金最丰。昆山的鱼行均沿河而设,由于昆山地处苏州、上海、浙江等必经的要冲之地,鱼行还将生意扩展到上述区域。是时,城区北城河岸边的柳正兴鱼行和葛公茂鱼行,各自备有 50 吨船只和雇员 3—4 人,时而到吴县陆墓、胥口进青鱼、草鱼,时而往浙江嘉善、嘉兴运黄鳝。这两家店面不大,但货源充足,品种较多,实力雄厚。乡镇鱼行中,属巴城麟友鱼行规模最大,行主赵国兴、毛兆龙除自备 50 吨渔轮一艘外,还拥有一座 2 吨的简易冷库,每天往返苏州、上海,销鱼、虾量达数十担之多,其经营规模及装备在昆山颇有名望。[4]

在常州,民国初年有邑人金某某在西门仓桥开设"金公兴"鱼行,至二三十

〔1〕上海市宝山区地方志编纂委员会编:《宝山县志》,上海人民出版社,1992 年,第 233 页。
〔2〕上海县县志编纂委员会编:《上海县志》,上海人民出版社,1993 年,第 696 页。
〔3〕上海市青浦县县志编纂委员会编:《青浦县志》,上海人民出版社,1990 年,第 372 页。
〔4〕《昆山市商业志》编纂委员会:《昆山商业志》,上海科学技术文献出版社,1995 年,第 78 页。

年代,常州市陆续开业的鱼行发展到十几家,当时影响比较大的有东门的周炳海的"协盛"、杨根大的"杨聚兴"、陈荣生的"沅兴"鱼行,南门梁宝书的"乾兴"、金焕生的"合兴"、相杏林的"协兴"、龙治成的"久丰"鱼行,西门金敖坤的"金公兴"、邵朝海的"公顺沅"、张银达的"协顺兴"鱼行,北门陈南屏的"陈公记"、周跃炳的"周顺成"鱼行。

鱼行、鱼市采取"对卖"的交易方式,这一交易方式在江南各地,比如上海、苏州、无锡等地都比较普遍。在江南各地的现代化鱼市场建立以前,鱼行为水产品交易的主要场所。渔民或运销商运来的水产品,都要委托当地的鱼行代销。如果已经向鱼行借过贷款的,必须委托已经借贷的鱼行代销。这是一种比较普遍的交易方式,被称为"对卖",即渔民将渔获物一次性全部交给鱼行,由鱼行进行零售。"对卖"是苏南渔业经济发展和渔业专业化分工不断深化的产物,提高了交易的效率。因为一切成本在本质上都是对时间的耗费,所以"对卖"对于渔民而言,既节约了时间,又降低了交易的成本。

看江南鱼市场的运作过程和方法,即一条渔业产业链是如何分配财富的,也能模糊地推算出弱势的渔民辛苦的劳动成果是如何在市场中流失的,这也是导致渔民贫困的原因之一。

在鱼类交易比较集中的上海,海水冰鲜鱼一般在船上交易。冰鲜鱼的贸易方法是:运载海水冰鲜鱼的帆船到达十六铺码头以后,先由货主找海鱼行,或者由海鱼行派员上船,双方洽谈代销事宜。一旦谈妥,立即就在船上开舱出售,此举可尽量保证鱼类新鲜。出售完毕,当日结算货款,这样做会使贸易效率提升,增加买卖双方的经济效益。在货主离沪时,买方先付给鱼款的60%—70%,其余约期付清。[1] 鱼行在交易过程中向货主收取佣金8%,"即售出鱼价每值洋百元者,抽收佣金八元";[2] 另向买客(鱼贩)收取手续费7%(称外佣)。此外,尚须扣除名目繁多的费用,如:[3]

公川:3厘(每百元收3角),其中1厘由鱼行交给冰鲜鱼行同业公会(敦和公所),其余2厘则为鱼行收入。1厘名为栈费,1厘名为保险费。

现扣:货主大都在鱼货售出后,急需现金,所以鱼行乃有现扣之名目。现扣规定1分,即鱼款1000元扣除10元。

〔1〕《上海渔业志》编纂委员会编:《上海渔业志》,上海社会科学院出版社,1998年,第250页。
〔2〕屈若搴:《上海冰鲜鱼行之现状》,《水产月刊》,1934年第1卷第1期,第9页。
〔3〕同上。

秤手费：3厘，为鱼行秤手的公积金，交职工组织友义会(附设于敦和公所)存储，并利用一部分利息兴办敦和小学等福利事业。秤手在脱离鱼行工作后，才能提取称手费。

扛力：1厘，为鱼行老司务的收入。每当旧历年初第一次交易时需扣双倍。

灯捐：冰鲜渔船每进口一次缴纳8角。

会费：事实上是报关费，每船进口一次6元，由鱼行代办扣交。

护洋费：冰鲜渔船在外海易受盗劫，由渔会出费联系护洋舰艇从事护航。冰鲜渔船进口每次20元，由鱼行代为扣缴。渔船有自卫枪械5支以上者减半。

码头捐：每船每次进口扣缴2元。

印花：鱼行向货主收取佣金和其他费用后，为表示对于冰鲜渔船伙友好感起见，略给津贴，主要有：

(1) 轮布：开始赠送布匹，后改为现金，每船每次进口，由鱼行给予船上伙友5元。

(2) 折花：按售出价值计算，每千元18.84元，宁帮给冰鲜渔船的老大，台帮则给船上伙友。

(3) 伙食：冰鲜渔船委托鱼行售鱼时，鱼行供给船上伙友膳食，每船每天3元，即每次赠送酒资2元、添菜1元，但以鱼货售出后的3天为限，3天后不再供给膳食。

淡水活鱼、渔轮和桶件鱼货均起卸至岸上交易。其结算付款、收取佣金和其他费用大体上与冰鲜海水鱼相类似。

1936年2月2日起，因鱼市不振，鱼行取消原有回供给船户的插花、折布、折酒、折饭等，但每船每次由经售鱼行供给灯笼20盏。

鱼行开市，大多在每天凌晨2—3点。当时上海鱼行大多集中在十六铺一带，鱼市的范围，东至招商局码头(今十六铺客运站)，西至民国路(今人民路)交界处，南到东门路铁栅栏，北至舟山路(今龙潭路)。各鱼行的门口都设置有临时账桌。有的鱼行距黄浦江边较远，在冰鲜渔船码头附近的路旁，临时架设电灯柱营业，名为"出摊"。鱼贩则背负箬筐团团围观，物色对路鱼货。选定后，放下箬筐装鱼，过秤付款，然后呼喊"野鸡"(专门从事扛抬的脚力工人)将鱼搬运到各菜场零售给消费者。

随着渔业经济的发展和鱼类交易量的不断扩大，分散的"鱼行"或"鱼市"已经难以适应社会经济发展的要求，至20世纪30年代中后期，在太湖流域各地区中心城市,如上海、南京、苏州、无锡、常州、镇江、湖州、嘉兴等地,规模较大而集中的专业鱼类交易市场不断涌现,在常州,30年代后期就有"合新顺"和"合兴"几家鱼行聚集在"尉史桥"东墩设立鱼市场,在关河路的"罗浮桥"也有过同样的鱼市场。[1]太湖流域比较集中和专业的近代鱼市场,规模最大和最现代化的要数统一的上海鱼市场。

　　江南现代渔市场的建立。各地"鱼市""鱼行"数量的激增和交易量的扩大,最终促成20世纪30年代上海统一的鱼市场的建立,这是近代的太湖渔业经济和渔文化发展的一个最大的亮点,如时论所评:"上海鱼市场的建立,开创了集体经营渔业的新纪元。原来的鱼行设备和经营的方法,仍然是百年以来的成规,自上海鱼市场成立,采用近世进步之设备,改革合理之交易方式,使百年来各立门户各自为政的状态,一变而为集体经营,为数千人有组织之营业,这是我国渔业市场之一大转变。"[2]

　　1933年,国民政府实业部"一为调剂供求平准市价,二为推广销路避免滞销,三为改进捕捞方法增加生产,四为改良交通工具便利运输并为救济渔村衰落减轻渔民负担起见",[3]计划在上海设立大规模鱼市场一所,"举凡卸卖、仓库、冷藏、运输、气象报告,与夫渔业借贷事宜,莫不悉在计划之中"。[4]1934年1月5日,国民政府行政院第141次会议通过设立上海鱼市场的方案。根据《实业部上海鱼市场计划说明书》,上海鱼市场的设立,不仅能调剂供求,平准市价,还能增加渔民收入,复兴渔村经济。[5]

　　建立鱼市场利在何处?若建立鱼市场,就可以先将渔民的渔获物集中起来,市场管理者和经营者依据成本和需求变化的状况随时制定和调整水产品的市场价格,使渔民得以偿其劳力,免受鱼行、渔霸及官府等层层剥削之害;中小鱼商贩卖鱼市场上的水产品,所有价格均被规范在同一水平线上,自然没有因为价格高低差异而互相竞争之事发生了。[6]至于外来渔获物的倾销,"虽

〔1〕　常州市水产公司编:《常州市水产供销史》(审核稿),常州市水产公司编史办公室1984年11月编印,第1—2页。
〔2〕　严慎予:《一个集体营业的实验》,《水产月刊》,1937年第4卷第5期,第1页。
〔3〕　《上海鱼市场概况》,上海市档案馆档案,全宗号Q464,目录号1,案卷号1043。
〔4〕　余恺湛:《水产月刊发刊词》,《水产月刊》,1934年第1卷第1期,第1页。
〔5〕　《实业部上海鱼市场计划说明书》,《水产月刊》,1934年第1卷第5期,第3页。
〔6〕　〔美〕加里·贝克尔、凯文·墨菲:《社会经济学——社会环境中的市场行为》,陆云航、唐为译,人民出版社,2014年,第5页。社会力量与市场之间的双向互动的。所以建立统一的鱼市场对渔民社会及中国的消费者都有积极意义。

非鱼市场所得制止,然可由主场政者制定方案,请求政府重征鱼税,同时约束鱼商,科以重律,于此虽不足以使外鱼绝迹,要亦未能如前此而喧宾夺主也"。[1]

如果设立鱼市场,则"在目下渔业衰落,渔民鱼商交受其害,而外鱼尽量压迫之时候实为唯一之补救方剂。有此而渔民之利益可保,渔民之生活始可改变提高;有此而鱼商之倾轧可免,操纵居奇之弊可除;有此而对国内外鱼类产销之统计与渔业之状况,方有确切之数字与认识"。[2] 若诚能设置鱼市场,则可以依靠政府的力量,在渔汛者无所逞其倾销,输出者无所虑其耗折,法虽异乎均输意则无是过也。"[3]渔业经济统制的实施办法,根据当时人的研究,确立为"鱼市场"、"渔业经济"和"渔业管理"3 项,而"鱼市场乃渔业统制之枢纽。"[4]

鱼市场是水产品交易的机制,也是一个渔政机构。当时,建立规模较大的专业市场非常有必要。因为现代化的鱼市场建立以前,各地水产市场五花八门,异常混乱,"虽罄南山之竹,独难写绘以俱躬"。[5] 也就是说,因政令不一,各地的鱼市场都是各自为政。市场中的鱼行既是买方垄断,同时又是卖方垄断。鱼行依靠特权,低价买进,高价卖出,占有巨大的利润空间。鱼行操纵渔民和广大消费者,致使"业渔者祇知以血汗得来之渔获物求其脱售,市价之高低,一任渔行之操纵,受其宰割剥削,犹以为理所当然,终岁勤劳,上之不能事父母,下之不能以畜妻子,生活之苦况,如处地狱"。[6] 又因水鲜产品比起其他农产品具有极端的"完全竞争性",[7]加上大的鱼商唯利是图,凭借资金优势,"或则贬价竞争,破坏同行之利益;或则奇货可居,任意扰乱市场,其下焉者嗜利忘仇,或则锐意为之倾销,或则冒混以为国货;至乎其极,市价既乎混乱,同业又复倾轧,营业之不振,无待著蔡"。[8] 由此可见,为发展渔业,拯救贫困的渔民,必须建立统一的鱼市场。

---

[1] 君一:《渔业统制政策之实施》,《水产月刊》,1934 年第 1 卷第 1 期,第 3 页。
[2] 同上。
[3] 同上。
[4] 潘公展:《对于上海鱼市场之愿望》,《水产月刊》,1937 年第 4 卷第 5 期,第 3 页。
[5] 君一:《渔业统制政策之实施》,《水产月刊》,1934 年第 1 卷第 1 期,第 2 页。
[6] 同上。
[7] 完全竞争性的产品主要是农产品,如小麦、大米、一般的水产品等,因为在这些产业中有无数的生产者即"供给者"和无数的消费者即"需求者",两者中的任何一个个体因为影响市场的力量太小,在没有政府管制和市场垄断存在等情况下,任何一个"供给者"和"需求者"的行动都不足以影响产品的价格。
[8] 君一:《渔业统制政策之实施》,《水产月刊》,1934 年第 1 卷第 1 期,第 2 页。

基于此,1933年,国民政府实业部于上海设立大规模鱼市场一所,鱼市场的业务,"专营各种鱼介类及其制品之委托交易并兼营运输、冷藏、加工改制鱼货等附属事业"。1936年5月11日,上海鱼市场举行开幕典礼,次日凌晨正式营业。1937年"八一三事变"后,上海鱼市场业务被迫停顿,市场仅留少数人员办理结束事宜,其余暂行解散。至9月15日全部结束。1945年11月鱼市场借用齐物浦路10号地址复业,[1]直至上海解放前夕,鱼市场的变化、经营状况及对于苏南和全国水产业的意义前文已有详述。

总之,统一的鱼市场的建立,强化了政府在渔业经济活动中的职能,尽管由于种种"干扰",强化的结果未能尽如人意。

上海鱼市场成立之初,有理事15人、常务理事5人,理事长杜月笙,总经理王晓籁,下设总务、营业、会计等课,另设秘书、技师、稽核、顾问、咨议等职,共有员工170余人。后来市场规模不断发展壮大。抗战胜利后上海鱼市场复业,至1949年解放前夕,有职工240人,驻场警卫41人,便衣警卫8人,工友168人,合计457人。[2]

上海鱼市场场址系租用浚浦局新填定海岛(今复兴岛)土地共4.54公顷,江岸线长335米。1935年元旦奠基,至11月15日竣工。

按照古典经济学理论,市场的大小是经济增长的函数,也就是说,经济增长与市场扩大有着密切的正相关关系。上海统一的鱼市场的建立,是晚清和民国建立以来苏南地区渔业经济发展,太湖流域各地鱼行、鱼市数量激增和交易量扩大的必然结果。统一的鱼市场就是苏南渔业经济运行的"枢纽",它的建立对太湖渔业经济的发展意义重大。

上海鱼市场的主要建筑为:鱼市场办公大楼(屹立在市场的中心),楼高7层;拍卖场,占地面积1517平方米;冷冻设施,占地面积1788平方米,有冷藏库5间,制冰室1间,冷冻室2间,机房2间及处理室数间;经纪人办事处,面积1429平方米,共2层52间。

鱼市场的主要业务为"专营各种鱼肉类及其制品之委托交易并兼营运输、冷藏、加工改制鱼货等附属事业";上海鱼市场的从业人员有两大类,一为渔民,二为鱼贩,二者以此为交易的地点,"凡外海内河之渔户,而以上海为销售

〔1〕《上海鱼市场概况》,上海市档案馆档案,全宗号 Q464,目录号1,案卷号1043。

〔2〕《本场1949年年度工作总结》,《上海鱼市场工作计划报告和集会类》,上海市档案馆档案,全宗号 Q464,目录号1,案卷号1720。

市场者皆属之,每天到埠大小船只多至千余艘少亦百数十艘";鱼贩总计约万余人,工人之直接在场内服务者亦千余人,是类从业人员之生计全视本场营业为转移。"[1]

上海鱼市场经营的鱼类产品有海水产品(包括冰鲜桶头)、淡水产品、咸干制品。市场营业之初,经营的海水产品主要来自江、浙两省的沿海,因距离上海路途很近。后来,因外来侵渔,上海鱼市场经营的海产品大多数来自国外,如日本和俄罗斯等国,国产海味商品逐渐减少。国产鱼类及其他水产品多来自山东烟台、天津、青岛、大连、宁波、温州、福建、汕头等地。经营的淡水产品一为长江沿岸各埠的河鲜鱼,以鲥鱼、刀鱼、鲤鱼、鲫鱼为主;一为江苏、浙江的嘉兴、湖州、昆山、苏州、无锡、常州一带的养殖鱼,经营的品种以青鱼、草鱼、鲢鱼(白鲢)、鳊鱼、鲤鱼为主。市场经营的咸干制品大都来自北方的大沽、烟台、青岛、威海卫、獐子岛、天津、大连以及南方的宁波、温州、岱山、舟山、石浦、泗礁、黄陇、羊山、福建等地,主要有咸鳓鱼、鳕鱼干、咸带鱼、蛏干、蚶干、咸蟹、虾干、白果子、海燕(海蜒)、蛤干等品种。

上海鱼市场成立时举行了开幕典礼,1936 年 5 月 11 日上午 10 时,中国最大的鱼市场正式宣告成立,12 日凌晨 3 时正式营业。《营业规程》第二条规定:"鱼货输入上海市之第一次交易须在鱼市场行之。"[2]原在十六铺一带营业的鱼行以经纪人身份申请入鱼市场集中交易。其交易方式仍然为经纪人(鱼行)居间代客买卖,但不同的是,佣金改由鱼市场规定扣缴 7%,分给经纪人 1.75%,卸卖人 1.25%,此外不得再收其他费用,革除一切陋规。对货主的各项服务,也由鱼市场承担。经纪人(鱼行)向鱼贩客户收货价 1.5%的手续费(外佣)。咸干鱼货采取以样品进行交易的方式。轮运的咸干鱼,由鱼市场估价后再运往十六铺买卖;帆船咸干鱼全部在鱼市场起卸估价后运往十六铺。上海鱼市场自开业起至当年年底共 234 天的营业期内,营业总额就高达 825.51 万元,这种渔业交易企业的建立,使市场经济的优越性得到了体现,水产市场的繁荣对于渔业经济的发展产生了巨大的牵引力。

上海鱼市场"经纪人"很多,业务量也较大。据 1937 年 5 月《上海鱼市场各经纪人号开业后营业数额统计表》统计,当时上海鱼市场内有经纪人瞿长

〔1〕《上海鱼市场概况》,上海市档案馆档案,全宗号 Q464,目录号 1,案卷号 1043。

〔2〕《上海鱼市场股份有限公司营业规程》(1936 年 5 月实业部核定),《水产月刊》,1936 年第 3 卷第 5、6 期合刊,第 65 页。

顺、同仁昌、裕润、衡泰、永泰、沈宝记、福记、顺天、茂源等 42 号,主持人分别为瞿鹤鸣、孙以澄、李春芳、蔡岳、凌一航、沈宝兴、吴鸿昌等,各经纪人的资金总额 5 万左右,经营额每号每年数千万至上亿元。[1]

上海鱼市场建立后不久,因为抗日战争全面爆发,上海沦为"孤岛",鱼市场落入日寇之手。上海沦陷后,太湖流域的渔业经济发展的这一"亮点"黯然失色。其后续命运如何? 此处略作考察。

从上海沦陷至解放前夕,上海鱼市场历经了沦陷期和战后重建期两个变化阶段。

先看沦陷期间的情况。上海沦陷后,原在定海岛的上海鱼市场因为被日本侵略军占领,市场内的鱼行纷纷迁回十六铺原址营业。[2] 1938 年,日伪政府渔牧司司长张柱尊,勾结日本占领军当局商议恢复上海鱼市场。后经双方议定,在杨树浦齐物浦路成立伪上海鱼市场,占地 2.08 公顷(1943 年 7 月与公共租界工部局立有买卖契约)。成立之初,双方开始时商议暂定资金总额为日金 10 万元,双方各认缴一半,并议定营业期限为一年,推选理事、监事呈报伪政府立案。1938 年 7 月 25 日,伪上海鱼市场借上海日人俱乐部举行创立大会,同年 8 月 15 日,伪上海鱼市场开业,次日起正式营业。同年 11 月 6 日起,伪上海鱼市场归并于汉奸张君一、李梦鱼等成立的"华中水产公司"管辖。伪上海鱼市场的理事长为日本人竹崎正丑,场长为日本人福岛忠夫,中国的李家生为总经理。该市场订有《华中水产股份有限公司上海鱼市场业务规程》,1940 年 4 月 22 日起施行,其内容与 1936 年 5 月订立的《上海鱼市场股份有限公司营业规程》基本相同。

伪鱼市场建立后,为统制进出上海市场的鱼货,规定十六铺的鱼行不能以分支机构形式进上海鱼市场交易。十六铺有些爱国的鱼行老板,如黄振世、王云浦等,宁愿关闭歇业,也不为日本人利用,他们还组织"渔业复兴研究社""鲜咸鱼行联合办事处",联络法租界当局及法商抵抗敌伪势力。为避免敌伪耳目,便于疏通来源,他们不得已在往来渔船上悬挂中立国(如美国、法国、波兰等)旗帜,利用外商名义向外海内河各渔区采运鱼货,以供应市场需要,"一时

〔1〕《上海鱼市场各经纪人号开业后营业数额统计表》(廿六年五月),《水产月刊》,1937 年第 4 卷第 5 期,第 67—69 页。

〔2〕 渔业复兴研究社编印:《险敌八年上海渔业之概况及未来建设之希望》(1945 年 11 月 30 日),上海市档案馆档案,全宗号 Q464,目录号 1,案卷号 979。

颇为顺利,鱼货到沪源源不绝,十六铺一隅鱼市,于是渐臻繁荣矣"。[1] 但是,好景不长,日军以夺取渔业为一大侵略目标,有的汉奸不惜为虎作伥,如张君一、李梦鱼等,向日军献媚讨好,于杨树浦麦克利克路 35 号成立"华中水产公司",以此统制整个渔业。"渔业复兴研究社"为防止敌伪势力进一步入侵,策动渔业分子组织"中法渔业公司",以借助外商力量与敌伪抗衡,但力不能敌,在 1938 年 8 月伪上海鱼市场开业之时,十六铺方面的鱼贩、鱼商被阻止参加。但是李梦鱼等汉奸变本加厉,向日军献计勒扣渔船,十六铺的鱼货来源因此全部被统制,不少鱼行动摇,改头换面加入伪上海鱼市场,只有顺大、茂源、源裕、洽丰、公大、升昌、大和、志成、久记等十家鱼行深明大义,终不变节,但营业萧条,从此十六铺鱼市又告凋零,而"中法渔业公司"等呕心沥血与敌伪周旋,也尽到最后的力量,至 1939 年终告结束,而"鲜咸鱼行联合办事处"则继续作消极抵抗。[2]

抗战时期,上海游资充斥,造成社会经济的畸形繁荣,渔业也不例外。爱国人士组织"渔业复兴研究社",该社有感于渔业金融作为发展渔业的动脉,极为重要,于 1941 年秋推动创设渔业银行,"以继前实业部渔业银团未竟之使命",当初额定资本总额 120 万元,因为倡业宗旨纯为渔业着想,颇得业内人士的赞许,一时间,投资踊跃,不久即告成功。该银行信守"调剂渔业金融、扶植渔民生产、发展鱼商事务、促进渔区繁荣"四大信条,埋头苦干,虽然资金有限,但是渔民、鱼商"所得该银行之泽被,殊非浅鲜"。该银行为上海鱼市场和渔业的发展做出了不可磨灭的贡献,是抗战时期上海伪鱼市场中的一股正义的力量。

1943 年初夏,李梦鱼欲扩张恶势力于十六铺各鱼行,意图垄断我国的渔权,于是,勾结伪粮食局和伪社会局,拟将上海市渔会及冰鲜、咸鱼、河鱼三同业公会归自己掌握。当时同业鉴于十六铺各鱼行饱受伪上海鱼市场压迫之苦,所以深恐公会再入豺狼之手,于是三公会共同推举黄振世向伪粮食局交涉,以挽救十六铺鱼行于垂危,黄振世不得不勉允所请,当水产同业公会成立之初,即向伪鱼市场交涉,收回鱼市场,归十六铺鱼行自办。[3]

抗战期间,日本帝国主义势力所到之处,都充分施展他们的侵略狡计搜刮

---

[1] 渔业复兴研究社编印:《险敌八年上海渔业之概况及未来建设之希望》(1945 年 11 月 30 日),上海市档案馆档案,全宗号 Q464,目录号 1,案卷号 979。

[2] 同上。

[3] 同上。

百姓,太湖流域各地鱼市场因此饱经灾难。日本人及汉奸在南京、无锡、镇江、等处,遍地设立伪鱼市场及办事处,搜刮渔利,盘剥渔民。仅以上海伪鱼市场而论,内部设有冷藏、制网、腌制、制罐、鲞殖、鱼肝油制造厂等,搜刮膏脂无数。

关于上海鱼市场抗战期间的损失情形,档案资料记载:"查本场定海桥原址房屋部冷藏库已完全坍毁,水塔倾斜,办公室大楼亦损坏不堪,门窗俱无,第二竞买场已成废墟,沿码头之仓库亦完全坍毁,其他部分,如屋内一切生财装修物资全部无存,浮码头亦全部查无着落,但在二十六年沦陷时房屋无恙未遭兵燹。所有内部设施如冷藏库、机器、浮船、浮桥生财物资等等系在敌军占领期内被敌伪抢移变卖。所有房屋本为敌海军占驻,直至去年夏季遭盟机轰炸始告毁坏。现有幸存者,殆不及原建筑十分之一。"[1]这一真实的记载不过是日军对上海鱼市场等有形的建筑物等设施的破坏。除此之外,日本侵略势力还联合汉奸对占领区的渔业进行经济统制,采取种种恶毒的经济、政治甚至军事手段打压上海渔业的发展,给太湖流域的渔业经济带来毁灭性的灾难。

抗日战争胜利后,1945年8月24日,唐承宗奉农林部令来沪负责抗战胜利后的水产业接收工作。唐承宗认为"鱼市场是一个进步的渔业机关,它的对象是渔业经济行为的全部过程,它和捕鱼者、卖鱼者、吃鱼者全都要发生关系",[2]是一个极为重要的机关。于是,他与前实业部鱼市场经协理朱开观、孙毂臣、金楚湘,并会同水产专门人员王云浦、张乃高、陈叔易、陈仲平、陈祝年、张楚青、杨月庵、冯克方等人,分别办理接收事宜。同年8月31日农林部又加派杜月笙、王晓籁会同唐承宗办理接收。11月1日,鱼市场临时办事处成立。因定海岛(今复兴岛)原址已遭严重破坏,11月2日,临时办事处在接收的杨树浦齐物浦路(今江浦路)10号华中水产公司上海鱼市场场址先行营业。1946年2月28日临时办事处结束。市场方面,由唐承宗、朱开观二人专职主持,渔轮、工厂各部财产则交由农林部特派员办事处暂时保管。3月1日,上海鱼市场正式复业。在鱼市场复业之初,偶尔有一部分以前在伪市场营业的鱼行,因为不明真相,曾鸣锣聚众,捣乱市场,后经调解,才相安无事。5月21日起,鱼市场借上海广播电台于每日上午9时至9时5分播送上海鱼市场商情。同年9月,鱼市场将定海岛场址出借给"渔业善后物资管理处"使用。1947年

---

〔1〕《上海鱼市场概况》,上海市档案馆档案,全宗号 Q464,目录号 1,案卷号 1043。
〔2〕唐承宗:《上海鱼市场复员经过及今后之计划》,《水产月刊》(复刊),1946年第一期,第6页。

1月，市场重新选举了理监事和总经理、副经理。根据 1947 年 8 月 25 日上午
10 时在上海中汇银行会议室召开的理监联席会时留下的《上海鱼市场第二十
六次理监联席会议纪录》，可知上海鱼市场股份有限公司理监事虞振镛、朱开
观、詹克峻、董克仁、唐承宗、杜月笙、侯朝海、杨志雄、方椒伯、刘发煊、刘鸿生、
瞿鹤鸣等出席了会议，共谋发展。[1] 不久，上海鱼市场修订了《官商合办上海
鱼市场股份有限公司章程》和《营业规程》，营业逐渐正规化。

　　1947 年，上海鱼市场购置长短波 5 灯，收音机 10 架以及天线干电全副，送
请农林部江浙区海洋渔业督导处分给江浙渔区渔民使用，旨在帮助江浙海区
的渔民预防飓风袭击。这些长短波收音机由上海鱼市场分给浙江定海县沈家
门、玉环县坎门、平阳县鳌江、象山县石浦、临海县梅梨港、定海县六横岛、衢山
岛、长涂岛，以及江苏嵊山岛、泗礁岛（今属浙江）等主要渔区，为太湖以及浙江
沿海渔民生产安全和生命安全做出了贡献。

　　1949 年 2 月，上海鱼市场常务理事兼总经理唐承宗因种种原因离沪，他的
全部职务由理事兼副经理朱开观代理，鱼市场正常经营。5 月 23 日上海解放
前夕，上海鱼市场召开同仁工作研讨会议，会议宣告上海鱼市场暂停营业，并
组织员工守护鱼市场的文档账册和所有财产，等待解放。

　　上海鱼市场的建立和运作是太湖渔业经济和渔文化发展史上的标志性
"成果"，虽然近代中国处于多事之秋，上海鱼市场的发展历经坎坷、命运多舛，
但不可否认，上海统一的鱼市场的建立和运作，是太湖渔文化发展的一个繁
荣期。

七、"市场失灵"原因分析

　　江南各地鱼市场从建立至解放初期，应该说拉动了渔业的发展，繁荣了江
南渔文化，但另一方面也存在着严重的"市场失灵"。这种市场失灵的表现是
多方面的，主要是价格往往被人为力量扭曲，不能反映其价值；水产品的供给
和需求量变化极不稳定等。造成市场失灵的原因有很多，如市场中普遍存在

〔1〕《上海鱼市场第二十六次理监联席会议纪录》，《上海鱼市场工作简报及理监事联席会议纪录》，中
　　国第二历史档案馆档案，全宗号 23，案卷号 00511。

鱼行、渔霸等垄断力量,这就导致时有强买强卖的事件发生。还有信息不对称的问题,即卖方和买方各自掌握的信息不对称,在一切商品市场上都存在,包括民间的交易,"买的没有卖的精"。这里不妨以上海鱼市场为例,进行重点解剖。

关于上海鱼市场的"效率"与"公平"需从市场调查来分析。从上海鱼市场的建立和运作过程看,市场中存在着严重的垄断势力,而垄断势必扭曲市场信号,这是导致市场失灵的首要原因。

近代江南各地鱼市场上,水产品贸易都由鱼行垄断经营。[1] 如上海鱼市场的东、西洋行号售货时,都事先分发开货条,并通知同业海味行。在双方约定时间集中看货样以后,再由东、西洋号开盘,海味行则负责核算交易的价格,哪家鱼行还价最高,就与哪家成交,同行业中称之为"暗盘"。"暗盘"表面上看来似乎使得交易颇为公平,其实不然,大型同业公会因与号家有着千丝万缕的复杂关系,所以在开盘前就预留下紧俏的水产品,而且还可以将开盘价格抬高或者可以罢盘(降低价格),这种暗箱操作的陋习长期存在,根深蒂固。

操纵上海鱼市场的主要人物大多是地方势力甚至是地痞流氓,如曾经是上海滩头号人物的杜月笙。当时,定海岛上的上海鱼市场、大世界和上海北火车站是三大黑暗场所,各帮地痞流氓、"黄牛"和恶霸势力汇聚其间,称王称霸。他们在鱼市场交易过程中,强占硬买,极力压斤抑价,甚至不付一文钱。他们往往在鱼市场未开秤(交易)前就抢先进场,因为冰鲜海水鱼一般都是在船上交易的,他们甚至在渔船还未停稳时就强行上船翻舱,将所有的优质鱼货霸占一空,也因此,他们被人们称为"钻舱老鼠"。凡是被他们看中的鱼货,装蔀过秤,一般以实际货物量的6折计算,有的甚至还白白拿走。若有鱼行从业人员加以劝阻,便遭拳打脚踢。尽管人们对此深恶痛绝,但敢怒而不敢言。据说,有个原系南市唐家湾菜场的鱼贩(姓名不详)左手五指全无,绰号"抓手"。1947年,一次泰昌新鱼行一位职工写账问了他名字即遭一拳,险些跌入黄浦江

---

[1] 近代苏南各地鱼市场中鱼行的垄断盛行,如常州的鱼市场,民国时,陈渡桥、金家村和南门的一些鱼行联合组成"城南水产联营处",负责人是金焕生。西门"金公兴"和北门"陈公记"以及东门在内的一些鱼行合并成立"建新渔业联营处",金敖坤是负责人,陈南屏是会计。这两个私业"联营处"基本上垄断了民国末年至建国初期常州市水产贸易的阵地,经营手段仍然是"欺骗"和强买强卖,直至1952年10月"苏南水产运销公司常州办事处"成立之后,1953年底这两个私业联营处才倒闭,鱼市场中的私人垄断势力才烟消云散。(常州市水产公司编:《常州市水产供销史》,常州市水产公司编史办公室1984年11月内部编印,第3页。)

中,白白挨打不说,还得"赔礼道歉"。上海解放前夕,国民党青年军进驻上海鱼市场,这个"抓手"不买账,被吊在鱼市场大门口示众,解放后此人被镇压。另据海产运销联合会理事汪云卿亲身经历所诉:1947 年 7 月 22 日,他运鱼来沪投售,船泊在上海鱼市场码头。清晨,将开秤之际,突有"黄牛党"20 余人蜂拥登船,钻进鱼舱,恃其人多势强,擅自将鲳鱼、大黄鱼盛蓽跃舱而出,不讲市价,压价强买,无异于抢劫。海产运销会得悉派员同往鱼市场警卫室,警卫也无可奈何。汪损失惨重,无力继续经营。[1] 黑恶势力几乎垄断了上海鱼市场中的鱼货交易,既是买方垄断,又是卖方垄断,他们随意压低收购价格,随意抬高出售价格,使鱼货市场价格不能反映其真正价值,扭曲鱼市场的供求量和价格信号,导致市场失灵,造成渔业资源的巨大浪费。

鱼市场在拍卖过程中,还曾经出现经纪人(即鱼行)联手操纵,压价拍卖,强占渔民、鱼商财富的现象。为此,上海鱼市场于 1947 年 3 月 1 日曾一度暂停拍卖,不得不进行整顿。另外,有时因为到货过多,供过于求,即使鱼行低价出售,也无人问津,经纪人曾多次联名要求鱼市场停拍一天或数天,以缓解供需矛盾,但渔轮公司却坚决反对。鱼行联手操纵,虽然是对黑恶势力的抗争,但也形成了控制市场的垄断力量,使得市场不能自由运转,特别是压价拍卖,直接损害了供货方的经济利益,对水产品生产极为不利,也是导致市场失灵的原因之一。

又据《上海渔业志》记载,1937 年 5 月 17 日凌晨 4 时半,鱼贩甫有郎任意翻动船舱中鲜鱼,府海鱼行秤手金良甫和船户货主陈阿美喝令阻止,双方一言不合,即动手殴打,鱼贩聚众持棍帮凶,致金的头部和腰背伤势严重,坠落江中。鱼商、渔民百余人见事急,上前相助,被鱼贩上百人阻拦,双方展开了一场恶斗,驻场宪兵和警局派员到场弹压。不料,时隔 2 小时,双方因余愤未平,数百人又在市场内混战,顿时拳棒乱舞,哭喊震天,警宪再度弹压。可是,时至 7 时许,双方再次发生斗殴。警局先后拘捕了行凶者 46 人。上海各报两天内都以醒目标题报道了这次事件。另据上海鱼市场《场务日记》记载:自 1948 年 11 月 8 日至1949 年 2 月 15 日,发生鱼贩争购强买鱼货而致口角斗殴及国民党士兵、"荣军"、游民和不明身份者强索鱼货等纠纷案件共 98 起。不少鱼行老板和从业人员不得不拜一些流氓头子为"老头子""先生"作靠山借以应付。[2]

---

〔1〕《上海渔业志》编纂委员会编:《上海渔业志》,上海社会科学院出版社,1998 年,第 226 页。
〔2〕同上书,第 227 页。

　　为整顿市场秩序,1948 年 1 月 14 日上海鱼市场发出通告:嗣后渔轮鱼货或仍以拍卖方法售出,或经由经纪人卸卖,由货主自行决定。为了防止经纪人操纵垄断鱼货交易,5 月 17 日再次通告:经纪人不得自己购货。11 月 25 日,为改进拍卖场秩序,上海鱼市场特别规定:参加拍卖的经纪人(鱼行)于每天 5 时 30 分起凭拍卖入场证入场看货,至 6 时一律退出。6 时 30 分开始拍卖,只限参加竞拍的经纪人及其代理人 1 人入场。尽管这些措施不能从根本上铲除鱼市场中的不法势力,但也是上海鱼市场自觉校正市场失灵所作出的努力,值得肯定。

　　水产品市场的价格波动大,也是造成市场失灵的不可忽视的原因。上海水产品价格完全随行就市,按质论价。海、淡水鲜活鱼生产季节性强,容易腐烂变质,其价格涨跌的幅度颇大。1930 年黄花鱼的最高价每 50 公斤(担)45 元,最低价只有 3 元,高低相差 11 倍。其他如鮸鱼、鳓鱼、黄鱼、马鲛鱼、鲨鱼、鲳鱼、海鳎、乌贼、海鳗等也在 2.5 倍至 6 倍。

　　1930 年以后,上海水产品价格呈下降趋势。1932 年黄鱼最高价每 50 公斤 28 元,比起 1930 年最高价 40 元,下跌了 30%。1933 年黄鱼最高价 25 元,次年为 23 元。这种每况愈下之势,如时评所云:"每岁自清明以至小暑,因江浙沿海黄鱼、大黄鱼、乌贼三大渔汛栉比而起,故鱼价低落。衡为常情,惟今岁则渗落更甚,往年最低价五、六元之黄鱼,最近开盘竟跌至三元,破鱼市最低价格。"个中原因,主要有"就其近况主因:日渔倾销,鱼产过剩,销路不旺,运输……工具不能远发……冷藏规模极小"[1]云云。

　　1930—1934 年上海鱼市场几种主要海水鱼价格变化如表 3－10 所示。

表 3－10　1930—1934 年上海鱼市场上几种主要海水鱼市价表[2]

单位:元/担(50 公斤)

品名	1930 年		1932 年		1933 年		1934 年	
	最高价	最低价	最高价	最低价	最高价	最低价	最高价	最低价
黄鱼	40	10	28	5	25	5	23	2.5
大黄鱼	—	—	11	3.5	8	4	7	2.5
鮸鱼	35	10	16	7	15	7	14	4.4

---

〔1〕《沪鱼市惨落的原因》,《中行月刊》,第 9 卷第 1 期(内部发行)。

〔2〕《上海渔业志》编纂委员会编:《上海渔业志》,上海社会科学院出版社,1998 年,第 260—261 页。

品名	1930 年		1932 年		1933 年		1934 年	
	最高价	最低价	最高价	最低价	最高价	最低价	最高价	最低价
鲥鱼	28	8	24	10	23	9	24	8
海鳗	35	6	16	8	19	4	15	3
鲨鱼	32	7	12	4	12	5	12	4
乌贼	30	5	13	5	20	5	20	5

上表比较直观地反映出上海鱼市场海水鱼价格的走势,虽然不是很全面,但鱼价下跌的趋势是显而易见的。水产品市场价格持续下跌,市场又被垄断势力控制,所以价格降低带来的负面影响势必会加速传递给生产者,缩小渔民的总收益。

抗战期间,物价腾涨,鱼价亦"水涨船高",扶摇直上。以 1933 年至 1936 年每 50 公斤鱼的平均价 11.29 元(法币)作为基数,1940 年上升到每 50 公斤平均价 32.73 元,为基数的 2.9 倍。1941 年为 6.77 倍(注:1941 年汪伪政府开始发行伪中央储备银行兑换券,简称中储券或称储备券。以后至 1945 年 8 月均以伪中储券计算),1942 年为 20.24 倍,1943 年为 105.13 倍,1944 年为 405.5 倍,至 1945 年 1—4 月间高至 3101 倍。其后上涨更为迅猛,1945 年 8 月日本侵略者投降时鱼价每 50 公斤平均高达 40 万元,比战前上涨 35,429 倍。[1]

抗日战争胜利后,上海水产品价格仍然有涨无跌,1946 年上涨幅度稍缓。1947 年以后,随着国民政府法币的贬值,水产品价格的涨势却丝毫不减。至 1948 年 7 月,大黄鱼每 50 公斤最高价为 7000 万元(法币),比 1946 年 3 月最高价 14 万元,上涨 500 倍;草鱼每 50 公斤 1 亿元,上涨 460 倍。[2]

1948 年 8 月 19 日,国民政府宣布改革币制和冻结物价,以金圆券代替原法币流通,调换率为 300 万元法币折合金圆券 1 元,同时实行限价,一律按 8 月 19 日的价格为准,不得超过。上海鱼市场为执行限价政策,临时变更交易办法,规定海水鲜鱼分高中次三档,其价格中档货为高档货的 9 折,次档货又为中档货的 9 折,高档货不得超过限价。渔业团体和单位组成上海市鱼货联

---

〔1〕《上海渔业志》编纂委员会编:《上海渔业志》,上海社会科学院出版社,1998 年,第 261 页。
〔2〕 同上。

合供销监理委员会,评定时令鱼货价格,监督指导鱼货购销事项,至 1948 年 11 月 10 日限价开禁。

鱼类产品的市场价格比一般农产品的价格波动大得多,价格的升降直接影响财富在渔民和垄断者之间的分配。当价格上升时,受益者主要是鱼市场的垄断者,而渔民因为价格上涨而得到的"实惠"只是微乎其微。价格向下波动时,其影响会迅速地传递给生产者——渔民,而垄断者的损失却是微乎其微。所以,水产品价格上涨对于渔民而言只能是"空欢喜"。因为垄断者操纵和决定价格,他们通过"专买"和"专卖",既缩小了渔民的"生产者剩余",[1]又压缩了广大消费者的"消费者剩余",[2]从而攫取巨大的"垄断利润"。因为垄断的存在,渔民往往难以在市场中充分实现其劳动的价值,他们的辛勤劳动在市场运作中一点一点、一步一步地被隐蔽于其中的各种垄断势力吮吸殆尽。

导致市场失灵的原因还有很多,比如,渔业经济发展所需要的公共基础设施和服务的提供,即通常所说的"公共物品"或"社会物品"的存在,也是市场失灵与否的重要原因。这些公共物品,如建设海岸灯塔,对渔民或渔船进行紧急救助,提供渔业气象服务,制定和规范水产品质量标准等所需要的资金或劳务,需要政府代表社会进行"公共供应",才能避免因市场失灵所造成的低效,维持渔业经济的可持续发展。

渔业市场失灵将会导致渔业资源配置不合理和社会分配不公,造成渔民进一步贫困,而这单靠市场化运作往往又无法避免。解决市场失灵,只有政府采取相应的管制措施,实施有效干预,限制垄断行为,规范竞争秩序,从而实现渔业资源的合理配置,进而提高渔业经济活动的效率,又兼顾渔民的收入,以实现"公平"。

近代江南,从渔民、鱼行和鱼市场看渔业经营的"规模不经济",这是市场失灵的要因。

"对卖"和"拍卖"水产品主要是在上海鱼市场进行的,在水产品正式进入鱼行和各地鱼市场以前,渔民是怎样生产的? 江南各地渔获物从生产到销售的过程如何? 在鱼货供应的每一个环节中,鱼行、渔民和冰鲜船的关系怎样?

---

〔1〕 "生产者剩余"即一种商品的市场价格与每单位产量上的边际生产成本之间差额的总和,用来测度实际价格与生产者愿意接受的价格之间的差额给生产者带来的福利水平。

〔2〕 一种物品的总效用与其总市场价值之间的差额称为"消费者剩余"。之所以会产生消费者剩余,是因为我们"所得到的大于我们所支付的",这种额外的好处根源于递减的边际效用。

鱼货如何一步步进入鱼行和市场?

　　要想了解渔民、鱼行和鱼市场的关系只有通过考察比较大的水域才可探知一二,如考察嵊泗列岛的东海渔业作业区和整个蛛网水乡的淡水渔业区。因为内河渔民和在比较小的水域捕捞的渔民,可以随时而任意地直接进入当地的鱼类市场进行买卖,东海海域的渔民和太湖大船渔民则必须通过鱼行代卖,如太湖大船渔民不便进港卖鱼,行账船与渔船、鱼行之间的关系一般是固定的,在渔船上收鱼后待鱼行付款后再付钱给渔民,水产贸易由鱼行垄断。[1]

　　鱼行之居间转介,对渔民实为一种剥削,然因鱼行历史悠久与潜势之雄厚,再加上其贷放款贷与渔民之间的密切关系,导致渔民与冰鲜收货船只,本可直接交易,却沦为不相关的两个群体,凭借中间人才可交易。

　　鱼行出借牌号,是因为冰鲜渔船与渔民无丝毫之联络,渔汛期间收取鱼货,不得不借取鱼行之牌号而下海收鱼。[2] 鱼行放贷款给渔民,渔民因此可以下海捕鱼。然后鱼行还是凭借其资本实力,派冰鲜船随同渔民下海。这里面需要注意的是,渔民与鱼行之间有借贷关系,即当地鱼行在渔民出渔前贷放柴米或现款、渔具给渔民;冰鲜船收鱼后,鱼行代垫货款。

　　虽然名义上为渔民利益着想,但实际上并非出于渔民的意愿。鱼行的扣佣办法,根据嵊泗地区渔业公所的调查,在泗礁方面,一是小黄鱼买卖双方,每元扣佣 8 分,渔民往往名义上少扣 1 分,以作为鱼行供给他们的酒饭之用;二是杂鱼扣买方 8 分;三是行头分船之大小,例如,4 人捕鱼船需要资本 2,000 元,六人捕鱼船需要资本 3000 元,八人需要资本 4000 元,普通放十分之一,而以渔获物售给所贷鱼行为担保,则原来的贷款可以不起息,柴、米、血(出渔前煮渔网用的猪血、牛血等)各项照市价估算,也不起息。在嵊山方面,一是各种鱼货既扣买方 7 分;二是行头不放现款,一概以米、柴、血、渔具等物贷给渔民或冰鲜船,这些物品的价格比市面高,如果渔汛过后仍然不能按约定归偿,则照原价加月息 2 分;三是小黄鱼汛期客帮渔民需要现款时,扣税 2 分至 6 分不等。[3] 还有的渔民向鱼行预借资本及食粮、渔具和捕鱼所需的材料等,以渔获归放行头之鱼行收买或

〔1〕　陈俊才:《太湖的水产贸易》,《古今农业》,1996 年第 1 期,第 78 页。
〔2〕　《嵊泗列岛视察团报告书》(1936 年 12 月),上海市档案馆档案,全宗号 Q464,目录号 1,案卷号 568。
〔3〕　《嵊泗列岛视察团报告书》(1936 年 12 月 31 日),上海市档案馆档案,全宗号 Q464,目录号 1,案卷号 568。

者代卖为条件,如行家代卖,价格尚可照市价,如行家自行收买,"则每有压抑价值,加重称量之弊"。当时嵊泗列岛的渔民约 60% 需向鱼行借贷。[1] 由此可见,鱼行通过种种办法,剥削渔民和冰鲜船,致使冰鲜船"十有九亏"。

下面以新发现的民国档案材料——《嵊泗列岛视察团报告书》为例,从嵊泗列岛渔民、鱼行、冰鲜船进入鱼行或市场的过程,看近代太湖流域各地的渔民、鱼行和鱼市场的关系以及海味鱼货运作的一般概况。

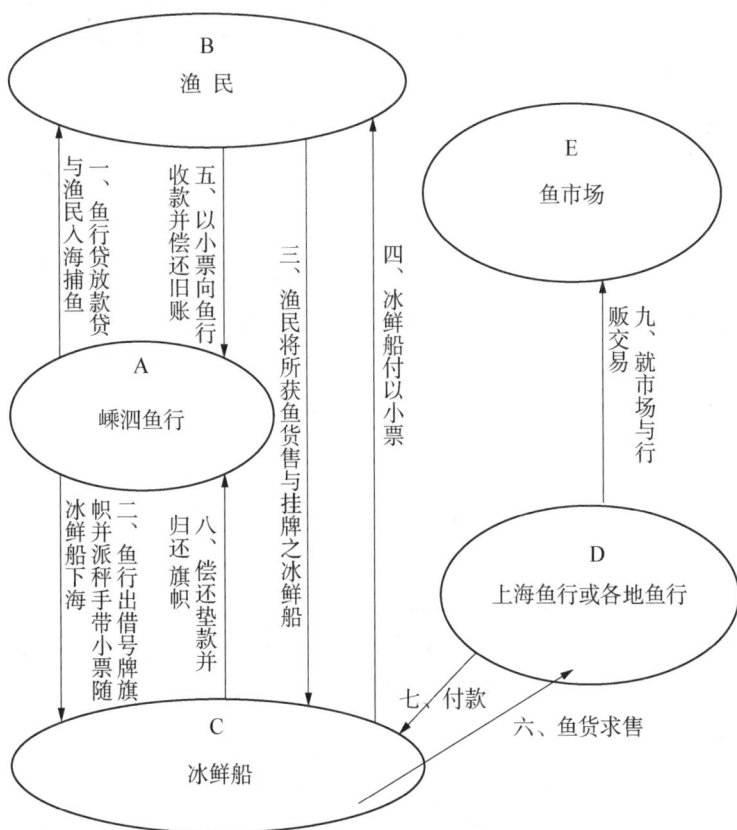

渔民·鱼行·鱼市场关系图[2]

鱼行本来是代客买卖的水产品交易的一个场所,但从图示中看得出,鱼行

[1]　《视察嵊泗列岛报告书》,《视察嵊泗列岛报告及乡保专座记录以及经纪人公会章程》,上海市档案馆档案,全宗号 Q464,目录号 1,案卷号 150。

[2]　资料来源:《嵊泗列岛视察团报告书》(1936 年 12 月),上海市档案馆档案,全宗号 Q464,目录号 1,案卷号 568。

变成了渔业经济活动中的一个重要中心,成为控制和剥削渔民的一个机构。

嵊泗鱼行和江南其他地区的鱼行一样,主要业务是出借牌号,代客收买。各地冰鲜渔船的鱼行收买鱼货,因为与渔民本无丝毫感情及联络,而以鱼行为居间转手,在鱼行方面扣取相当佣金而已。在冰鲜渔船鱼货进入鱼市场以后,还要遭受各种盘剥,鱼市场克扣的费用名目繁多,如公川、现扣、秤手费、扛力、灯捐、会费、护洋费、码头捐、印花等费用。

上海鱼市场中海味品的交易方式,原先不论宁波、福建、潮州帮的行号、渔民或南洋客户运到上海的海味品,一概委托上海海味行代销,收取8%佣金,作为代销手续费。海味行为了招徕货主,对来沪的货主供给膳食,还预借部分款项,这种借款不是无条件的,而是与上面的附加条款相似。

海味行的批发销售对象为上海市内零售(主要是南货店)和全国各地住沪办庄。

其售货方式,一般同业都集于一处进行交易,称"茶会",开始设在小东门嘉鱼街糖、海味、北货三业的联合市场,后迁中华路61号新址,称"糖海北桂南货联合市场"。各海味行的销售员(俗称"跑街"先生),有的带着小样到茶会上,看样成交;有的陪同客户到行看货定夺。成交后,市内由海味行送货上门,遇有不合意的,可当场退货。其货款,对南货业采用每月逢六收账(称六镰),即从交货之日起算足10天后逢6日、16日及26日收清。对于内地客户、住沪办庄,由海味行的销售员上门兜售或在茶会上成交。他们属代购性质,一般不来行看样。也有接受外地客户来信代购的,成交的货物均由行代为打包,代办装运船车以及出口报关等手续。货款一般为对月(即两个月)逢大、小月底或月中付款;其中,长江、温台帮一般逢大、小月底收清;广帮7天收清;外口帮系现银交易。不同客户,其付款方式也各不相同。但到年终,一般须结清欠款。也有对客户放出年账的(即所谓"开兑")。凡属开兑者,需年内交货,第二年收款。这项交易必须经买卖双方订明,并在发票上加盖"开兑"两字戳记,注明收款期限;长江帮开兑自11月起开始交易,杭、嘉、湖、苏、松、太、常、锡、溧以及其他内地各处均自12月1日开始交易,其货款均限于次年2月底收清。但是,为拓展业务,海味行往往盲目采用放账形式,经常有倒账的危险。

随着业务的扩大,西洋号家多数在新加坡、中国香港等地设立办庄,改以自营为主,代销为辅的经营方式。海味行除向东西洋号家进货外,也有直接向产地采购或委托加工、代购的,这也是一个进步。

　　以上不难看出渔民、鱼行、鱼市场的三角关系,它们相互依存,相互支撑,形成推动太湖渔业经济发展的"合力"。其中,鱼市场的风云变幻,不啻为"晴雨表",对渔业经济发展具有"导向"作用。一旦市场失灵,就会给渔业经济发展带来不可忽视的负面影响。而市场失灵恰恰又是困扰太湖渔业经济发展的巨大障碍因素,这是不能不加以分析的。

参考文献

一、论著

1. 〔英〕亚当·斯密:《国富论》,谢宗林、李华夏译,中央编译出版社,2013年。
2. 〔美〕加里·贝克尔、凯文·墨菲:《社会经济学》,陆云航等译,人民出版社,2014年。
3. 高亨:《诗经今注》,清华大学出版社,2010年。
4. 〔德〕马克思·韦伯:《经济与社会》,上海人民出版社,2010年。
5. 〔英〕阿诺德·汤因比著:《历史研究》,〔英〕D. C. 萨默维尔编,郭小凌等译,上海人民出版社,2010年。
6. 〔美〕查尔斯·沃尔夫:《市场,还是政府——不完善的可选事物间的抉择》(*Markets or Governments:Choosing Between Imperfect Alternatives*),陆俊、谢旭译,重庆出版社,2007年。
7. 〔美〕曼昆:《经济学原理》,梁小民、梁砾译,北京大学出版社,2012年。
8. 〔宋〕范成大:《范石湖集》,富寿苏标校,上海古籍出版社,2006年。
9. 〔德〕魏伯乐、〔美〕奥兰·扬、〔瑞士〕马赛厄斯·芬格主编:《私有化的局限》,王小卫、周缨译,上海三联书店、上海人民出版社出版,2006年。
10. 罗继阳:《企业力》,中南大学出版社,2006年。
11. 海金玲:《中国农业可持续发展研究》,上海三联书店,2005年。
12. 徐旭初:《中国农民专业合作经济组织的制度分析》,经济科学出版社,2005年。
13. 钱穆:《钱穆谈中国历史文化:中华文化二十讲》,贵州人民出版社,2019年。
14. 吕思勉、曹伯韩:《中国文化二十一讲》,万卷出版公司,2011年。
15. 张化:《上海宗教通览》,上海古籍出版社,2004年。
16. 尹玲玲:《明清长江中下游渔业经济研究》,齐鲁书社,2004年。
17. 杨德才:《中国经济史新论(1840—1949)》,经济科学出版社,2004年。
18. 〔汉〕班固撰:《汉书》,三秦出版社,2008年。
19. 胡适:《中国的文艺复兴》,外语教学与研究出版社,2001年。
20. 〔美〕保罗·萨缪尔森、威廉·诺德豪斯:《经济学》第十七版,萧琛主译,人民邮电出版社,2004年。
21. 〔英〕温·霍恩比、鲍勃·甘米、斯图尔特·沃尔:《企业经济学》,戚自科、汪凌译,华夏出版社,2003年。

22. 杨菲蓉:《梁漱溟合作理论与邹平合作运动》,重庆出版社,2001年。

23. 林永匡、袁立泽:《中国风俗通史·清代卷》,上海文艺出版社,2001年。

24. 钱穆:《中国历史研究法》,三联书店,2001年。

25. 蔡利民:《苏州民俗》,苏州大学出版社,2000年。

26. 陆文夫:《老苏州——水巷寻梦》,中国第二历史档案馆、苏州市地方志办公室供稿,江苏美术出版社,2000年。

27. 〔宋〕范成大:《吴郡志》,陆振岳校点,江苏古籍出版社,1999年。

28. 戈春源、叶文宪:《吴国史》,人民出版社,1999年。

29. 欧阳宗书:《海上人家:海洋渔业经济与渔民社会》,江西高校出版社,1998年。

30. 金友理:《太湖备考》,江苏古籍出版社,1998年。

31. 曹幸穗:《旧中国苏南农家经济研究》,中央编译出版社,1996年。

32. 〔日〕清光照夫、岩崎寿男:《水产经济学》,王强化、李艺民译,海洋出版社,1996年。

33. 曹聚仁:《上海春秋》,上海人民出版社,1996年。

34. 盛永安、于忠珍:《现代企业制度》,青岛出版社,1995年。

35. 郭振民:《嵊泗渔业史话》,海洋出版社,1995年。

36. 〔美〕K. E. 凯斯、R. C. 费尔:《经济学原理》,郭建青、张力炜等译,中国人民大学出版社,1994年。

37. 杨晓东:《灿烂的吴地鱼稻文化》,当代中国出版社,1993年。

38. 刘健康:《中国淡水鱼类养殖学》,科学出版社,1992年。

39. 钱钟联:《常熟掌故》,江苏文史资料编辑部,1992年。

40. 中国农业科学院、南京农业大学、中国农业遗产研究室:《太湖地区农业史稿》,农业出版社,1990年。

41. 梁启超:《饮冰室合集·文集之三十九》,中华书局,1989年。

42. 〔汉〕司马迁:《史记》,上海书店出版社,1988年。

43. 李士豪、屈若搴:《中国渔业史》,上海书店,1984年。

44. 钱钟书:《围城》,生活·读书·新知三联书店,2002年。

45. 田学斌:《文化的力量》,新华出版社,2015年。

46. 何兆武、柳卸林主编:《中国印象:外国名人论中国文化》,中国人民大学出版社,2011年。

47. 李炳海、宋小克注评:《左传》,凤凰出版社,2009年。

48. 吕思勉:《吕思勉讲中国文化》,九州出版社,2008年。

49. 〔法〕史式徽:《江南传教史》第1卷,天主教上海教区史料译写组译,上海译文出版社,1983年。

50. 〔汉〕许慎撰,〔清〕段玉裁注:《说文解字注》,上海古籍出版社,1981年。

51. 伍汉霖、金鑫波、倪勇编著:《中国有毒鱼类和药用鱼类》,上海科学技术出版社,1978年。

52. 费鸿年:《祖国的渔业》,中华全国科学技术普及协会,1954年。

53. 徐旭:《合作与社会》,中华书局,1949年。

54. 寿勉成、郑厚博:《中国合作运动史》,正中书局,1937年。

55. 〔法〕史式徽:《八十年来之江南传教史》,金文祺译,圣教杂志社,1929年。

56. 沈同芳:《中国渔业史》,上海江浙渔业公司,1906年。

57. 余秋雨:《何谓文化》,中国友谊出版公司,2013年。

58. 〔美〕L. S. 斯塔夫里阿诺斯:《全球通史——1500年以前的世界》,吴象婴、梁赤民译,上海社会科学院出版社,1992年。

59. 梁启超:《饮冰室合集·文集之三十九》,中华书局,1989年。

60. 〔美〕余英时:《中国文化的重建》,中信出版社,2011年。

61. 钱钟书:《旧文四篇》,上海古籍出版社,1979年。

62. 〔美〕孔飞力:《叫魂——1768年中国妖术大恐慌》,陈兼、刘昶译,上海三联书店,2014年。

63. 李煜:《李煜全集》,崇文书局,2015年。

64. 王国维:《人间词话》,北京联合出版公司,2015年。

65. 费孝通:《江村经济》,华东师范大学出版社,2018年。

二、档案史料

(一)上海市档案馆

1. 《嵊泗列岛全图》,全宗号A72,目录号2,案卷号1518。

2. 《上海市公用局关于十六铺鱼行码头处理情况的报告及市政府批复》(1949年8月),全宗号B1,目录号2,案卷号393。

3. 《(上海市)水产局关于嵊泗列岛划归上海的说明、地图、基本情况及若干问题请示报告》,全宗号B255,目录号1,案卷号238。

4. 《上海市政府食盐粮食煤水产鱼货到销数量及市区面粉纱布产销数量食油食粮市价等》(1948年),全宗号Q1,目录号18,案卷号360。

5. 《(上海市社会局)江浙渔业公司、福记帆蓬公司、联华图书公司、义记驳运公司、农林特种股份有限公司、复兴轮船公司、益中福记公司、昌兴协记运输公司、泰隆贸易公司为申请登记问题的来往文书》(1945年10月17日起至1949年1月22日止),全宗号Q6,目录号1,案卷号312。

6. 《(上海市社会局)第一渔业合作社迁移及补呈图模与社会局来往文书》(1947年6、7月)(1948年6月10日立),全宗号Q6,目录号3,案卷号659。

7. 《(上海市社会局)嵊泗列岛渔民产销合作、东南渔业公司呈请食米转口证明书案》(1946年7月1日至1948年4月5日),全宗号Q6,目录号4,案卷号272。

8. 《(上海市社会局)〈新渔〉杂志月刊、新沪通讯社等》(自1945年至1949年),全宗号Q6,目录号12,案卷号128。

9. 《江浙渔业公司调查报告(沪字27号)》(联合征信所1946年3月22日),全宗号Q78,目录号2,案卷号16408。

10. 《东南渔业公司调剂渔村食米计划书和有关单位来往信件》,全宗号Q418,目录号1,案卷号66。

11. 《(渔管处)〈新渔〉第八期等》(1948—1949年),全宗号Q460,目录号2,案卷号230。

12. 《(渔管处)新渔月刊编刊委员会会议记录等文件》(自1948年4月12日起至1948年7月10日止),全宗号Q460,目录号1,案卷号931。

13. 《(渔管处)渔业法令规章》(自1920年7月1日起),全总号Q460,目录号1,案卷号 846。

14. 《(渔管处)华东区、嵊泗列岛渔业概况》(1946 年 8 月)，全宗号 Q460，目录号 1，案卷号 1285。

15. 《(渔管处)三十五年度九至十二月工作报告》，全宗号 Q460，目录号 1，案卷号 1174。

16. 《渔管处工作报告(第二册)》(三十六年一至十月份)，全宗号 Q460，目录号 1，案卷号 1178。

17. 《渔管处卅六年四至六月工作报告》，全宗号 Q460，目录号 1，案卷号 1176。

18. 《视察嵊泗列岛报告书》，《视察嵊泗列岛报告及乡保专座记录以及经纪人公会章程》，全宗号 Q464，目录号 1，案卷号 150。

19. 《(渔民)沈金福借据》(民国九年阴历桂月望日)，全宗号 Q244，目录号 1，案卷号 561。

20. 《嵊泗列岛视察团报告书》(1936 年 12 月 31 日)，全宗号 Q464，目录号 1，案卷号 568。

21. 《陷敌八年中上海渔业之概况及未来建设之希望》(1945 年 11 月 30 日)，全宗号 Q464，目录号 1，案卷号 979。

22. 《本场 1949 年年度工作总结》，《上海鱼市场工作计划报告和集会类》，全宗号 Q464，目录号 1，案卷号 1720。

23. 《上海鱼市场概况》，全宗号 Q464，目录号 1，案卷号 1043。

24. 《创设渔业银团》(中华民国二十五年五月十七日起)，全宗号 Q464，目录号 1，案卷号 289。

25. 《(上海市咸鱼业同业公会)本会前执监委员名单、整委会登记简则和委员名单及会同冰鲜鱼行业公会共同接收伪水产公会的有关文书》，全宗号 S376，目录号 1，案卷号 1。

26. 《上海市咸鱼业同业公会(监委名单、简则、委员、文书)》(1945 年 8 月至 1945 年 12 月)，全宗号 S377，目录号 1，案卷号 1。

27. 《(上海市渔商业同业公会)本会筹办渔业生产合作社、生产促进会、渔业银行等有关文书及渔会代表名单》(1946 年 8 月至 1949 年 2 月)，全宗号 S379，目录号 1，案卷号 13。

28. 《中国渔业银行、大发银行开办情况》(敌伪政治档案案卷，法帝警务处政事部)(自 1935 年 4 月 30 日起至 1942 年 1 月 20 日止)，全宗号 U38，目录号 2，案卷号 846。

29. 陈金镛：《中国的宗教观》，中华浸会书局 1947 年 7 月再版，全宗号 U132，目录号 0，案卷号 9。

30. 《金山县志》，全宗号 Y15，目录号 1，案卷号 227。

(二) 苏州市档案馆

1. 苏州总铎区几任总铎地未刊函稿(本材料由王国平教授提供)：
《移文札稿》，苏太总铎宝(光绪四年至光绪十六年)。
《案牍》，苏太总铎窦志(光绪十一年至光绪二十四年)。
《案牍存根》，苏太总铎陈志(宣统二年至民国二年)。

2. 江苏省苏州专员公署宗教事务处：《一九五六年工作总结(57)专宗秘字第 010 号》，苏州市人民委员会宗教事务处：《年度工作总结，天主教代表会议的情况报告与开展对梵蒂冈问题的学习总结及神职人员座谈会回报》(1956 年 5 月 31 日起至 1957 年 2 月 25 日止)，全宗号 C41，目录号 1，案卷号 11。

3. 苏州市革命委员会宗教事务处：《苏州市基督教、天主教情况调查等》(自 1953 年起)，全宗号 C41,目录号 2,案卷号 28。

4. 苏州市人民委员会宗教事务处:《本处天主教会动态情况简报》(1955 年 9 月 14 日—1956 年 1 月 14 日),全宗号 C41,目录号 2,案卷号 45。

5. 江苏省苏州专员公署宗教事务处:《1953—1956 年昆山、湘城等地天主教材料,反革命分子张寿祺、王若松的材料等》(1953—1956 年),全宗号 C41,目录号 2,案卷号 47。

6. 中国共产党苏州市委员会、市人委宗教事务处:《天主教教徒名册,(吴县)苏渔公社二、三大队、家禽、扳网大队天主教徒插队分布名册,以及几个小队教徒情况调查表》(1966 年调查),全宗号 C41,目录号 2,案卷号 138。

7. 中国共产党苏州市委员会、市人委宗教事务处:《有关圣母军、驱逐黎培里、梵蒂冈、龚品梅、张寿祺、王若松的材料以及天主教基本常识等》(1951—1958 年),全宗号 C41,目录号 3,案卷号 127。

8. 苏州市人民政府宗教事务处:《天主教苏州教区各教地点负责人、修女名单》,上海徐家汇土山湾印书馆印,全宗号 C41,目录号 4,案卷号 56。

(三) 无锡市档案馆

1. 《(无锡县总工会)无锡县鱼行鲜肉蔬菜果实业同业公会》(1940—1945 年),全宗号 ML7,目录号 3,案卷号 22。

2. 《(无锡县工商联)鱼行业同业公会》(1945—1948),全宗号 ML7,目录号 4,案卷号 1。

3. 《(无锡县政府)关于渔业生产文(一)》(1945 年 12 月至 1948 年 2 月),全宗号 ML1,目录号 4,案卷号 545。

4. 《(无锡县政府)县府令各乡镇往来文件》(1945—1948 年),全宗号 ML1,目录号 5,案卷号 423。

5. 《渔会》(1946—1948 年),全宗号 ML7,目录号 5,案卷号 51。

6. 《(无锡县政府)本县办理各种防务治安及防范奸匪活动文件(二十七)》(1946 年 4 月—1947 年 4 月),全宗号 ML1,目录号 4,案卷号 1780。

7. 《(无锡县政府)关于编组保甲各案(一)》(1946 年 6 月—1947 年 12 月),全宗号 ML1,目录号 4,案卷号 41。

8. 《(无锡县政府)本府奉令防范共产党活动办法(二十二)》(1947 年 4 月—1947 年 6 月),全宗号 ML1,目录号 4,案卷号 1808。

9. 《(无锡县政府)开设河道卷(三)》(1947 年 3 月—1949 年月),全宗号 ML1,目录号 4,案卷号 395。

10. 《(无锡县政府)本府奉令防范共产党活动办法(二十四)》(1948 年 1 月—1948 年 7 月),全宗号 ML1,目录号 4,案卷号 1810。

11. 《(无锡县政府)关于物价评议卷(二)》(1948 年 8 月—1949 年 8 月),全宗号 ML1,目录号 4,案卷号 60。

12. 《(无锡县政府)无锡县商会各机关与粮食业公会的来往文件》(1945—1949),全宗号 ML1,目录号 6,案卷号 1041。

(四) 中国第二历史档案馆

1. 《江苏省崇明县属嵊泗列岛渔业警察叛变抢劫情形》(1947 年 5 月至 1948 年 1 月),全宗号 2,案卷号 6033。

2. 《上海分署配发鲜鱼》,全宗号 21,案卷号 12377。

3. 《上海分署渔业(民)救济》,全宗号 21,案卷号 12441。

4. 《渔轮出租办法大纲草案等》(善后事业委员会案卷),全宗号 21,案卷号 29181。

5. 《渔管处处理救济物资案》,全宗号 21,案卷号 29194。

6. 《渔业善后救济物资临时处理原则》,全宗号 21,案卷号 29268。

7. 渔业善后物资管理处研究训练所发行:《新渔》第 4 期,全宗号 21,案卷号 29567。

8. 《中央水产试验所工作简报》,全宗号 23,案卷号 499。

9. 《农林部江浙海洋渔业督导处勤俭建国运动实施办法》,《江浙区海洋渔业督导处拟行勤俭建国运动实施办法及工作进度表》(1948 年 12 月),全宗号 23,案卷号 00506。

10. 《官商合办上海鱼市场股份有限公司理事会呈送修正公司章程》,全宗号 23,案卷号 00510。

11. 《上海鱼市场工作简报及理监事联席会议纪录》,全宗号 23,案卷号 00511。

12. 《上海鱼市场水产品供销月报表》,全宗号 23,案卷号 00512。

13. 《善后救济总署、农林部、渔业善后物资管理处工作报告》,全宗号 23,案卷号 005107。

14. 《(农林部)水产》(敌伪业务档案案卷),全宗号 23,案卷号 1431。

15. 《(农林部)渔业与渔产》(敌伪业务档案案卷),全宗号 23,案卷号 1434。

16. 《(农林部)水产品检验标准》(敌伪业务档案案卷),全宗号 23,案卷号 1449。

17. 《(农林部)中美经济援助协定、乡村建设双边协定、联合国善后救济总署与联合国粮农组织合约》(敌伪业务档案案卷),全宗号 23,案卷号 1263。

18. 《(农林部)普及渔业计划、改良渔业计划、淡水渔业救济计划、清岛(长江口)渔港改善计划》,全宗号 23,案卷号 1533。

19. 《(农林部)中国渔业与中央水产实验所情景》,全宗号 23,案卷号 1534。

20. 《(农林部)对打捞海带渔民的救济》,全宗号 23,案卷号 1535。

21. 《(农林部)渔业新闻处》,全宗号 23,案卷号 1536。

22. 《江苏奉贤县鲜鱼业同业公会》(1937 年),全宗号 422(4),案卷号 5219。

23. 《派员调查江浙沿海渔业实况》(1937 年 2 月),全宗号 422(8),案卷号 58。

24. 《各省市县行政区域资料及行政区域表》(1947 年 8 月),全宗号 12,案卷号 11281。

25. 《中国农民银行总管处办理江苏嵊泗设治局请核发渔贷 300 万元案代电》(1949 年),全宗号 12,案卷号 2556。

26. 《江苏省宗教调查表》(1936 年 7 月),全宗号 12(2),案卷号 2344。

27. 《江苏省松江县渔会请拨渔船案》(1946 年),全宗号 21,案卷号 25980。

28. 《江苏省建设厅请拨宵渔物资》,全宗号 21,案卷号 28426。

29. 《拨交农林部农渔物资》,全宗号 21,案卷号 28454。

三、史料汇编及工具书

1. 钮永建:《吴县》,吴县县政府社会调查处,1930 年。

2. 乔增祥主纂、梅成分纂:《吴县》,吴县县政府社会调查处,1930 年。

3. 江苏省立渔业试验场编印:《嵊山渔村调查》,上海市立图书馆藏,1935 年。

4. 牛传岩等编:《中华民国省县地名三汇》,北平民社,1935 年。

5. 朱羲农、侯厚培编纂：《中国实业志·江苏省》，上海实业志国际贸易局，1932年。

6. 〔清〕张廷玉等撰：《明史》，中华书局，1974年。

7. 赵尔巽撰：《清史稿》，中华书局，1977年。

8. 张海鹏编：《中国近代史稿地图集》，地图出版社，1984年。

9. 犁播编：《中国农学遗产文献综录》，农业出版社，1985年。

10. 徐更生、刘开铭主编：《国外农村合作经济》，经济科学出版社，1986年。

11. 张在普编：《中国近现代政区沿革表》，福建省地图出版社，1987年。

12. 谭其骧主编：《中国历史地图集》第8册（清时期），地图出版社，1987年。

13. 李景彬编：《中国现当代著名作家文库·叶圣陶代表作》，黄河文艺出版社，1987年。

14. 米鸿才、邸文祥、陈乾梓编：《合作社发展简史》，中共中央党校出版社，1988年。

15. 宁业高、桑传贤选编：《中国历代农业诗歌选》，农业出版社，1988年。

16. 李春芬主编：《中华人民共和国地名词典·上海市》，商务印书馆，1989年。

17. 郭文韬、曹隆恭主编：《中国近代农业科技史》，中国农业科技出版社，1989年。

18. 张立修、毕定邦主编：《浙江当代渔业史》，浙江科学技术出版社，1990年。

19. 高润英主编：《中国渔业经济研究》，农业出版社，1990年。

20. 全国农业区划办公室、全国农业区划学会编：《中国农业资源与利用》，农业出版社，1990年。

21. 全国农业区划委员会：《中国农业自然资源和农业区划》，农业出版社，1991年。

22. 阮仁泽、高振农主编：《上海宗教史》，上海人民出版社，1992年。

23. 马学新等主编：《上海文化源流词典》，上海社会科学院出版社，1992年。

24. 姜彬主编：《吴越民间信仰民俗》，上海文艺出版社，1992年。

25. 刘继芬主编：《农村发展与合作经济》，中国科学技术出版社，1993年。

26. 孙继南、周柱铨主编：《中国音乐通史简编》，山东教育出版社，1993年。

27. 丛子明、李挺主编：《中国渔业史》，中国科学技术出版社，1993年。

28. 吴树青、谷书堂、吴宣恭主编：《政治经济学（社会主义部分）》，中国经济出版社，1993年。

29. 文明主编：《长江中下游水域洲滩野生经济植物》，湖南科学技术出版社，1993年。

30. 王西野、沈伟东等：《太湖旅游诗》，江苏人民出版社，1993年。

31. 高燮初主编：《吴文化资源研究与开发》，江苏人民出版社，1994年。

32. 周治华主编：《苏州全国之最》，江苏科学技术出版社，1994年。

33. 《诗经》，王秀梅译注，中华书局，2006年。

34. 何严、羊春秋等编著：《新编唐诗三百首》，江苏古籍出版社，1991年。

35. 徐艺乙等编：《江南水乡的民俗与旅游》，旅游教育出版社，1996年。

36. 曹幸穗：《旧中国苏南农家经济研究》，中央编译出版社，1996年。

37. 杨瑞堂编：《福建海洋渔业简史》，海洋出版社，1996年。

38. 崔建章主编：《渔具与渔法学》，中国农业出版社，1997年。

39. 段本洛主编：《苏南近代社会经济史》，中国商业出版社，1997年。

40. 黄邦汉、祖国掌编：《水体农业》，江苏科学技术出版社，2001年。

41. 徐刚毅主编：《老苏州——百年历程》上卷，江苏古籍出版，2001年。

42. 农业部软科学委员会办公室：《农村市场经济》，中国农业出版社，2001年。

43. 周向群主编:《吴文化与现代化论坛——苏州现代化进程中的吴文化研究》,江苏古籍出版社,2002年。

44. 杜吟棠主编:《合作社:农业中的现代企业制度》,江西人民出版社,2002年。

45. 赵永良、蔡增基主编:《江南风俗志》,南海出版公司,2002年。

46. 孙晋编:《企业法实例说》,湖南人民出版社,2003年。

47. 张智:《中国风土志丛书》,广陵书社,2003年。

48. 李文华主编:《生态农业——中国可持续农业的理论与实践》,化学工业出版社,2003年。

49. 熊月之、熊秉真主编:《明清以来江南社会与文化论集》,上海社会科学院出版社,2004年。

50. 曹后灵主编:《锦绣相城》,江苏教育出版社,2004年。

51. 曾业英主编:《五十年来的中国近代史研究》,上海书店出版社,2004年。

52. 苏州大学中国近代文哲研究所编:《太湖文脉》,古吴轩出版社,2004年。

53. 宋家新主编:《江苏沿江特色渔业》,中国农业出版社,2005年。

54. 施美祥主编:《金阊民俗史话》,古吴轩出版社,2005年。

55. 朱年、陈俊才:《太湖渔俗》,苏州大学出版社,2006年。

56. 苏志平、庞毅、廖运凤主编:《合作经济学》,中国商业出版社,2006年。

57. 《公司运作实务指南》编委会:《公司运作实务指南》,中国电力出版社,2006年。

58. 华东军政委员会土地改革委员会编:《江苏省农村调查》,1952年内部出版。

59. 《越绝书》(附清钱培名、俞樾札记二种),张宗祥校注,商务印书馆,1956年。

60. 上海通社编:《上海研究资料》,上海书店,1984年。

61. 《四库全书》,上海古籍出版社,1987年。

62. 中国第二历史档案馆编:《中华民国史档案资料汇编》第5辑第1编《财政经济》,江苏古籍出版社,1994年。

63. 中国第二历史档案馆编:《中华民国史档案资料汇编》,第5辑第1编《政治》,江苏古籍出版社,1994年。

64. 中国第二历史档案馆编:《中华民国史档案资料汇编》,第5辑,第1编,《文化》,江苏古籍出版社,1994年。

65. 中国人民政治协商会议江苏省无锡市委员会、文史资料研究委员会编:《无锡文史资料》第2辑,1981年。

66. 无锡地方志编纂委员会办公室编:《无锡地方资料汇编》第5辑,1985年内部发行。

67. 中国人民政治协商会议江苏省无锡市委员会、文史资料研究委员会编:《无锡文史资料》第21辑,1989年。

68. 常州市水产公司编:《常州市水产供销史》(审核稿),常州市水产公司编史办公室,1984年。

69. 沙洲县多种经营管理局编:《沙洲县多种经营发展史》(内部资料),1982年。

70. 江苏省太湖渔业生产管理委员会编:《太湖渔业史》,江苏省太湖渔业生产管理委员会,1986年。

71. 苏州市地方志编纂委员会办公室、苏州市档案局编:《苏州史志资料选辑》总第8辑,1988年。

72. 苏州市地方志编纂委员会办公室、苏州市档案局编:《苏州史志资料选辑》总第9辑,

1988 年。

73. 苏州市地方志编纂委员会办公室、苏州市档案局、政协苏州市委员会文史编辑室编:《苏州史志资料选辑》总第 11、12 辑,1989 年。

74. 苏州市地方志编纂委员会办公室、苏州市档案局、政协苏州市委员会文史编辑室编:《苏州史志资料选辑》总第 13、14 辑,1989 年。

75. 梁家勉编:《徐光启年谱》,上海古籍出版社,1981 年。

76. 张震东、杨金森编:《中国海洋渔业简史》,海洋出版社,1983 年。

77. 〔清〕朱骏声编:《说文通训定声》,中华书局,1984 年。

78. 苏州市地方志编纂委员会办公室、苏州市档案局、政协苏州市委员会文史编辑室编:《苏州史志资料选辑》总第 19、20 辑,1992 年。

79. 苏州市地方志编纂委员会办公室、苏州市政协学习和文史委员会编:《苏州史志资料选辑》总第 23 辑,1998 年。

80. 苏州市地方志编纂委员会办公室、苏州市政协学习和文史委员会编:《苏州史志资料选辑》总第 24 辑,1999 年。

81. 中共江苏省委宣传部、中共江苏省委党史工作办公室、江苏省关心下一代工作委员会编:《江苏人民革命斗争群英谱·吴县分卷》,江苏人民出版社,1999 年。

82. 苏州市地方志编纂委员会办公室、苏州市政协学习和文史委员会编:《苏州史志资料选辑》总第 28 辑,2003 年。

83. 苏州市地方志编纂委员会办公室、苏州市政协文史委员会编:《苏州史志资料选辑》总第 29 辑,2004 年。

84. 苏州市水产公司编:《苏州水产供销史》(内部),1990 年。

85. 中共吴县县委党史办公室编:《吴县革命斗争简史(1919—1949)》,中共党史出版社,1990 年。

86. 吴江市政协文史资料委员会编:《吴江风情》,天津科学技术出版社,1993 年。

87. 江苏省水产局史志办公室:《江苏省渔业史》,江苏科学技术出版社,1993 年。

88. 中共江苏省委党史工作委员会、江苏省档案馆编:《苏南行政区(1949—1952)》,中共党史出版社,1993 年。

89. 昆山市政协文史征集委员会、昆山市文化馆编:《昆山习俗风情》,1994 年。

90. 丁世良、赵放主编:《中国地方志民俗资料汇编·华东卷》,书目文献出版社,1995 年。

91. 吴文化研究促进会编辑:《句吴史集》,江苏古籍出版社,1998 年。

92.《申报索引》编辑委员会编:《申报索引(1919,1920)》,上海书店,1987 年。

93.《申报索引》编辑委员会编:《申报索引(1923,1924)》,上海书店,1988 年。

94.《申报索引》编辑委员会编:《申报索引(1927,1928)》,上海书店,1991 年。

95. 申报年鉴社:《申报年鉴》(第二次),上海申报年鉴社,1934 年。

96. 申报年鉴社:《申报年鉴》(第三次),上海申报年鉴社,1935 年。

97. 申报年鉴社:《申报年鉴》(第四次),上海申报年鉴社,1936 年。

98. 上海图书馆编:《中国近代期刊篇目汇录》第 2 卷下册,上海人民出版社,1982 年。

99. 上海图书馆编:《中国近代现代丛书目录索引》(上、下),1982 年。

100. 上海图书馆编:《中国近代期刊篇目汇录》第 3 卷上册,上海人民出版社,1983 年。

101. 上海图书馆编:《中国近代期刊篇目汇录》第 3 卷下册,上海人民出版社,1984 年。

102. 北京图书馆编:《民国时期总书目》(1911—1949),"经济(上、下)",书目文献出版社,1993 年。

103. 中国大百科全书总编辑委员会《经济学》编辑委员会编:《中国大百科全书·经济学Ⅲ》,中国大百科全书出版社,1988 年。

104. 江苏省地方志编纂委员会办公室编:《江苏市县概况》,江苏教育出版社,1989 年。

105. 中国地图出版社编辑出版:《中华人民共和国分省地图集》,新华书店上海发行所,1992 年。

106. 中国农业百科全书总编辑委员会农业历史卷编辑委员会、中国农业百科全书编辑部编:《中国农业百科全书·农业历史卷》,农业出版社,1995 年。

107. 中国历史大辞典·历史地理卷编纂委员会编:《中国历史大辞典·历史地理卷》,上海辞书出版社,1996 年。

108. 胡代光、高鸿业主编:《西方经济学大辞典》,经济科学出版社,2000 年。

109. 《中国农业全书》总编辑委员会编:《中国农业全书》(上海卷),中国农业出版社,2001 年。

110. 史为乐主编:《中国历史地名大辞典》,中国社会科学出版社,2005 年。

111. 〔美〕威廉·拉佐尼克编:《经济学手册》(*The handbook of economics*),谢关平、高增安、杨萍译,人民邮电出版社,2006 年。

四、报刊资料

《大公报》《江苏省政府公报》《江苏文献》《民国日报》《商务日报》《申报》《苏州明报》《新苏州报》《水产学报》《年刊》《水产月刊》《上海市水产经济月刊》《东方渔业》《新渔》《生物学杂志》《行总农渔》《科学大众》《中国烹饪》《博物》《人文杂志》《中国水产》《水产学报》《海洋渔业》《淡水渔业》。

五、外文资料及著作

1. 〔法〕Rapport(《建立"中国渔业银行的报告"》)(20 Janvier 1942),《中国渔业银行、大发银行开办情况》(敌伪政治档案案卷,法帝警务处政事部)(自 1935 年 4 月 30 日起至 1942 年 1 月 20 日止),上海市档案馆档案,全宗号 U38,目录号 2,案卷号 846。

2. Translation Of Chinese Correspondence,《渔管处处理救济物资案》,中国第二历史档案馆档案,全宗号 21,案卷号 29194。

3. Board Of Trustees For Rehabilitation Affairs, Commission On Rehabilitation Affairs, Junk Relief Supplies Distribution Sheets(渔业救济物资分配清单),《渔管处处理救济物资案》,中国第二历史档案馆档案材料,全宗号 21,案卷号 29194。

4. Project To Improve Chings Island Fishing Harbor, Ministry of Agriculture & Forestry Nanking, China,《(农林部)普及渔业计划、改良渔业计划、淡水渔业救济计划、清岛(长江口)渔港改善计划》,中国第二历史档案馆档案,全宗号 23,案卷号 1533。

5. National Fisheries Research Institute Fresh-Water Culture Relief Project, 2 March 1948,《(农林部)普及渔业计划、改良渔业计划、淡水渔业救济计划、清岛(长江口)渔港改善计划》,中国第二历史档案馆档案,全宗号 23,案卷号 1533。

6. Project No. 25 — Popularization Of Fisheries Knowledge,《(农林部)普及渔业计划、改

良渔业计划、淡水渔业救济计划、清岛(长江口)渔港改善计划》,中国第二历史档案馆档案,全宗号 23,案卷号 1533。

7. Prospect of Chinese Fisheries And The National Fisheries Research Bureau,《(农林部)中国渔业与中央水产实验所情景》,中国第二历史档案馆档案,全宗号 23,案卷号 1534。

8. Project No. 26 — Fisheries Information Service,《水产情报服务事业》,中国第二历史档案馆档案,全宗号 23,案卷号 1534。

9. National Fisheries Research Institute Relief Project For Seaweed Fishermen, 2 March 1948,《(农林部)对打捞海带渔民的救济》,中国第二历史档案馆档案,全宗号 23,案卷号 1535。

10. National Fisheries Research Institute Fisheries Information Service(As Basis for Relief and Rehabilitation of Chinese Fishermen and Fisheries)《(农林部)渔业新闻处》,中国第二历史档案馆档案,全宗号 23,案卷号 1536。

11. 〔法〕Contrat(立合同),《上海市公用局关于十六铺鱼行码头处理情况的报告及市政府批复》(1949 年 8 月),上海市档案馆档案,全宗号 B1,目录号 2,案卷号 393。

12. International Cooperative Alliance, Statement on the Cooperative Identity, 1995。

13. 〔日〕中村治兵卫:《中国渔业史の研究》,刀水书房株式会社,1995 年。

14. 〔美〕Robert S. Pindyck、Daniel L. Rubinfeld:《微观经济学 第五版》(*Microeconomics*, Fifth Edition),清华大学出版社,2001 年。

15. 〔美〕Paul R. Krugman、Maurice Obstfeld:《国际经济学——理论与政策》第 8 版(*International Economics — Theory and Policy*, Fifth Edition),清华大学出版社,2001 年。

16. Olivier Blanchard:《宏观经济学(第二版)》(*Macroeconomics*, Second Edition),清华大学出版社,2001 年。

六、地方志及专业志

1. 〔明〕王鏊编:《正德姑苏志》,正德元年刻本。

2. 沈卫新:《乾隆震泽县志》,广陵书社,2017 年。

3. 〔清〕李铭皖,谭钧培修,〔清〕冯桂芬纂:《苏州府志》,江苏书局刻本。

4. 〔清〕陶煦撰:《周庄镇志》,光绪庚辰(1880)季冬刻本。

5. 缪荃荪、冯煦等编:《江苏省通志稿》,江苏省政府,1935 年。

6. 王培棠编:《江苏省乡土志》(上、下册),商务印书馆,1938 年。

7. 宋如林等修、孙星衍等纂:《江苏省松江府志》(全三册),《中国方志丛书·华中地方志·第 10 号》,台湾成文出版社,1970 年 5 月。

8. 严思忠修、蔡以瑺纂:《嵊县志》,《中国方志丛书·华中地方志·第 188 号》,台湾成文出版社,1970 年。

9. 〔清〕金玉相:《太湖备考》,《中国方志丛书·华中地方志·第 40 号》,台湾成文出版社,1975 年。

10. 牛荫麟等修、丁谦等纂:《嵊县志》,《中国方志丛书·华中地方志·第 212 号》,台湾成文出版社,1975 年。

11. 吴馨等修、姚文枏等纂:《上海县志》,《中国方志丛书·华中地方志·第 160 号》,台湾成文出版社,1975 年。

12. 王清穆修、曹炳麟纂:《崇明县志》,《中国方志丛书·华中地方志·第 168 号》,台湾成文出版社,1975 年。

13. 赵如珩编:《江苏省鉴》,《中国地方志丛书·华中地方志·第 472 号》,台湾成文出版社,1983 年。

14. 钱熙泰修:《金山县志》(全),《中国地方志丛书·华中地方志·第 423 号》,台湾成文出版社,1983 年。

15. 常琬修、焦以敬纂:《金山县志》(全二册),《中国地方志丛书·华中地方志·第 405 号》,台湾成文出版社,1983 年 3 月。

16. 龚宝琦修、黄厚本纂:《金山县志》(一、二、三、四),《中国地方志丛书·华中地方志·第 140 号》,台湾成文出版社,1983 年。

17. 连德英等修、李传元等纂:《昆新两县续补合志》,《中国方志丛书·华中地方志·第 643 号》,台湾成文出版社,1983 年。

18. 梁蒲贵等修、朱延射等纂:《宝山县志》,《中国方志丛书·华中地方志·第 407 号》,台湾成文出版社,1983 年。

19. 《康熙常州府志》,《中国地方志集成·江苏府县志辑三十六》,江苏古籍出版社,1991 年。

20. 《嘉庆松江府志》(一),《中国地方志集成·上海府县志辑一》,上海书店,1991 年。

21. 《同治苏州府志》(一),《中国地方志集成·江苏府县志辑七》,江苏古籍出版社,1991 年。

22. 《光绪青浦县志》,《中国地方志集成·上海府县志辑六》,上海书店,1991 年。

23. 《光绪无锡金匮志》,《中国地方志集成·江苏府县志辑二十四》,江苏古籍出版社,1991 年。

24. 《光绪丹徒县志》,《中国地方志集成·江苏府县志辑二十九》,江苏古籍出版社,1991 年。

25. 《光绪武进阳湖县志》,《中国地方志集成·江苏府县志辑三十七》,江苏古籍出版社,1991 年。

26. 《光绪松江府续志》,《中国地方志集成·上海府县志辑三》,上海书店,1991 年。

27. 《民国吴县志》(一),《中国地方志集成·江苏府县志辑十一》,江苏古籍出版社,1991 年。

28. 《同治苏州府志》(一),《中国地方志集成·江苏府县志辑七》,江苏古籍出版社,1991 年。

29. 《民国高淳县志》,《中国地方志集成·江苏府县志辑三十四》,江苏古籍出版社,1991 年。

30. 《民国宝山县再续志》,《中国地方志集成·上海府县志辑九》,上海书店,1991 年。

31. 《民国上海县志》,《中国地方志集成·上海府县志辑四》,上海书店,1991 年。

32. 《民国川沙县志》,《中国地方志集成·上海府县志辑七》,上海书店,1991 年。

33. 《民国崇明县志》,《中国地方志集成·上海府县志辑十》,上海书店,1991 年。

34. 太湖乡志编纂组编:《太湖乡志》,常州市郊区修史编志办公室,1986 年。

35. 南京市地方志编纂委员会办公室编:《南京简志》,江苏古籍出版社,1986 年。

36. 上海市奉贤县县志编纂委员会编:《奉贤县志》,上海人民出版社,1987 年。

37. 高淳县地方志编纂委员会编:《高淳县志》,江苏古籍出版社,1988 年。

38. 宜兴市地方志编纂委员会办公室:《宜兴县志》(送审稿),1988 年。

39. 苏州市民族宗教事务处编:《苏州市宗教志》,1989 年。

40. 嵊泗县志编纂委员会编:《嵊泗县志》,浙江人民出版社,1989 年。

41. 江宁县地方志编纂委员会编:《江宁县志》,档案出版社,1989 年。

42. 吴县水产志编纂委员会编:《吴县水产志》,上海人民出版社,1989 年。

43. 上海市青浦县县志编纂委员会编:《青浦县志》,上海人民出版社,1990 年。

44. 溧水县编修县志委员会编:《溧水县志》,江苏人民出版社,1990 年。

45. 常熟市地方志编纂委员会编:《常熟市志》,上海人民出版社,1990 年。

46. 上海市川沙县县志编修委员会编:《川沙县志》,上海人民出版社,1990 年。

47. 江苏省昆山县县志编纂委员会编:《昆山县志》,上海人民出版社,1990 年。

48. 太仓县县志编纂委员会编:《太仓县志》,江苏人民出版社,1991 年。

49.《宜城镇志》编纂委员会编:《宜城镇志》,上海人民出版社,1991 年。

50. 上海市松江县地方史志编纂委员会:《松江县志》,上海人民出版社,1991 年。

51. 洞庭东山志编纂委员会编:《洞庭东山志》,上海人民出版社,1991 年。

52. 常州市民族宗教事务局编:《常州市宗教志》(内部),1991 年 8 月。

53. 宫明山著,《当代中国》丛书编辑部编:《当代中国的水产业》,当代中国出版社,1991 年。

54. 扬中县地方志编纂委员会编:《扬中县志》,文物出版社,1991 年。

55. 上海市南汇县县志编纂委员会编:《南汇县志》,上海人民出版社,1992 年。

56. 上海市宝山区地方志编纂委员会编:《宝山县志》,上海人民出版社,1992 年。

57. 张家港市地方志编纂委员会办公室编:《沙洲县志》,江苏人民出版社,1992 年。

58.《民国嵊县志》,《中国地方志集成·浙江府县志辑四十三》,上海书店,1993 年。

59. 上海市上海县县志编纂委员会编:《上海县志》,上海人民出版社,1993 年。

60. 镇江市地方志编纂委员会编:《镇江市志》,上海社会科学院出版社,1993 年。

61. 吴县地方志编纂委员会编:《吴县志》,上海古籍出版社,1994 年。

62.《吴江县志》吴江市地方志编纂委员会编:《吴江县志》,江苏科学技术出版社,1994 年。

63. 中共沙家浜镇委员会、沙家浜镇人民政府:《沙家浜镇志》,中共党史出版社,1994 年。

64. 中国农业百科全书总编辑委员会水产业卷编纂委员会、中国农业百科全书编辑部编:《中国农业百科全书·水产业卷》(上、下),农业出版社,1994 年。

65. 苏州市地方志编纂委员会编:《苏州市志》,江苏人民出版社,1995 年。

66.《厦门渔业志》编委会编:《厦门渔业志》,鹭江出版社,1995 年。

67.《昆山市城北镇志》编纂委员会编:《昆山市城北镇志》,上海科学技术文献出版社,1995 年。

68. 无锡市地方志编纂委员会编:《无锡市志》,江苏人民出版社,1995 年。

69. 常州市地方志编纂委员会编:《常州市志》,中国社会科学出版社,1995 年。

70.《昆山市商业志》编纂委员会编:《昆山商业志》,上海科学技术文献出版社,1995 年。

71.《上海农业志》编纂委员会编:《上海农业志》,上海社会科学院出版社,1996 年。

72.《玉山镇志》编纂委员会编:《昆山市玉山镇志》,上海科学技术文献出版社,1996 年。

73. 江苏省地方志编纂委员会:《江苏省志·农业志》,江苏古籍出版社,1997年。

74. 《上海气象志》编纂委员会编:《上海气象志》,上海社会科学院出版社,1997年。

75. 《上海水利志》编纂委员会编:《上海水利志》,上海社会科学院出版社,1997年。

76. 吴市镇志编纂委员会编:《吴市镇志》,百家出版社,1998年。

77. 吴县市土地志编纂委员会编:《吴县市土地志》,上海社会科学院出版社,1998年。

78. 《上海渔业志》编纂委员会编:《上海渔业志》,上海社会科学院出版社,1998年。

79. 吴县市老区开发促进会中共吴县市委党史工作委员会编:《吴县市老区》,上海社会科学院出版社,1999年。

80. 江苏省地方志编纂委员会编:《江苏省志·人口志》,方志出版社,1999年。

81. 江苏省地方志编纂委员会编:《江苏省志·地理志》,江苏古籍出版社,1999年。

82. 《上海宗教志》编纂委员会编:《上海宗教志》,上海社会科学院出版社,2001年。

83. 江苏省地方志编纂委员会编:《江苏省志·水产志》,江苏古籍出版社,2001年。

84. 〔清〕沈藻采编撰:《元和唯亭志》,唯亭镇志编纂委员会整理、方志出版社,2001年。

85. 江苏省地方志编纂委员会编:《江苏省志·水利志》,江苏古籍出版社,2001年。

86. 江苏省地方志编纂委员会:《江苏省志·总述》,江苏古籍出版社,2001年。

87. 江苏省地方志编纂委员会编:《江苏省志·民俗志》,江苏人民出版社,2003年。

88. 《苏州郊区志》编纂委员会编:《苏州郊区志》,上海社会科学院出版社,2003年。

89. 《上海通志》编纂委员会编:《上海通志》第五册,上海人民出版社、上海社会科学院出版社,2005年。